Inhalts: เนื้อหา

หนังสือคู่มือประกอบการเรียน เพื่อเตรียมตัวสอบ **telc Deutsch B2 การเขียน และการพูด** รวบรวมจากประสบการณ์การสอนนักเรียนในช่วงปี 2020-2021 และพัฒนาปรับปรุงเนื้อหาแนวข้อสอบให้เป็นปัจจุบัน 2025 พร้อมสรุปไวยากรณ์ภาษาเยอรมัน (บางส่วน ที่สามารถนำไปใช้ในระดับ B2-C1) ในหนังสือประกอบด้วยจำนวนทั้งหมด **234** หน้า

ขอเป็นกำลังใจให้นะคะ ให้ทำข้อสอบได้คะแนนดีและขอให้โชคดีในการสอบ และสอบผ่าน B2 สมดั่งตั้งใจค่ะ

ความพยายามอยู่ที่ไหน ความสำเร็จอยู่ที่นั่น “Wo ein Wille ist, ist auch ein Weg”

Chanya ♥ Ralf

07.07.2025

Testformat telc Deutsch B2 (รูปแบบข้อสอบ)

Die Deutsch-B2-Prüfung besteht aus 2 Teilen:

1. Schriftliche Prüfung (Dauer ca. 140 Minuten)

1. Leseverstehen Teil1-3 ข้อสอบ **20** ข้อ คะแนนเต็ม **75** คะแนน

2. Sprachbausteine Teil 1 Grammatik ข้อสอบ **10** ข้อ คะแนนเต็ม **15** คะแนน

2.1. Sprachbausteine Teil 2 Lexik ข้อสอบ **10** ข้อ คะแนนเต็ม **15** คะแนน

(1., 2 und 2.1. (Dauer **90** Minuten) ใช้เวลา **90** นาที)

1.2. Hörverstehen Teil 1–3 ข้อสอบ **20** ข้อ ในเวลา 20 นาที คะแนนเต็ม **75** คะแนน.

1.3. Schreiben einer halbformalen E-Mail ในเวลา 30 นาที คะแนนเต็ม **45** คะแนน

รวมคะแนน **schriftliche Prüfung คะแนนเต็ม 225 คะแนน** เราต้องทำให้ได้อย่างน้อย **60%** หรือ **135** คะแนน.

2. Die mündliche Prüfung mündlicher Ausdruck

(Dauer ca. 15 Minuten, 20 Minuten, 2 Prüfer prüfen 2-3 Studenten)

Teil 1 Über Erfahrungen sprechen คะแนนเต็ม **25** คะแนน

Teil 2 Diskussion คะแนนเต็ม **25** คะแนน

Teil 3 Gemeinsam etwas planen คะแนนเต็ม **25** คะแนน

การสอบ พูดทั้ง 3 ส่วน มีคะแนนเต็ม ที่ 25 คะแนนในทุกๆ ส่วน (รวม 75 คะแนน) ซึ่งเราต้องทำคะแนนได้อย่างน้อย 60% หรือ 45 คะแนนขึ้นไป ถึงจะถือว่าสอบผ่าน

การสอบพูด มีเวลาให้เตรียมตัว (Vorbereitung) (เวลาเตรียมตัวสอบ **20 นาที** (ในห้องเตรียมตัว) ก่อนที่จะเข้าห้องสอบจริง) ในห้องเตรียมตัว เราจะได้ รับใบ กระดาษ Aufgabenblätter (หัวข้อที่เราต้องพูด , สิ่งที่ต้อง พูดกับคู่ของเรา)

*****ในระหว่างอยู่ในห้องเตรียมตัวสอบ ห้ามพูดคุยกัน กับคู่ของเรา เด็ดขาด (ต่างคนต่างเตรียมตัว)**

***** เราจะต้อง จดโน้ตลงในกระดาษที่กรรมการเตรียมไว้ให้เท่านั้น*****

*****ห้ามใช้อุปกรณ์ช่วยเหลือใดๆทั้งสิ้น อย่างเช่น มือถือ พจนานุกรม ต่างๆ*****

สแกน QRโค้ดเพื่อชมดูวีดีโอการสอนของครูปู ที่อธิบายเพิ่มเติมได้เลยค่ะ

Schriftlicher Ausdruck: การเขียน

Schreiben Sie diese Testversion Nummer auf den Antwortbogen

1	2	3	4	5	6	7	8	9

Wenn Sie diese Nummer nicht übertragen wird Ihre Prüfung nicht ausgewertet.

(เราต้องกรอกเลขที่ Test Version ที่มีลงในกระดาษคำตอบด้วยนะคะ ถ้าลืมกรอกเราจะไม่ได้คะแนนค่ะ (ประเมินคะแนนไม่ได้)

Wählen Sie zuerst zwischen **Aufgabe A** und **Aufgabe B**

(ให้เลือกเขียน เพียง 1 หัวข้อ Aufgabe A หรือ Aufgabe B)

Aufgabe A: **Bitte um Informationen** (เขียนเพื่อขอข้อมูล) oder Aufgabe B: **Beschwerde** (เขียนจดหมายร้องเรียน)

Schreiben Sie mindestens 150 Wörter (30 Minuten)
(เขียนอย่างน้อย 150 คำ ภายในเวลา 30 นาที)

Quelle: แหล่งที่มา: telc Deutsch B2 Übungstest 1

https://www.telc.net/sprachpruefungen/zertifikatspruefung/deutsch/telc-deutsch-b2/

สแกน QRโค้ดเพื่อชมดูวีดีโอการสอนของครูปู ที่อธิบายเพิ่มเติมได้เลยค่ะ

โครงสร้างสำคัญในการเขียนจดหมาย Bitte um Informationen (เขียนเพื่อขอข้อมูล)

1. Adresse+ E-Mail ชื่อเรา ที่อยู่ **E-Mail** ของเราและ ของผู้รับ **(มุมบนซ้ายมือ)**

Von:chanya@hotmail.com
An: Firma ABC@hotmail.com

*****ถ้าเวลาจำกัด ให้ตัดที่อยู่ออกไป ที่อยู่ผู้รับ ที่อยู่ผู้ส่ง และวันที่ ไม่มีผลต่อคะแนนค่ะ*****

2. Betreff: **(หัวข้อ**, ชื่อเรื่อง **ปกติ เขียน**3-4 **คำ**)

Betreff: Auskunft über ... (Akkusativ)
Bitte um mehr Informationen über ...

3. Anrede **(คำขึ้นต้นจดหมาย**)

Sehr geehrte Damen und Herren ...
Sehr geehrter Herr......,
Sehr geehrte Frau ......,

4. Einleitung เกริ่นนำ / **Grund für Ihr Schreiben.** เหตุผลที่เขียน

mit großem Interesse habe ich Ihre Werbung über ... gelesen.

in einer Zeitschrift habe ich von Ihrer Veranstaltung „Lesen als Abenteuer" erfahren und interessiere mich sehr dafür. Ihr Angebot interessiert mich sehr, weil ...

5.**Der Haupttext (เขียนจากหัวข้อที่โจทย์กำหนด อย่างน้อย 1- 2 ประโยค)**
Da ich weitere Informationen über die Veranstaltung brauche, möchte ich einige Fragen an Sie richten.
Ferner habe ich einige Fragen an Sie.
Darüber hinaus würde ich noch gern einige Fragen an Sie richten.

5. So erreichen Sie mich: คุณติดต่อฉันได้.

Sie können mich entweder unter meiner Telefonnummer 123456789 oder per der angegebenen E-Mail erreichen.

6. Der Schlusssatz / der Schlusssatz ประโยคลงท้าย จดหมาย.
Ich warte auf Ihre Antwort und bedanke mich im Voraus.
Ich freue mich auf Ihre Antwort und bedanke mich bei Ihnen im Voraus.

7. Der Nachsatz / Nachsätze คำลงท้าย จดหมาย der Gruß / die Grüße ทักทาย.

Mit freundlichen Grüßen
Vorname Nachname / Name Familienname

Schriftlicher Ausdruck

Wählen Sie zuerst zwischen **Aufgabe A** und **Aufgabe B.**

Entscheiden Sie schnell, denn die zur Verfügung stehende **Zeit** ist **begrenzt auf 30 Minuten**!

Aufgabe A: Bitte um Informationen

oder:

Aufgabe B: Beschwerde

Die Aufgaben finden Sie auf den Seiten **6** und **26.**

Quelle/Source: telc Deutsch B2 Übungstest 1

https://www.telc.net/sprachpruefungen/zertifikatspruefung/deutsch/telc-deutsch-b2/

Aufgabe A: 1. Beispiel: Bitte um Information (B2 Zertifikat am 23.10.2021)

Werbung/ Anzeige/Annonce/Werbunganzeige

Diebstahlversicherung

- Im Schadensfall wird der Neuwert des Fahrrades ersetzt.
- PLUS-Versicherung: Abdeckung von Schäden durch Unwetter (Sturm, Hagel, .)
- Übernahme von Reparaturkosten – bei Unfällen

Sie haben zwei teure Fahrräder und Sie möchten sie ins Ausland mitnehmen.
Im Internet haben Sie eine Werbung der Firma „Bike Safe“ über eine Diebstahlversicherung für Fahrräder gelesen. Sie interessieren sich dafür und möchten mehr Informationen darüber.
Schreiben an die Firma um mehr Informationen.
Behandeln Sie darin entweder
a) drei der folgenden Punkte
oder
b) zwei der folgenden Punkte und einen weiteren Aspekt Ihrer Wahl.

(เลือกเขียน 3 ข้อจาก 4 ข้อที่โจทย์ กำหนด หรือเขียน 2 หัวข้อจากโจทย์กำหนด และเขียน1 หัวข้ออื่นที่เราคิดเอง)

- Welche Leistungen möchten Sie haben.
- Wohin möchten Sie mit den Fahrrädern reisen.
- Erzählen Sie über Ihre Fahrräder und den Preis der Fahrräder
- Fragen zu den Leistungen.

Schreiben Sie mindestens 150 Wörter.

สแกน QRโค้ดเพื่อชมดูวีดีโอการสอนของครูปู ที่อธิบายเพิ่มเติมได้เลยค่ะ

7. Chanya & Ralf (Book made (with love) in Germany)

Plettenberg,09.11.2021

Betreff: Anfrage über eine <u>Diebstahlversicherung</u> für meine Fahrräder
(เรื่อง: สอบถามเกี่ยวกับ**<u>ประกันภัยการโจรกรรม/การขโมย</u>**สำหรับจักรยานของฉัน)

Sehr geehrte Damen und Herren,
gestern habe ich Ihre <u>Annonce</u> im Internet gelesen und ich interessiere mich dafür.
(เมื่อวานนี้ฉันได้อ่าน**<u>โฆษณา</u>/ประกาศ** ของคุณทางอินเทอร์เน็ตและฉันสนใจในเรื่องนี้)

Bitte teilen Sie mir umgehend mit, ob diese Versicherung im Ausland gültig ist, da meine Familie und ich nächsten Monat nach Irland reisen möchten und wir unsere neu erworbenen Fahrräder mitnehmen.
(กรุณา**แจ้ง**ให้ฉันทราบโดยด่วนว่าประกันภัยนี้ใช้ได้ในต่างประเทศหรือไม่ เนื่องจากครอบครัวของฉันและฉันมีแผนจะเดินทางไปไอร์แลนด์ในเดือนหน้า และเราต้องการนำจักรยานคันใหม่ของเราไปด้วย)

Die Fahrräder sind hellviolette <u>Rennräder</u>. (จักรยานเป็น**<u>จักรยานสำหรับใช้แข่ง</u>**สีม่วงอ่อน)
Sie wiegen <u>jeweils</u> ungefähr 6,9 kg. (น้ำหนัก**<u>แต่ละคัน</u>**ประมาณ 6.9 กิโลกรัม)
Die Anzahl der Gänge der Fahrräder beträgt 11. (จำนวนเกียร์ของจักรยานคือ 11 เกียร์)
Die Marke der Fahrräder ist "Kumiko Kamera“ und hat jeweils einen Wert von Euro 9.999 €. (ยี่ห้อของจักรยานคือ " **Kumiko Kamera** " และแต่ละคันมีมูลค่า 9,999 ยูโร)
Deshalb brauchen wir eine Diebstahlversicherung. (ดังนั้นเราจึงต้องการประกันภัยการโจรกรรม)
Darüber hinaus würde ich einige weitere Fragen an Sie richten.
(นอกจากนี้ฉันยังมีคำถามเพิ่มเติมอีกเล็กน้อย)

Wenn ich mich jetzt für Ihre Versicherung entscheide, wann diese <u>in Kraft treten</u> und welche Zahlungsarten akzeptieren Sie?
(หากฉันตัดสินใจทำประกันภัยของคุณตอนนี้ ประกันจะ**<u>เริ่มมีผล</u>**เมื่อใด และคุณรับ**ชำระเงินด้วยวิธีใดบ้าง**)
Wie lange ist <u>die Kündigungsfrist</u> für diese Versicherung?
(**<u>ระยะเวลาแจ้งยกเลิก</u>**ประกันภัยนี้นานเท่าใด)

Könnten Sie mir bitte weitere Informationen zur Versicherung im Detail geben?
(คุณช่วยให้ข้อมูลเพิ่มเติมเกี่ยวกับรายละเอียดของประกันภัยนี้ได้ไหม)

<u>Sie können mich entweder unter folgender Telefonnummer 123456789 oder per der angegebenen E-Mail erreichen.</u>
<u>(คุณสามารถ**ติดต่อ**ฉันได้ทางหมายเลขโทรศัพท์ 123456789 หรือทางอีเมลที่ให้ไว้)</u>

<u>Ich bin Ihnen im Voraus für weitere Informationen dankbar und ich hoffe auf eine prompte Antwort von Ihnen.</u>
<u>(ฉันขอขอบคุณล่วงหน้าสำหรับ**ข้อมูลเพิ่มเติม** และหวังว่าจะได้รับคำตอบจากคุณโดยเร็ว)</u>

Mit freundlichen Grüßen

Chanyanij Danwongsa

2. Beispiel: Bitte um Information (B2 Zertifikat am 30.10.2021)

Werbung/ Anzeige/Annonce/Werbunganzeige

- Wir suchen für unsere 3 Kinder (Junge)1, (Mädchen) 2 und 5 Jahre alt.
- Ein nettes und zuverlässiges Au-pair-Mädchen zum nächst möglichen Zeitpunkt. Voraussetzungen: deutsch Grundkenntnisse.
- Wir wohnen in einem schönen Haus in Plettenberg
- Bei Interesse melden Sie sich:

Sie möchten Au-Pair Mädchen in Deutschland werden. Sie haben Werbung im Internet gelesen interessieren Sie sich dafür und möchten mehr Informationen darüber.
Schreiben Sie einen Brief an die Gastfamilie

Behandeln Sie darin entweder

a) drei der folgenden Punkte

oder

b) zwei der folgenden Punkte und einen weiteren Aspekt Ihrer Wahl.

(เลือกเขียน 3 ข้อจาก 4 ข้อที่โจทย์ กำหนด หรือเขียน 2 หัวข้อจากโจทย์กำหนด และเขียน1 หัวข้ออื่นที่เราคิดเอง)

- Grund für Au-Pair Mädchen in Deutschland
- Warum möchten Sie Au-Pair werden? Grund für diese Berufsrichtung.
- Ihre Interessen und Vorlieben?
- Warum sollte sich die Gastfamilie für Sie entscheiden?

Schreiben Sie mindestens 150 Wörter.

สแกน QRโค้ดเพื่อชมดูวีดีโอการสอนของครูปู ที่อธิบายเพิ่มเติมได้เลยค่ะ

Plettenberg,09.11.2021

<u>Betreff: Anfrage</u> über eine Arbeit als Au-pair-Mädchen
<u>(เรื่อง: สอบถาม/ขอข้อมูล</u>เกี่ยวกับงานเป็นออแพร์)

Sehr geehrte Familie...,
gestern habe ich Ihre Annonce im Internet gelesen und ich interessiere mich sehr dafür.
(เมื่อวานนี้ฉันได้อ่านประกาศของคุณทางอินเทอร์เน็ต และฉันสนใจมาก)
Auf der Suche nach neuen <u>Herausforderungen</u> habe ich mich für eine Arbeit als Au-pair-Mädchen entschieden. (ในการแสวงหา**<u>ความท้าทายใหม่ ๆ</u>** ฉันได้ตัดสินใจเลือกงานเป็นออแพร์)

Mein Name ist Yada Danwongsa und ich komme ursprünglich aus Bangkok, der <u>Hauptstadt</u> von Thailand. (ฉันชื่อ **Yada Danwongsa** และฉันมาจากกรุงเทพฯ **<u>เมืองหลวง</u>**ของประเทศไทย)

Es gibt drei Hauptgründe, die mich dazu inspirieren, Au-pair zu werden. Diese drei Hauptgründe sind die Freude an der Arbeit mit Kindern, die Chance, Lebenserfahrungen zu sammeln und auch die Erweiterung meiner Deutschkenntnisse.
(มีสามเหตุผลหลักที่เป็นแรงบันดาลใจให้ฉันอยากเป็นออแพร์ เหตุผลเหล่านี้คือ ความสุขในการทำงานกับเด็ก ๆ โอกาสในการเก็บเกี่ยวประสบการณ์ชีวิต และการพัฒนาทักษะภาษาเยอรมันของฉัน)

Als ich in der Highschool war, <u>habe ich grundlegendes Deutsch gelernt</u>, deshalb kann ich ein bisschen Deutsch sprechen.
(ตอนที่ฉันเรียนมัธยม **<u>ฉันได้เรียนภาษาเยอรมันพื้นฐาน</u>** ดังนั้นฉันสามารถพูดภาษาเยอรมันได้นิดหน่อย)
<u>In meiner Freizeit</u> zeichne ich gerne Bilder und ich spiele gerne Gitarre und Ukulele.
<u>(ในเวลาว่าง</u>ฉันชอบวาดภาพ และฉันชอบเล่นกีตาร์กับอูคูเลเล่)
Obwohl ich <u>Einzelkind</u> bin, arbeite ich sehr gerne gemeinsam mit den „Kleinen" und habe kein Problem, Verantwortung zu übernehmen.
(แม้ว่าฉันจะเป็น**<u>ลูกคนเดียว</u>** แต่ฉันชอบทำงานร่วมกับเด็กเล็ก ๆ และไม่มีปัญหาในการรับผิดชอบหน้าที่)

Ich gelte als <u>fleißig, gewissenhaft und innovativ</u>.
(ฉันเป็นคน**<u>ขยัน รอบคอบ และมีความคิดสร้างสรรค์</u>**)
Ich liebe Haustiere. Aber leider habe ich eine Katzenallergie.
(ฉันรักสัตว์เลี้ยง แต่โชคร้ายที่ฉันแพ้แมว/โชคไม่ดีที่ฉันแพ้ขนแมว)
Aus diesem Grund suche ich <u>eine Gastfamilie ohne Katze</u>.
(ด้วยเหตุนี้ฉันจึงมองหา**<u>ครอบครัวอุปถัมภ์ที่ไม่มีแมว</u>**)
Im Januar nächsten Jahres könnte ich bei Ihnen anfangen.
(ในเดือนมกราคมปีหน้า ฉันสามารถเริ่มงานกับคุณได้)

Sollten Sie Interesse haben, sende ich Ihnen gerne meinen Lebenslauf mit Foto und Zeugnissen zu. (หากคุณสนใจ ฉันยินดีส่งประวัติส่วนตัวพร้อมรูปถ่ายและเอกสารรับรองให้คุณ)

Ich würde mich sehr freuen, wenn ich in Ihrer Familie aufgenommen werden könnte.
(ฉันจะดีใจมากหากได้รับโอกาสให้เป็นส่วนหนึ่งของครอบครัวของคุณ)

Mit freundlichen Grüßen aus Bangkok, Thailand

Yada Danwongsa

3. Beispiel: Bitte um Information „Hundeschule“

Werbung/ Anzeige/Annonce/Werbunganzeige

- Moderne Schule für Hunde
- Gruppenkurse: Laufzeit: 10 – 20 Wochen (Stundenplan)
- Einzelstunden / Hausbesuche
- Coaching Verhaltensweise
- Workshop „Körpersprache“

Sie haben einen neuen Hund. Sie haben Werbung von Hundeschule ABC gelesen und Sie interessieren sich dafür und möchten mehr Informationen darüber.
Schreiben Sie eine E-Mail an die Hundeschule ABC.
Schreiben Sie einen Brief an die Gastfamilie.

Behandeln Sie darin entweder

a) drei der folgenden Punkte

oder

b) zwei der folgenden Punkte und einen weiteren Aspekt Ihrer Wahl.

(เลือกเขียน 3 ข้อจาก 4 ข้อที่โจทย์ กำหนด หรือเขียน 2 หัวข้อจากโจทย์กำหนด และเขียน1 หัวข้ออื่นที่เราคิดเอง)

- Grund des Schreibens?
- Fragen zu dem Kurs der Hundeschule?
- schlechte Erfahrungen mit Ihrem Hund
- Was erwarten Sie nach dem Training?

Schreiben Sie mindestens 150 Wörter.

สแกน QRโค้ดเพื่อชมดูวีดีโอการสอนของครูปู ที่อธิบายเพิ่มเติมได้เลยค่ะ

Plettenberg, 08.08.2021

Betreff: <u>Auskunft</u> über einen Trainingskurs für meinen Hund
(เรื่อง: **<u>ขอข้อมูล</u>**เกี่ยวกับคอร์สฝึกสุนัขของฉัน)

Sehr geehrte Damen und Herren,
seit einiger Zeit habe ich Probleme mit meinem Hund „Judy", <u>deswegen</u> benötige ich professionelle Hilfe mit Qualifikation.
(ช่วงระยะเวลาหนึ่งที่ผ่านมา ฉันมีปัญหากับสุนัขของฉันชื่อ "Judy" **<u>ดังนั้น</u>**ฉันจึงต้องการความช่วยเหลือจากผู้เชี่ยวชาญที่มี/ผู้มีความรู้ความสามารถ)

Mein Hund hat keine <u>Erziehungsgrundlagen</u>. (สุนัขของฉันไม่มี**<u>พื้นฐานการอบร</u>**มเลย)
Er ist sehr wild und hat ein schlechtes <u>Benehmen</u>. (เค้า/มัน ดุร้ายมากและมี**<u>พฤติกรรม</u>**ไม่ดี)
Er <u>bedroht</u> auch alle, besonders Kinder. (เค้า/มัน **<u>ขู่</u>**ทุกคน โดยเฉพาะเด็ก ๆ)

Er <u>bellt sehr laut,</u> wenn wir uns mit Freunden treffen oder zum ersten Mal Leute treffen.
(เค้า/มัน**<u>เห่าเสียงดังมาก</u>**เมื่อเราพบเพื่อนหรือเจอคนแปลกหน้าเป็นครั้งแรก)

<u>Zudem</u> pinkelt und kackt er auch überall in meiner Wohnung.
(เค้า/มัน **<u>ยัง</u>**ฉี่และอึไปทั่วในอพาร์ตเมนต์ของฉัน**<u>อีกด้วย</u>**)

<u>Bisher</u> habe ich noch nie mit einer Hundeschule zusammengearbeitet.
(**<u>จนถึงตอนนี้</u>**ฉันยังไม่เคยร่วมงานกับโรงเรียนฝึกสุนัขเลย)
Bieten Sie Kurse für meinen Hund an oder haben Sie einen <u>Vorschlag</u>?
(คุณมีคอร์สฝึกสำหรับสุนัขของฉันหรือมี**<u>คำแนะนำ</u>**อะไรไหม)

Ich erwarte, dass mein Hund nach Abschluss des Kurses <u>zahm und gutmütig</u> ist.
(ฉัน**คาดหวัง**ว่าสุนัขของฉันจะ**<u>เชื่องและมีนิสัยดี</u>**หลังจากจบคอร์ส)

Er sollte spielerisch <u>die Grundbegriffe erlernen</u> und ein alltagstauglicher Familienhund werden. (เขาควร**<u>เรียนรู้พื้นฐาน</u>**ผ่านการเล่นและกลายเป็นสุนัขของครอบครัวที่เหมาะกับชีวิตประจำวัน)

Ferner benötige ich eine umfassende Broschüre mit dem <u>Trainingsziel</u>.
(นอกจากนี้ฉันต้องการโบรชัวร์ที่มีรายละเอียดเกี่ยวกับ**<u>เป้าหมายของการฝึก</u>**)

Bitte teilen Sie mir die Teilnahmegebühr und <u>die Kontoverbindung</u> mit.
(กรุณาแจ้งค่าธรรมเนียมการเข้าร่วมฝึกและข้อมูล**<u>บัญชีธนาคาร</u>**ให้ฉันทราบ)

Sie können mich entweder unter meiner Telefonnummer 123456789 oder per der angegebenen E-Mail erreichen. (คุณสามารถติดต่อฉันได้ทางหมายเลขโทรศัพท์ 123456789 หรือทางอีเมลที่ให้ไว้)

Ich freue mich, von Ihnen zu hören und bedanke mich im Voraus. (ฉันหวังว่าจะได้รับการติดต่อจากคุณ และขอขอบคุณล่วงหน้า)

Mit freundlichen Grüßen

Chanyanij Danwongsa

4. Beispiel: Bitte um Information „Online-Deutschkurs“ B2 Zertifikat (am 09.10.2021)

Werbung/ Anzeige/Annonce/Werbunganzeige

Sprachschule ABC

- Online-Deutschkurs
- günstige Preise
- Online Unterricht durch Messenger

Sie habeneine Anzeige eines Deutschkurses im Internet gelesen. Sie interessieren sich für den Kurs. Schreiben Sie eine E-Mail an die Schule.

Behandeln Sie darin entweder

a) drei der folgenden Punkte

oder

b) zwei der folgenden Punkte und einen weiteren Aspekt Ihrer Wahl.

(เลือกเขียน 3 ข้อจาก 4 ข้อที่โจทย์ กำหนด หรือเขียน 2 หัวข้อจากโจทย์กำหนด และเขียน1 หัวข้ออื่นที่เราคิดเอง)

- **Warum nur Online-Kurs möglich ist?** ทำไมเฉพาะออนไลน์ เท่านั้นคุณถึงจะเรียนได้
- **Warum möchten Sie Deutsch lernen?** ทำไมคุณถึงต้องการเรียนภาษาเยอรมัน
- **Beschreiben Sie, welche Erfahrungen Sie mit Sprachkursen haben.** เล่าถึงประสบการณ์ที่คุณเคยเรียนคอร์สภาษา
- **Was Sie von der Sprachschule erwarten.?** สิ่งที่คุณคาดหวัง จากโรงเรียนสอนภาษา **Erläutern Sie, was Ihnen bei dem Deutschkurs besonders wichtig ist.**

Schreiben Sie mindestens 150 Wörter.

สแกน QRโค้ดเพื่อชมดูวีดีโอการสอนของครูปู ที่อธิบายเพิ่มเติมได้เลยค่ะ

Plettenberg,09.10.2021

Betreff: Auskunft über einen Deutschkurs
(เรื่อง: ขอข้อมูลเกี่ยวกับคอร์สเรียนภาษาเยอรมัน)

Sehr geehrte Damen und Herren,

im Internet habe ich Ihre Annonce gelesen und ich interessiere mich dafür, da ich schon seit drei Monaten nach einem Deutschkurs auf Niveau C1 suche.
(ฉันได้อ่านประกาศของคุณทางอินเทอร์เน็ต และฉันสนใจ เนื่องจากฉันกำลังมองหาคอร์สเรียนภาษาเยอรมันระดับ C1 มานานกว่า 3 เดือนแล้ว)

Vor einem Jahr habe ich für 6 Monate einen Deutschkurs auf Niveau B2 belegt, den Deutschkurs B2 habe ich erfolgreich abgeschlossen.
(เมื่อหนึ่งปีที่แล้ว ฉันได้เรียนคอร์สภาษาเยอรมันระดับ B2 เป็นเวลา 6 เดือน และฉันก็เรียน**สำเร็จ/จบหลักสูตรนั้น**เรียบร้อยแล้ว)

Da ich derzeit in Thailand lebe, ist für mich nur ein Onlinekurs möglich.
(เนื่องจากตอนนี้ฉันอาศัยอยู่ในประเทศไทย ฉันจึงสามารถเรียนได้เฉพาะคอร์สออนไลน์เท่านั้น)

Aus diesem Grund möchte ich Ihren Kurs „Niveau C1 Online“ belegen.
(**ด้วยเหตุนี้** ฉันจึงต้องการลงทะเบียนเรียนคอร์ส "ระดับ C1 ออนไลน์" ของคุณ)

Um mein Studium an einer Universität in Deutschland fortzusetzen, benötige ich ein C1-Zertifikat. (เพื่อที่จะศึกษาต่อในมหาวิทยาลัยที่ประเทศเยอรมนี ฉัน**จำเป็นต้องมี**ใบรับรองระดับ C1)

Bitte teilen Sie mir mit, ob ich ein Abschlusszertifikat „C1“ erhalte, sowie die Unterrichtszeiten und die Dauer des Kurses.
(กรุณาแจ้งให้ฉันทราบว่าฉันจะได้รับใบรับรองระดับ C1 หรือไม่, รวมถึงเวลาเรียนและระยะเวลาของคอร์ส)

Um die Zusendung der Kursunterlagen zu erbeten, teilen Sie mir die Zahlungsarten mit.
(เพื่อขอรับ**เอกสารประกอบการเรียน** กรุณาแจ้ง**วิธีการชำระเงิน**ให้ฉันทราบด้วย)

Sie können mich entweder unter meiner Telefonnummer 123456789 oder per der angegebenen E-Mail erreichen.
(คุณสามารถ**ติดต่อ**ฉันได้ทางหมายเลขโทรศัพท์ 123456789 หรือทางอีเมลที่ให้ไว้)

Ich warte auf Ihre Antwort und bedanke mich im Voraus.
(ฉันรอคำตอบจากคุณและขอขอบคุณล่วงหน้า)

Einen schönen Tag und eine gesunde Zeit wünsche ich Ihnen.

Mit freundlichen Grüßen

Chanyanij Danwongsa

5. Beispiel: Bitte um Information „Reinigungsfirma“

Werbung/ Anzeige/Annonce/Werbungsanzeige

Gebäudereinigung ABC

- Gründliche Reinigung in Privathaushalt und Büro
- Kostenübernahme bei Spezialbehandlungen (auch im Ausland)
- Sie erreichen uns unter Tel. 123456789
  E-Mail: reinigungABC@web.de

Sie arbeiten in einer Arztpraxis und sollen eine neue Reinigungsfirma finden.

(คุณทำงานในคลีนิคหมอแห่งหนึ่ง และกำลังมองหาบริษัททำความสะอาด)

Sie haben eine Anzeige gelesen. คุณอ่านเจอประกาศ (โฆษณา)

Sie wollen mehr Informationen und schreiben Sie an die Firma „ABC“.

(คุณต้องการข้อมูลเพิ่มเติม และ เขียนจดหมายถึง บริษัท „ABC“.)

Behandeln Sie darin entweder
a) drei der folgenden Punkte

oder

b) zwei der folgenden Punkte und einen weiteren Aspekt Ihrer Wahl.

(เลือกเขียน 3 ข้อจาก 4 ข้อที่โจทย์ กำหนด หรือเขียน 2 หัวข้อจากโจทย์กำหนด และเขียน1 หัวข้ออื่นที่เราคิดเอง)

- **wann und wie oft?** ที่ไหน และ บ่อยแค่ไหน.
- **Kosten?** ราคา
- **Größe der Arztpraxis** พื้นที่ หรือขนาด ของคลีนิค
- **was gereinigt werden soll.** จะต้องทำความสะอาด อะไรบ้าง.

Schreiben Sie mindestens 150 Wörter

Plettenberg,08.08.2021

Betreff: Auskunft über eine neue Reinigungsfirma
(เรื่อง: ขอข้อมูลเกี่ยวกับบริษัททำความสะอาดแห่งใหม่)

Sehr geehrte Damen und Herren,

im Internet habe ich Ihre Anzeige gelesen und ich interessiere mich dafür.
(ฉันได้อ่านโฆษณาของคุณทางอินเทอร์เน็ต และฉันสนใจในบริการของคุณ)
Von Ihrem Angebot war ich sofort begeistert, da ich mich schon seit drei Wochen nach einer Reinigungsfirma suche. (ฉันรู้สึกประทับใจกับข้อเสนอของคุณทันที เพราะฉันกำลังมองหา**บริษัททำความสะอาด**มานานกว่า 3 สัปดาห์แล้ว)

Wie derzeit jeder über COVID-19 weiß, müssen wir unsere Klinik häufiger und effektiver desinfizieren. (อย่างที่ทุกคนทราบเกี่ยวกับโควิด-19 เราจำเป็นต้องทำความสะอาดคลินิกของเราบ่อยขึ้นและมี**ประสิทธิภาพมากขึ้น**)
Es wäre für mich wichtig zu wissen, ob Sie am Wochenende arbeiten können, weil ich Sie jeden Samstag und Mittwoch zwischen 06.00 und 09.00 Uhr benötigen würde.
(**สิ่งสำคัญ**สำหรับฉันคือการทราบว่าคุณสามารถทำงานในวันสุดสัปดาห์ได้หรือไม่ เพราะฉันต้องการบริการของคุณทุกวันเสาร์และวันพุธ ระหว่างเวลา 06.00 น. ถึง 09.00 น.)

Zu Ihren Aufgaben gehört neben der Reinigung des Warteraums, der inklusive der Sitze, Patiententoilette, die Spielecke für Kinder, auch die Wände und des Bodens im öffentlichen Bereich. (งานของคุณรวมถึง**การทำความสะอาดห้องรอ** ซึ่งรวมถึงที่นั่ง ห้องน้ำผู้ป่วย มุมเล่นของเด็ก รวมถึงผนังและพื้นในพื้นที่บริเวณด้านนอก)
Der gesamte Bereich umfasst ca. 60qm. (**พื้นที่**ทั้งหมดประมาณ 60 ตารางเมตร)

Darüber hinaus würde ich einige Fragen an Sie richten.
(**นอกจากนี้**ฉันยังมีคำถามเพิ่มเติมอีกเล็กน้อย)
Wie viel kostet Ihr Reinigungsservice? Rechnen Sie nach Aufwand oder pauschal ab?
(**บริการทำความสะอาด**ของคุณมีค่าใช้จ่ายเท่าไร? **คุณคิด/คำนวณ**ค่าบริการตามงานหรือเป็นราคาเหมาจ่าย?)

Können Sie ab Samstag, den 19.08. beginnen?
(คุณสามารถเริ่มงานได้ตั้งแต่วันเสาร์ที่ 19 สิงหาคมหรือไม่?)

Bitte melden Sie sich umgehend, um einen Termin vor Ort zu machen und die Details zu besprechen. (กรุณาติดต่อกลับโดยด่วนเพื่อทำการนัดหมายที่สถานที่และพูดคุย**รายละเอียด**)

Sie können mich entweder unter meiner Telefonnummer 123456789 oder per der angegebenen E-Mail erreichen.

Ich warte auf Ihre Antwort und bedanke mich im Voraus.
(ฉันรอคำตอบจากคุณและขอขอบคุณล่วงหน้า)

Mit freundlichen Grüßen

Chanyanij danwongsa

6.Beispiel: Bitte um Information „digitale Kamera“

Werbung/ Anzeige/Annonce/Werbungsanzeige

ABC digitale Kamera

- **Reichen Megapixeln**
- **Zoomobjektiv**
- **Preis: 999 €, Farbe: Lila. In Kürze lieferbar.**

ABCGmbH, Blumen Str. 9, 99999 Erfurt

Sie möchte eine neue Kamera kaufen, weil Sie in zwei Wochen eine Reise machen möchten. (คุณต้องการ ซื้อกล้องตัวใหม่, เพราะว่าคุณจะต้องการจะเดินทางท่องเที่ยวในอีก 2 สัปดาห์ข้างหน้า)Sie haben eine Anzeige im Internet gelesen. Firma ABC möchte Kamera verkaufen. (คุณเจอประการศในอินเตอร์เน็ต บริษัท ABC ต้องการขายกล้อง)

Sie wollen mehr Informationen und schreiben Sie an die Firma „ABC“.
(คุณต้องการข้อมูลเพิ่มเติม และเขียนถึง บริษัท ABC)

Behandeln Sie darin entweder
a) drei der folgenden Punkte

oder

b) zwei der folgenden Punkte und einen weiteren Aspekt Ihrer Wahl.

(เลือกเขียน 3 ข้อจาก 4 ข้อที่โจทย์ กำหนด หรือเขียน 2 หัวข้อจากโจทย์กำหนด และเขียน1 หัวข้ออื่นที่เราคิดเอง)

- **Fragen Sie nach technischen Eigenschaften**
  สอบถามเกี่ยวกับคุณสมบัติทางเทคนิค
- **Ihre bisherigen Erfahrungen mit digitalen Kameras** ประสบการณ์ของคุณกับกล้องดิจิทัล
- **Was Ihnen wichtig ist und was Sie fotografieren möchten?**
  อะไรสำคัญสำหรับคุณและคุณต้องการถ่ายภาพอะไร
- **Garantie, Versandmöglichkeiten, Rückgaberecht etc.**
  การรับประกัน ตัวเลือกการจัดส่ง สิทธิในการคืนสินค้า

Schreiben Sie mindestens 150 Wörter

Plettenberg,08.08.2021

Betreff: Auskunft über die neue Kamera
หัวข้อ: ข้อมูลเกี่ยวกับ กล้องตัวใหม่

Sehr geehrte Damen und Herren,
mit großem **Interesse** habe ich Ihre Anzeige über die Kamera ABC gelesen.
(ฉันอ่านโฆษณาของคุณ เกี่ยวกับกล้อง ABC ด้วยความ**สนใจ**อย่างยิ่ง)
Da **meine bisherige Kamera**, eine Sony, mit 6 Megapixeln und 5 x optischen Zoom meinen Ansprüchen bei Porträts und Landschaftsaufnahmen nicht mehr genügt,
(**กล้องตัวเก่าของฉัน** เป็นยี่ห้อ Sony ซึ่ง มีรายละเอียด 6 ล้านพิกเซล และซูม 5 เท่า ซึ่งมันไม่เพียงพอสำหรับฉันที่จะใช้ในการถ่ายรูป Porträts และ รูปวิวทิวทัศน์ต่างๆ)

hätte ich noch einige Fragen zu Ihrer Kamera.
ดังนั้นฉัน จึงมีคำถาม เกี่ยวการตั้งค่าตัวเลือกและโปรแกรมอัตโนมัติ (ของกล้อง)

1. Wie viel Megapixel hat die Kamera? (กล้องมีกี่ พิกเซล)
2. Welche Lichtstärke hat das Objektiv? (ความเข้มของแสงของเลนส์เท่าไหร่)
3. Wie viel fach optischen und digitalen Zoom hat die Kamera? (มีตัวเลือกในการซูมกี่ระดับ (ซูมได้กี่เท่า)
4. Von welcher Firma ist das Objektiv? (เลนส์ของกล้อง เป็นของ บริษัทอะไร(ยี่ห้ออะไร)
5. Wie lange ist die Garantiezeit und wie lange kann ich die Kamera bei Nichtgefallen zurückgeben? (ระยะเวลาในการรับประกัน/การันตี และระยะเวลาส่งคืนได้มั้ย ถ้าไม่พอใจ)

Für mich ist eine gute Auflösung bei Tag und ebenso gute Darstellung in der Dämmerung **wichtig**. (สำหรับฉัน สิ่งที่**สำคัญ** คือ รายละเอียดของภาพคุณภาพของการถ่ายภาพ ในระหว่างวัน และการถ่ายภาพในตอนเย็น ต้องดี เท่าเทียมกัน)
Gerade für Porträts sollte die Kamera diverse Programme haben, deshalb bitte ich auch um Informationen über Einstellungsmöglichkeiten und Automatikprogramme. (และอีกอย่างกล้องต้องมีหลายๆโปรแกรมที่แตกต่างและสำคัญคือต้องมีโปรแกรมถ่ายภาพ Porträt , ดังนั้นฉันจึงขอข้อมูลเกี่ยวกับตัวเลือก และการตั้งค่าโปรแกรมอัตโนมัติ ต่างๆ) **Akzeptieren** Sie PayPal und ist die Kamera sofort Lieferbar? (คุณ **รับ**วิธีการชำระเงิน ทาง Paypal ด้วยหรือไม่ และ กล้องมีพร้อมส่งเลย รึเปล่า)
Da ich in zwei Wochen in den Urlaub fahre und die Kamera bis spätestens zum Samstag den14.08 benötige, bitte ich um umgehende Antwort.
(เพราะว่าฉันจะเดินทางไปพักผ่อน ในอีก 2 สัปดาห์ ฉันจึงจำเป็นต้อง ได้รับกล้องช้าที่สุด ในวันเสาร์ (วันที่ ...)

Ich warte auf Ihre Antwort und bedanke mich im Voraus.

Mit freundlichen Grüßen
Chanyanij Danwongsa

7. Beispiel: Bitte um Information „Lesen als Abenteuer“

Werbung/ Anzeige in einer Zeitschrift

- Veranstaltung am Samstag ab 9 Uhr
- Thema „Lesen als Abenteuer"

Lesen Verein

Blumenstraße 9

99999 Neustadt

E-Mail info@lesen.de

Sie haben eine Anzeige in einer Zeitschrift über eine Veranstaltung gelesen
Sie interessieren sich für das Angebot und haben noch einige Fragen.

Schreiben Sie an den Verein.

Behandeln Sie darin entweder

a) drei der folgenden Punkte

oder

b) zwei der folgenden Punkte und einen weiteren Aspekt Ihrer Wahl.

(เลือกเขียน 3 ข้อจาก 4 ข้อที่โจทย์ กำหนด หรือเขียน 2 หัวข้อจากโจทย์กำหนด และเขียน1 หัวข้ออื่นที่เราคิดเอง)

- **Warum interessieren Sie sich für diese Thema?**
- **Beschreiben Sie ausführlich, was und wie Sie Bücher lesen?**
- **Ihre Erfahrungen mit elektronischen Büchern (E-Books)**
- **Was wünschen Sie sich für die Veranstaltung?**

Schreiben Sie mindestens 150 Wörter.

สแกน QRโค้ดเพื่อชมดูวีดีโอการสอนของครูปู ที่อธิบายเพิ่มเติมได้เลยค่ะ

Plettenberg,23.10.2021

Betreff: Auskunft über eine Veranstaltung (เรื่อง: ขอข้อมูลเกี่ยวกับ**กิจกรรม**หนึ่ง)

Sehr geehrte Damen und Herren,
im Magazin habe ich Ihre Annonce über eine Veranstaltung „Lesen als Abenteuer“ gelesen und interessiere mich sehr dafür, weil ich ein Bücherwurm bin. (ฉันได้อ่านโฆษณาเกี่ยวกับกิจกรรม ”การอ่านคือ/แบบ ***การผจญภัย***” ในแมกกาซีน และฉันสนใจมาก เพราะฉัน**เป็นหนอนหนังสือ**)

Normalerweise lese ich während meines Frühstücks täglich eine Zeitung und lese abends vor dem Schlafengehen meine Lieblingsromane.
(**โดยปกติ**ฉันจะอ่านหนังสือพิมพ์ระหว่างมื้อเช้าทุกวัน และอ่านนิยายเรื่องโปรดก่อนนอนในตอนเย็น)
Normalerweise verbringe ich mindestens 2–3 Stunden am Tag mit Lesen.
(โดยปกติฉันใช้เวลาอ่านหนังสือ**อย่างน้อย**วันละ 2–3 ชั่วโมง)
Ich lese oft E-Books, denn meiner Meinung nach hat E-Book einige Vorteile, wie zum Beispiel kann man einfach schnell bestellen und herunterladen. (ฉันมักจะอ่าน E-Book เพราะในความเห็นของฉัน E-Book มี**ข้อดีหลายอย่าง** เช่น สามารถสั่งซื้อและ**ดาวน์โหลด**ได้อย่างรวดเร็ว)

Man braucht nur etwa 5 Minuten, um ein neues Buch zu erhalten.
(ใช้เวลาเพียงประมาณ 5 นาทีในการ**ได้รับ**หนังสือเล่มใหม่)
Nur, wenn ich länger als 20 Minuten von meinem Laptop lese, fangen meine Augen an zu tränen. (แต่ถ้าฉันอ่านจากแล็ปท็อปนานเกิน 20 นาที ดวงตาของฉันจะเริ่มน้ำตาไหล)
Deshalb lese ich auch viele Papierbücher. (**ดังนั้น**ฉันจึงอ่านหนังสือกระดาษจำนวนมากเช่นกัน)

Um ein Teil Ihrer Veranstaltung zu sein, hoffe ich, dass Sie mir einige innovative Wege aufzeigen oder vorstellen könnten, um während der Lesezeit mehr Spaß und Entspannung zu haben. (เพื่อที่จะได้เป็นส่วนหนึ่งของกิจกรรมของคุณ ฉันหวังว่าคุณจะสามารถแนะนำวิธีใหม่ ๆ ที่น่าสนใจในการทำให้ช่วงเวลาอ่านหนังสือ**สนุกและผ่อนคลายมากยิ่งขึ้น**)

Bitte teilen Sie mir außerdem mit, wie lange die Veranstaltung dauert und wie viel der Eintritt kostet? (กรุณาแจ้งให้ฉันทราบด้วยว่า กิจกรรมนี้ใช้เวลานานเท่าไร และ**ค่าธรรมเนียม ในการเข้าร่วม/ เข้าไปในกิจกรรม**เท่าไร?)

Benötige ich etwas, um an Ihrer Veranstaltung teilzunehmen?
(ฉันจำเป็นต้องเตรียมอะไรเพื่อ**เข้าร่วม**กิจกรรมของคุณหรือไม่?)

Sie können mich entweder unter meiner Telefonnummer 123456789 oder per der angegebenen E-Mail erreichen.

Ich warte auf Ihre Antwort und bedanke mich im Voraus.
(ฉันรอคำตอบจากคุณและขอขอบคุณล่วงหน้า)

Einen schönen Tag und eine gesunde Zeit wünsche ich Ihnen.

Mit freundlichen Grüßen

Chanya Danwongsa

8. Beispiel: Bitte um Information „Haustier“
B2 Zertifikat (am 23.10.2021)

Werbung/ Anzeige/Annonce/Werbunganzeige

Viele liebe Tiere suchen ein neues Zuhause

Sie suchen ein Haustier. Sie haben eine Anzeige eins Tierheims gelesen und interessieren sich dafür und möchten mehr Informationen darüber.
Schreiben an das Tierheim um mehr Informationen.

Behandeln Sie darin entweder

a) drei der folgenden Punkte

oder

b) zwei der folgenden Punkte und einen weiteren Aspekt Ihrer Wahl.

(เลือกเขียน 3 ข้อจาก 4 ข้อที่โจทย์ กำหนด หรือเขียน 2 หัวข้อจากโจทย์กำหนด และเขียน1 หัวข้ออื่นที่เราคิดเอง)

- Informationen des Tierheims.
- Welches Haustier möchten Sie haben?
- Warum möchten Sie ein Haustier vom Tierheim haben?
- Ihre Meinung zu Tierheim und Zoohandlung

Schreiben Sie mindestens 150 Wörter.

สแกน QRโค้ดเพื่อชมดูวีดีโอการสอนของครูปู ที่อธิบายเพิ่มเติมได้เลยค่ะ

Plettenberg, 08.08.2021

Betreff: Auskunft über Haustier aus dem Tierheim
(เรื่อง: ขอข้อมูลเกี่ยวกับสัตว์เลี้ยงจาก**สถานพักพิงสัตว์/สถานสงเคราะห์สำหรับสัตว์**)

Sehr geehrte Damen und Herren,
seit Oktober ist die liebe Katze meines Mannes verstorben, deshalb suche ich eine neue Katze für ihn. (ตั้งแต่เดือนตุลาคม แมวตัวโปรดของสามีฉันได้**เสียชีวิต**ลง ดังนั้นฉันจึงกำลังมองหาแมวตัวใหม่ให้เขา)

Ich habe mich für ein Tier aus dem Tierheim entschieden, weil ich denke, dass die Tiere dort dringende Hilfe benötigen als in einer Tierhandlung und die Tiere teilweise nur gezüchtet werden, um sie verkaufen zu können.
(ฉันตัดสินใจเลือกสัตว์จากสถานพักพิง เพราะฉันคิดว่าสัตว์ที่นั่น**ต้องการความช่วยเหลือเร่งด่วน**มากกว่าสัตว์ใน**ร้านขายสัตว์** และสัตว์บางตัวถูกเพาะพันธุ์ขึ้นมาเพียงเพื่อขายเท่านั้น)

Meiner Meinung nach werden die Tiere im Tierheim gesünder und sauberer gehalten als in der Zoohandlung.
(ในความเห็นของฉัน สัตว์ในสถานพักพิงมีสุขภาพดีและสะอาดกว่าสัตว์ในร้านขายสัตว์)

Außerdem denke ich, dass im Tierheim die Haustiere besser gepflegt werden.
(**นอกจากนี้**ฉันยังคิดว่าสัตว์เลี้ยงในสถานพักพิงได้รับการดูแลที่ดีกว่า)
Ich suche eine weibliche Katze. Es wäre schön, wenn sie Siamkatze ist.
(ฉันกำลังมองหาแมว**เพศเมีย** จะดีมากถ้าเธอเป็น**แมวสายพันธุ์วิเชียรมาศ/แมวสยามของไทย**)

Bitte informieren Sie mich, ob ich aus Ihrem Tierheim eine Siamkatze adoptieren könnte.
(กรุณา**แจ้ง**ให้ฉันทราบว่าฉันสามารถรับเลี้ยงแมวสาย**พันธุ์วิเชียรมาศ/แมวสยาม/พันธุ์ของไทย**จากสถานพักพิงของคุณได้หรือไม่)
Sie sollte stubenrein und möglichst jung sein.
(เธอ/แมว ควรได้รับ**การฝึก(**ให้ขับถ่ายเป็นที่) และควรจะยังอายุน้อยถ้าเป็นไปได้)
Wenn eine Vermittlung zustande kommt, werde ich die anfallende Schutzgebühr gerne entrichten. (หากสามารถรับเลี้ยงได้ ฉันยินดีชำระ**ค่าธรรมเนียมการรับเลี้ยง/ค่าธรรมเนียมการคุ้มครองที่เกี่ยวข้อง**ตามที่กำหนด)

Könnten Sie mir bitte weitere Informationen über die Tiere geben?
(คุณช่วยให้ข้อมูลเพิ่มเติมเกี่ยวกับสัตว์ที่มีอยู่ได้ไหม?)

Sie können mich entweder unter meiner Telefonnummer 123456789 oder per der angegebenen E-Mail erreichen.

Ich warte auf Ihre Antwort und bedanke mich im Voraus.

Mit freundlichen Grüßen

Chanyanij Danwongsa

ดูจดหมาย Bitte um Information (Beispiel 9-11) จากหน้า 96-107 นะคะ

Schreiben Sie diese Testversion Nummer auf den Antwortbogen

1	2	3	4	5	6	7	8	9

Wenn Sie diese Nummer nicht übertragen wird Ihre Prüfung nicht ausgewertet.

(เราต้องกรอกเลขที่ Test Version ที่มีลงในกระดาษคำตอบด้วยนะคะ ถ้าลืมกรอก เราจะไม่ได้คะแนนค่ะ (ประเมินคะแนนไม่ได้)

Wählen Sie zuerst zwischen **Aufgabe A** und **Aufgabe B**

(ให้เลือกเขียน เพียง 1 หัวข้อ Aufgabe A หรือ Aufgabe B)

Aufgabe A: **Bitte um Informationen** (เขียนเพื่อขอข้อมูล) oder Aufgabe B: **Beschwerde** (เขียนจดหมายร้องเรียน)

Schreiben Sie mindestens 150 Wörter (30 Minuten)
(เขียนอย่างน้อย 150 คำ ภายในเวลา 30 นาที)

Aufgabe B Beschwerde / Reklamation

(จดหมายร้องเรียน/ เรียกร้องให้ค่าชดเชย)

สแกน QRโค้ดเพื่อชมดูวีดีโอการสอนของครูปู ที่อธิบายเพิ่มเติมได้เลยค่ะ

Beschwerde / Reklamation
(จดหมายร้องเรียน/ เรียกร้องให้ค่าชดเชย)

โครงสร้างสำคัญในการเขียนจดหมาย

8. Adresse+ E-Mail ที่อยู่ **E-Mail** ของเราและ ของผู้รับ **(มุมบนซ้ายมือ)**

Blumen Straße 9

99999ppPlettenberg

E-Mail: chanya@hotmail.com

Firma ABC

E-Mail: Firma ABC@hotmail.com

a. ถ้าโจทย์กำหนดให้เขียนอีเมล์ไม่ต้องเขียนที่อยู่นะคะ An:

Firma ABC@hotmail.com

Von: chanya@hotmail.com

9. Ort und Datum **ชื่อเมือง, และ วันที่ เดือน ปี (มุมบนขวามือ, ต้องเขียนเสมอ)**

Plettenberg, 11.11.2021

10. Betreff **หัวข้อ ชื่อเรื่อง ปกติ เขียน**3-4 **คำ**

Beschwerde über ...

Betreff: Beschwerde über eine Pauschalreise

11. Die Anrede **คำขึ้นต้นจดหมาย**

Sehr geehrte Damen und Herren, ...

Sehr geehrter Herr......, Sehr geehrte Frau ......,

12. Einleitung เกริ่นนำ / **Grund für Ihr Schreiben.** เหตุผลที่เขียน

aufgrund Ihrer interessanten Werbung entschied ich mich, letzten Monat, bei Ihnen eine Pauschalreise nach Paris, Frankreich für eine Person zu buchen.

Dort war kein Frühstück verfügbar, so dass ich ebenso Mehrkosten von täglich 15 € hatte.

13. Der Haupttext/ Grund der Beschwerde und Beschreibung des Vorfalls
(เหตุผลของการร้องเรียน อ่านจากเนื้อหาที่มีกำหนดไว้ในโจทย์)

Die Hauptgründe meiner Beschwerde beruhten auf Folgendem:

(เหตุผลหลักในการร้องเรียนของฉันมีดังต่อไปนี้:)

***In diesem Teil müssen Sie für jeden Punkt mindestens zwei Sätze schreiben.

*** **(แต่ละหัวข้อเราต้องเขียนอย่างน้อย 2 ประโยค)**

Leider musste ich während der Reise feststellen, dass weder das Hotelzimmer noch die verschiedenen Angebote der Reisebestätigung entsprachen.

In Ihrer Anzeige haben Sie erwähnt, dass die Pauschalreise Hin- und Rückflugticket und Hotelzimmer mit Frühstück für eine Woche beinhaltet.

Als ich ankam, war kein Zimmer für mich verfügbar, und ich musste ein neues Hotel finden und für das Hotelzimmer extra bezahlen.

Außerdem fühlte ich mich am Telefon von Ihrem Servicemitarbeiter rasch und unfreundlich abgefertigt.

6.1.1 Das Fazit / die Feststellung

Ich war noch nie so enttäuscht von einem solchen Service.

Sie können sich bestimmt vorstellen, wie enttäuscht ich war.

Sie können sich sicherlich vorstellen, wie enttäuscht wir waren.

Deshalb sehe ich mich dazu veranlasst, diese Beschwerde zu schicken.

Aus den genannten Gründen sehe ich mich gezwungen, diese Beschwerde zu schreiben.

6.1.2. Ihre Erwartungen

Aufgrund des Mangels sehe ich eine Reisepreisminderung von 70 % für gerechtfertigt. Ich fordere Sie daher auf, den aufgeführten Mangel bis zum 29. August 2021 zu beheben.

(Ich erwarte von Ihnen, dass Sie mir 100 % meiner Spesen einschließlich der Versandkosten erstatten.)

7. Vorschläge zur Verbesserung:

Darüber hinaus möchte ich Sie bitten, auf die Qualität Ihres Produkts zu achten und diese regelmäßig und effektiv zu überprüfen. Hoffentlich ignorieren Sie meine E-Mail nicht und folgen meinen Ratschlägen.

Da Ihre Anzeige nicht der Realität entspricht, möchte ich Ihnen auch empfehlen, Ihre Anzeige anzupassen.

8. Wenn das Problem nicht gelöst wird, was möchten Sie weiter machen?

Wenn dieses Problem in der begrenzten Zeit nicht behoben wird, werde ich die Verbraucherzentrale informieren und eine negative Bewertung im Internet abgeben.

Sollte ich innerhalb von 9 Tagen nichts von Ihnen hören, werde ich die Angelegenheit meinem Anwalt übergeben. Ich hoffe jedoch, dass es nicht dazu kommt.

8.1. Um Antwort/Reaktion bitten

Ich bin zuversichtlich, dass dieses Problem rasch und unkompliziert gelöst wird.

Ich bin überzeugt, dass eine für beide Seiten vorteilhafte Lösung von Ihnen gefunden wird und wir weiterhin gut zusammenarbeiten könnten.

9. So erreichen Sie mich:

Sie können mich entweder unter meiner Telefonnummer 123456789 oder per der angegebenen E-Mail erreichen.

10. Der Schlusssatz / der Schlusssatz ประโยคลงท้าย จดหมาย

Ich freue mich auf eine schnelle und angemessene Antwort und bedanke mich im Voraus.
Ich warte auf Ihre baldige Antwort und bedanke mich im Voraus.

11. Der Nachsatz / Nachsätze คำลงท้าย จดหมาย der Gruß / die Grüße ทักทาย

Mit freundlichen Grüßen

Vorname Nachname

1. Beispiel: B2 Zertifikat am 16.08.2021 (Aufgabe B) (Beschwerde über Käse)

Werbung/ Anzeige

- Käse von guter Qualität
- Zutaten: Vollmilch, Salz, Natriumnitrat
- Durchschnittliche Nährwerte pro 100 g

  Brennwert: 1719 kJ / 414 kcal Fett: 33,7 g

  Kohlenhydrate: 0,0 g Eiweiß: 24,6 g

  Salz: 2,2 g

Sie haben Käse gekauft. Nachdem Sie Käse gegessen haben, haben Sie gesundheitliche Probleme. Schreiben Sie eine Beschwerde an den Laden.

Behandeln Sie darin entweder

a) drei der folgenden Punkte

oder

b) zwei der folgenden Punkte und einen weiteren Aspekt Ihrer Wahl.

(เลือกเขียน 3 ข้อจาก 4 ข้อที่โจทย์ กำหนด หรือเขียน 2 หัวข้อจากโจทย์กำหนด และเขียน1 หัวข้ออื่นที่เราคิดเอง)

1. Wofür Sie den Käse und was haben Sie zubereiten คุณซื้อชีท มาทำไม เอามาทำอาหารอะไร

2. Krankheit อาการเจ็บป่วย โรค

3. Der Arzt hat gesagt หมอพูดว่าอย่างไร

4. Haben Sie sich schon irgendwo beschwert? **คุณได้ไปร้องเรียนที่ไหนหรือยัง**

Schreiben Sie mindestens 150 Wörter (30 Minuten).

สแกน QRโค้ดเพื่อชมดูวีดีโอการสอนของครูปู ที่อธิบายเพิ่มเติมได้เลยค่ะ

Plettenberg,19.08.2021

<u>Betreff</u>: Beschwerde über die schlechte Qualität Ihres Produktes
(**<u>เรื่อง:</u>** การร้องเรียนเกี่ยวกับคุณภาพที่ไม่ดีของผลิตภัณฑ์ของคุณ)

Sehr geehrte Damen und Herren,
aufgrund Ihrer interessanten Werbung entschied ich mich, Gratinkäse in Ihrem Geschäft zu kaufen. (เนื่องจากโฆษณาที่น่าสนใจของคุณ ฉันจึงตัดสินใจซื้อชีสกราแต็งจากร้านของคุณ)

Ich habe den Käse für einen Auflauf benutzt und nach dem Verzehr des Gratinkäse wurde meiner 19-jährigen Tochter und mir sehr übel.
(ฉันใช้ชีสดังกล่าวทำอาหารอบ และหลังจากรับประทานชีสกราแต็ง ลูกสาววัย 19 ปีของฉันและฉันรู้สึกคลื่นไส้อย่างมาก)

Wir hatten auch hohes Fieber und mussten oft erbrechen. (เรามีไข้สูงและอาเจียนหลายครั้ง)

Bei uns wurde vom Arzt eine <u>Lebensmittelvergiftung</u> diagnostiziert.
(พวกเราทั้งสองถูกแพทย์วินิจฉัยว่า/แพทย์**วินิจฉัย**ว่าเราทั้งสองมีอาการ**<u>อาหารเป็นพิษ</u>**)

Durch die Lebensmittelvergiftung konnten wir zwei Tage nicht am Tagesgeschäft teilhaben. (เนื่องจากอาหารเป็นพิษ เราไม่สามารถทำกิจวัตรประจำวันได้เป็นเวลาสองวัน)

Wir waren sehr enttäuscht, dass uns der Gratinkäse so Probleme bereitet hat und gehen davon aus, dass sich die Situation in Zukunft nicht wiederholt.
(เรารู้สึกผิดหวังอย่างมากที่ชีสกราแต็งทำให้เกิดปัญหานี้ และหวังว่าสถานการณ์เช่นนี้จะไม่เกิดขึ้นอีกในอนาคต)

Aus den genannten Gründen sehe ich mich gezwungen, diese Beschwerde zu schreiben.
(ด้วยเหตุผลที่กล่าวมาข้างต้น ฉันจึงจำเป็นต้องเขียนจดหมายร้องเรียนฉบับนี้)

Über diesen Vorgang habe ich dieses bereits auch das <u>Gesundheitsamt</u> informiert.
(ฉันได้แจ้ง**<u>สำนักงานสาธารณสุข</u>**เกี่ยวกับเหตุการณ์นี้แล้วเช่นกัน)
Darüber hinaus möchte ich Sie auch bitten, auf die Qualität Ihres Produktes zu achten und diese regelmäßig und effektiv zu überprüfen.
(นอกจากนี้ ฉันขอให้คุณใส่ใจในคุณภาพของผลิตภัณฑ์ของคุณ และตรวจสอบอย่างสม่ำเสมอและมีประสิทธิภาพ)

Hoffentlich ignorieren Sie meine E-Mail nicht und folgen Sie bitte meinen Ratschlägen.
(หวังว่าคุณจะไม่เพิกเฉยต่ออีเมลของฉัน และกรุณาทำตามคำแนะนำของฉันด้วย)

Sie können mich entweder unter meiner Telefonnummer 123456789 oder per der angegebenen E-Mail erreichen.
(คุณสามารถติดต่อฉันได้ทางหมายเลขโทรศัพท์ 123456789 หรือทางอีเมลที่ให้ไว้)

<u>In der Hoffnung</u> auf eine schnelle und angemessene Antwort.
(<u>ด้วยความหวังว่า</u>จะได้รับคำตอบอย่างรวดเร็วและเหมาะสม)

Mit freundlichen Grüßen

Chanyanij Danwongsa

Beispiel: telc Deutsch B2 am 30.10.2021 (Beschwerde über eine Kaffeemaschine)

Werbung/ Anzeige

- Kaffeemaschine (für Coffee To Go) klein und tragbar
- Ideal für Auto, Büro und unterwegs
- Schneller Versand (1-3 Werktagen geliefert)

Material: Kunststoff + Edelstahl / Gewicht: 499 g.

Kontakt: ABC Kaffeemaschine@hotmail.com

Sie haben eine Kaffeemaschine gekauft. Es gab einige Probleme mit der Kaffeemaschine, die Sie gekauft haben. (คุณซื้อเครื่องชงกาแฟ เครื่องชงกาแฟที่คุณซื้อมีปัญหา)

Schreiben Sie eine Beschwerde an den Laden. (เขียนเรื่องร้องเรียนไปยังร้านค้า)

Behandeln Sie darin entweder a) drei der folgenden Punkte
oder b) zwei der folgenden Punkte und einen weiteren Aspekt Ihrer Wahl.

(เลือกเขียน 3 ข้อจาก 4 ข้อที่โจทย์ กำหนด หรือเขียน 2 หัวข้อจากโจทย์กำหนด และเขียน1 หัวข้ออื่นที่เราคิดเอง)

1. Wo haben Sie gekauft? คุณซื้อจากที่ไหน

2. die Menge der Kaffeemaschine จำนวนเครื่องทำกาแฟ

3. Was ist kaputt? / die Mängel อะไรพัง /ข้อบกพร่อง

4. Nennen Sie Ihre Forderungen, ohne mit dem Anwalt zu drohen.

(บอกความต้องการข้อเรียกร้องของคุณโดย ห้ามขู่ว่าจะฟ้องทนาย)

Schreiben Sie mindestens 150 Wörter (30 Minuten)

สแกน QRโค้ดเพื่อชมดูวีดีโอการสอนของครูปู ที่อธิบายเพิ่มเติมได้เลยค่ะ

Plettenberg, 22.02.2022

Betreff: Beschwerde über die schlechte Qualität Ihres Produktes
(เรื่อง: การร้องเรียนเกี่ยวกับคุณภาพที่ไม่ดีของผลิตภัณฑ์ของคุณ)

Sehr geehrte Damen und Herren,
aufgrund Ihrer interessanten Werbung entschied ich mich, eine tragbare Kaffeemaschine von Ihnen im Internet zu kaufen.
(**เนื่องจากโฆษณาที่น่าสนใจ**ของคุณ ฉันจึงตัดสินใจซื้อเครื่องชงกาแฟแบบพกพาจากคุณทางอินเทอร์เน็ต)

In Ihrer Anzeige haben Sie erwähnt, dass die Bestellung in 1–3 Werktagen geliefert wird. Tatsächlich habe ich die Bestellung erst einen Monat nach dem Bestelldatum erhalten.
(**ในโฆษณาของคุณ คุณระบุ**ว่าจะจัดส่งภายใน 1–3 วันทำการ แต่**ในความเป็นจริง** ฉันได้รับสินค้าหลังจากวันสั่งซื้อถึงหนึ่งเดือน)

Nach dem Auspacken stellte ich fest, dass diese diversen Mängel aufwiesen.
(**หลังจากแกะกล่อง** ฉันพบว่ามีข้อบกพร่องหลายประการ)
Beispielsweise reagiert die Kaffeemaschine nicht auf Knopfdruck und das Stromkabel war defekt. (**ตัวอย่างเช่น** เครื่องชงกาแฟไม่ตอบสนองเมื่อกดปุ่ม และสายไฟก็ชำรุด)

Darüber hinaus haben Sie in Ihrer Werbung erwähnt, dass die Kaffeemaschine nur 499 Gramm wiegt. Aber in der Realität wiegt sie 1,5 Kilogramm.
(**นอกจากนี้** คุณยังระบุในโฆษณาว่าเครื่องชงกาแฟหนักเพียง 499 กรัม **แต่ในความเป็นจริง** มันหนักถึง 1.5 กิโลกรัม)

Ich fand, dass sie zu schwer ist, um eine tragbare Kaffeemaschine zu sein.
(ฉันคิดว่ามันหนักเกินไปที่จะเรียกว่าเป็นเครื่องชงกาแฟ**แบบพกพา**)
Sie können sich bestimmt vorstellen, wie enttäuscht ich war.
(คุณคงนึกภาพออกว่าฉันผิดหวังแค่ไหน)

Aus den oben genannten Gründen sehe ich mich veranlasst, diese Beschwerde zu schreiben. (ด้วยเหตุผลที่กล่าวมาข้างต้น ฉันจึงจำเป็นต้องเขียนจดหมายร้องเรียนฉบับนี้)
Ich fordere Sie daher auf, die aufgeführten Mängel bis zum 29.02.2022 zu beheben.
(ฉันขอให้คุณดำเนินการแก้ไข**ข้อบกพร่องที่ระบุไว้**ภายในวันที่ 29 กุมภาพันธ์ 2022)

Sollte eine Reparatur oder Austausch nicht möglich sein, erwarte ich von Ihnen die Erstattung meines Kaufpreises, inklusive der Versandkosten.
(หากไม่สามารถ**ซ่อมหรือเปลี่ยน**สินค้าได้ ฉันคาดหวังว่าคุณจะคืนเงินค่าสินค้าให้ฉัน รวมถึงค่าขนส่งด้วย)

Wenn dieses Problem bis zum gesetzten Zeitpunkt nicht behoben wird, werde ich die Verbraucherzentrale informieren.
(หากปัญหานี้ไม่ได้รับการแก้ไขภายใน**ระยะเวลาที่กำหนด** ฉันจะรายงานเรื่องนี้ต่อศูนย์คุ้มครองผู้บริโภค)

Ich warte auf Ihre baldige Antwort und bedanke mich im Voraus.

Mit freundlichen Grüßen

Chanyanij Danwongsa

3.Beispiel: B2 Zertifikat am 16.08.2021 & am 14.02.2025 (Beschwerde über ein Fahrrad/ Fahrräder)

Werbung/ Anzeige

- **verschiedene Fahrradtypen**
- **gute Qualität**
- **schnelle Lieferung**

Sie haben 2 Fahrräder für Ihre Kinder gekauft. คุณซื้อจักรยานให้ลูก **2** คัน
Es gab einige Probleme mit den Fahrrädern, die Sie gekauft haben.
(มีปัญหาบางอย่างกับจักรยานที่คุณซื้อ)

Schreiben Sie eine Beschwerde an den Laden. เขียนเรื่องร้องเรียนไปยังร้านค้า

Behandeln Sie darin entweder a) drei der folgenden Punkte
oder b) zwei der folgenden Punkte und einen weiteren Aspekt Ihrer Wahl.
(เลือกเขียน 3 ข้อจาก 4 ข้อที่โจทย์ กำหนด หรือเขียน 2 หัวข้อจากโจทย์กำหนด และเขียน1 หัวข้ออื่นที่เราคิดเอง)

1. Wo haben Sie gekauft? คุณซื้อจากที่ไหน

2. die Menge des Fahrrads จำนวนจักรยาน ที่ซื้อ

3. Was ist kaputt? / die Mängel อะไรพัง /ข้อบกพร่อง

4. Welchen Fahrradtyp haben Sie gekauft? ซื้อจักรยานชนิดไหน

Schreiben Sie mindestens 150 Wörter (30 Minuten).

สแกน QRโค้ดเพื่อชมดูวีดีโอการสอนของครูปู ที่อธิบายเพิ่มเติมได้เลยค่ะ

Plettenberg, 22.06.2021

Betreff: Beschwerde über die schlechte Qualität Ihres Produkts
(เรื่อง: การร้องเรียนเกี่ยวกับ**คุณภาพ**ที่ไม่ดีของผลิตภัณฑ์ของคุณ)

Sehr geehrte Damen und Herren,
aufgrund Ihrer interessanten Werbung entschied ich mich letzte Woche, 2 BMX-Fahrräder von Ihnen im Internet zu kaufen. (เนื่องจาก**โฆษณาที่น่าสนใจ**ของคุณ ฉันจึงตัดสินใจซื้อจักรยาน BMX จำนวน 2 คันจากคุณทางอินเทอร์เน็ตเมื่อสัปดาห์ที่แล้ว)

Gestern habe ich die Fahrräder mit der Bestellnummer 1234 erhalten.
(เมื่อวานนี้ฉัน**ได้รับ**จักรยานพร้อมหมายเลขคำสั่งซื้อ 1234)

Nach dem Auspacken stellte ich fest, dass diese diversen Mängel aufwiesen.
(หลังจากแกะกล่อง ฉันพบว่าจักรยานทั้งสองมี**ข้อบกพร่อง**หลายประการ)

1. **Die Felgen bei beiden Rädern sind verbogen.** (**ขอบล้อ**ของจักรยานทั้งสองคันบิดงอ)
2. **Der Sattel eines Rades fehlt.** (**เบาะนั่ง**ของจักรยานคันหนึ่งหายไป)
3. **Die Fahrradreifen haben keinen Druck.** (**ยางจักรยาน**ไม่มีลม)
4. **Die Klingel beider Räder funktioniert nicht ordnungsgemäß.**
(**กระดิ่ง**ของจักรยานทั้งสองคันไม่ดัง/ไม่ทำงาน)

Sie können sich bestimmt vorstellen, wie enttäuscht ich war.
(คุณคงนึกภาพออกว่าฉันผิดหวังแค่ไหน)
Aus den genannten Gründen sehe ich mich gezwungen, diese Beschwerde zu schreiben.
(ด้วยเหตุผลที่กล่าวมาข้างต้น ฉันจึงจำเป็นต้องเขียนจดหมายร้องเรียนฉบับนี้)
Die beiden kaputten Fahrräder schicke ich Ihnen per Spedition zurück.
(ฉันจะส่งจักรยานที่เสียทั้งสองคันกลับไปให้คุณทาง/โดย**บริษัทขนส่ง**)

Ich fordere Sie daher auf, die aufgeführten Mängel bis zum 29. Juni 2021 zu beheben.
(ฉันขอให้คุณดำเนินการแก้ไขข้อบกพร่องที่ระบุไว้ภายในวันที่ 29 มิถุนายน 2021)

Sollte eine Reparatur oder Austausch nicht möglich sein, erwarte ich von Ihnen die Erstattung meines Kaufpreises, inklusive der Versandkosten.
(หากไม่สามารถ**ซ่อมหรือเปลี่ยน**สินค้าได้ ฉันคาดหวังว่าคุณจะคืนเงินค่าสินค้าให้ฉัน รวมถึงค่าขนส่งด้วย)
Wenn dieses Problem im gesetzten Zeitraum nicht behoben wurde, werde ich die Verbraucherzentrale informieren.
(หากปัญหานี้ไม่ได้รับการแก้ไขภายในระยะเวลาที่กำหนด ฉันจะ**รายงาน/แจ้ง**เรื่องนี้ต่อ**ศูนย์คุ้มครองผู้บริโภค**)

Sie können mich entweder unter folgender Telefonnummer 123456789 oder per der angegebenen E-Mail erreichen.
(คุณสามารถติดต่อฉันได้ทางหมายเลขโทรศัพท์ 123456789 หรือทางอีเมลที่ให้ไว้)

Ich warte auf Ihre baldige Antwort und bedanke mich im Voraus.

Mit freundlichen Grüßen

Chanyanij Danwongsa

Beispiel 4: B2 Zertifikat Beschwerde über Schlüsseldienst

Werbung/ Anzeige

Schlüsseldienst professionell und seriös

24 Stunden für Sie

transparenter und fairer Preis

Sie haben am Freitag um 22:00 Uhr Ihren Schlüssel in der Wohnungstür von innen stecken lassen.

Daher konnten Sie nicht in Ihre Wohnung zurückkommen.

Sie haben versucht, den Schlüsseldienst anzurufen und waren unzufrieden damit.

Schreiben Sie eine Beschwerde an die Zentrale dieses Schlüsseldienstes.

Behandeln Sie darin entweder

a) drei der folgenden Punkte

Oder b) zwei der folgenden Punkte und einen weiteren Aspekt Ihrer Wahl.

1. Womit waren Sie unzufrieden?

2. Warum haben Sie sich für den Schlüsseldienst entschieden?

3. Ihre Erfahrungen mit der Service-Hotline

4. Nennen Sie Ihre Forderungen, ohne gleich mit dem Anwalt zu drohen.

Schreiben Sie mindestens 150 Wörter (30 Minuten)

สแกน QRโค้ดเพื่อชมดูวีดีโอการสอนของครูปู ที่อธิบายเพิ่มเติมได้เลยค่ะ

Plettenberg,27.10.2021

Betreff: Beschwerde über Ihren Schlüsseldienst (เรื่อง: ร้องเรียนเกี่ยวกับบริการช่างกุญแจของคุณ)

Sehr geehrte Damen und Herren,
aufgrund Ihrer vielversprechenden Werbung entschied ich mich, Ihren Dienst zu nutzen.
(เนื่องจากโฆษณาของคุณดูน่าเชื่อถือ ฉันจึงตัดสินใจใช้บริการของคุณ)
Laut Ihrer Anzeige haben Sie einen 24 Std. Service, allerdings habe ich ca. 30 Minuten gebraucht um jemanden zu erreichen.
(โฆษณาของคุณบอกว่าคุณมีบริการตลอด 24 ชั่วโมง แต่ฉันต้องใช้เวลาประมาณ 30 นาทีในการติดต่อเจ้าหน้าที่)

Der Handwerker sollte in weiteren 30 Minuten bei mir sein, es hat aber ca. 2 Std. gedauert, bis er da war. (ช่างควรจะมาถึงภายใน 30 นาที แต่ใช้เวลาประมาณ 2 ชั่วโมงกว่าจะมาถึง)

Bei der Öffnung der Tür hat Ihr Handwerker nicht sehr professionell gearbeitet und meine Tür zerkratzt. (ขณะเปิดประตู ช่างของคุณทำงานอย่างไม่เป็นมืออาชีพและทำให้ประตูของฉันเป็น**รอย**)

Da es inzwischen nach Mitternacht war, musste ich auch noch einen Zuschlag von 200,- € bezahlen, sodass die Gesamtrechnung 730,- € beträgt.
(เนื่องจากเป็นเวลา**หลังเที่ยงคืน** ฉันจึงต้องจ่ายค่าบริการเพิ่มเติมอีก 200 ยูโร ทำให้ยอดรวมเป็น 730 ยูโร)

Ich war noch nie so enttäuscht von einem solchen Service.
(**ฉันไม่เคยผิดหวังกับบริการใด ๆ** แบบนี้มาก่อน)

Aus den genannten Gründen sehe ich mich gezwungen, diese Beschwerde zu verfassen.
(**ด้วยเหตุผลที่กล่าวมา** ฉันจึงจำเป็นต้องเขียนจดหมายร้องเรียนฉบับนี้)

Da es nicht in meiner Verantwortung liegt, dass Ihr Handwerker so spät kommt, erwarte ich, dass Sie diesen Zuschlag zurückzahlen, außerdem erwarte ich entweder die Reparatur meiner verkratzten Tür oder die Übernahme der Kosten. (เนื่องจากความล่าช้าไม่ใช่ความผิดของฉัน ฉันจึงคาดหวังให้คุณ**จ่ายคืนค่าบริการเพิ่มเติม** และซ่อมแซมหรือรับผิดชอบค่าใช้จ่ายในการซ่อมประตูที่เป็นรอย)

Da Ihre Anzeige nicht der Realität entspricht, möchte ich Ihnen auch empfehlen, Ihre Anzeige zu ändern.
(**เนื่องจากโฆษณาของคุณไม่ตรงกับความเป็นจริง** ฉันขอแนะนำให้คุณแก้ไขเนื้อหาในโฆษณาด้วย)

Sollte ich innerhalb von 14 Tagen nichts von Ihnen hören, werde ich die Verbraucherschutzzentrale informieren.
(หากฉันไม่ได้รับการติดต่อภายใน 14 วัน ฉันจะรายงานเรื่องนี้ต่อ**ศูนย์คุ้มครองผู้บริโภค**)

Sie können mich entweder unter meiner Telefonnummer 123456789 oder per der angegebenen E-Mail erreichen.

Ich warte auf Ihre baldige Antwort und bedanke mich im Voraus.

Mit freundlichen Grüßen

Chanyanij Danwongsa

5. Beispiel: B2 Zertifikat (am 30.10.2021) (Beschwerde über Fit Watch)

Werbung/ Anzeige

1. vielfältige Funktionen (Wettervorhersage, Gesundheitsaktivität

-Tracker (, Wasserdicht, Alarm, Kamera-Fernbedienung, GPS), Schlafüberwachung

Funktioniert in allen Situationen.

2. Beantwortung der Frage nach sportlicher Aktivität und Ernährung

(Kalorienzähler und Schrittzähler)

3. Eingebauter Kalorienzähler Eine lange Akkulaufzeit und leichtes Aufladen (USB-Connection)

4. 3 Stunden lang Musik zu hören

5. Intelligente Benachrichtigungen, SMS

Sie haben ein Fit Watch gekauft und waren unzufrieden damit.
Schreiben Sie eine Beschwerde an die Firma ABC.

Behandeln Sie darin entweder a) drei der folgenden Punkte

oder

b) zwei der folgenden Punkte und einen weiteren Aspekt Ihrer Wahl.

(เลือกเขียน 3 ข้อจาก 4 ข้อที่โจทย์ กำหนด หรือเขียน 2 หัวข้อจากโจทย์กำหนด และเขียน1 หัวข้ออื่นที่เราคิดเอง)

- Warum haben Sie es gekauft?

- Was erwarten Sie nach dem Kauf?

- Erfahrung mit vorheriger Uhr

- Welche Erwartungen haben Sie an die Firma ABC?

Schreiben Sie mindestens 150 Wörter (30 Minuten).

สแกน QRโค้ดเพื่อชมดูวีดีโอการสอนของครูปู ที่อธิบายเพิ่มเติมได้เลยค่ะ

Plettenberg, 11.11.2021

Betreff: Beschwerde über ein Fit Watch (เรื่อง: การร้องเรียนเกี่ยวกับนาฬิกา Fit Watch)

Sehr geehrte Damen und Herren,
aufgrund Ihrer vielversprechenden, interessanten Werbung entschied mich vor zwei Wochen, eine Fitness-Armband (ein Fit Watch) von Ihnen im Internet zu kaufen.
(เนื่องจากโฆษณาที่น่าสนใจและดูมีแนวโน้มดีของคุณ ฉันจึงตัดสินใจเมื่อสองสัปดาห์ก่อนที่จะซื้อนาฬิกาสำหรับออกกำลังกาย (Fit Watch) จากคุณทางอินเทอร์เน็ต)
Das Fit Watch mit der Bestellnummer 1234 habe ich erhalten.
(ฉันได้รับ Fit Watch หมายเลขคำสั่งซื้อ 1234 แล้ว)

Nach einiger Zeit stellte ich fest, dass die angegebenen Funktionen nur teilweise genutzt werden können. (หลังจากใช้งานไปสักพัก ฉันพบว่าฟังก์ชันที่ระบุไว้สามารถใช้งานได้เพียงบางส่วนเท่านั้น)

In Ihrer Anzeige haben Sie erwähnt, dass das Fit Watch unter allen Bedingungen gut funktioniert, jedoch reagiert Display sich nicht auf Handbewegung. (ในโฆษณาของคุณ คุณระบุว่า Fit Watch สามารถทำงานได้ดีในทุกสภาพ แต่หน้าจอกลับไม่ตอบสนองต่อการเคลื่อนไหวของมือ)
Darüber hinaus funktioniert die Schrittzählfunktion nicht richtig.
(นอกจากนี้ ฟังก์ชันนับก้าวก็ทำงานไม่ถูกต้อง)
Ebenso soll ein 3-stündiges Musikhören vom der Fit Watch möglich sein, tatsächlich ist die Batterie schon nach einer Stunde leer.
(คุณยังระบุว่าสามารถฟังเพลงได้นาน 3 ชั่วโมงจาก Fit Watch แต่**ในความเป็นจริง** แบตเตอรี่หมดภายในเวลาเพียง 1 ชั่วโมง)

Aus diesen genannten Gründen sehe ich mich dazu veranlasst, Ihnen diese Beschwerde zu schreiben. (**ด้วยเหตุผลที่กล่าวมาข้างต้น** ฉันจึงจำเป็นต้องเขียนจดหมายร้องเรียนฉบับนี้ถึงคุณ)

Leider ist meine vorherige Uhr der Firma ABC verlorengegangen, bei dieser funktionierten alle diese Punkte. (น่าเสียดายที่**นาฬิกาเรือนก่อนของฉัน**จากบริษัท ABC หายไป ซึ่งนาฬิกานั้นสามารถใช้งานฟังก์ชันเหล่านี้ได้ทั้งหมด)

Ich fordere Sie daher auf, die aufgeführten Mängel bis zum 18. November 2021 zu beheben. (ฉันขอให้คุณดำเนินการแก้ไขข้อบกพร่องที่ระบุไว้ภายในวันที่ 18 พฤศจิกายน 2021)

Sollte eine Reparatur oder Austausch nicht möglich sein, erwarte ich von ich Ihnen die Erstattung meines Kaufpreises.
(หากไม่สามารถซ่อมหรือเปลี่ยนสินค้าได้ ฉันคาดหวังว่าคุณจะ**คืน/ชดเชย**เงินค่าสินค้าให้ฉัน)

Wenn dieses Problem in dem gesetzten Zeitraum nicht behoben wurde, werde ich die Verbraucherzentrale informieren.
(หากปัญหานี้ไม่ได้รับการแก้ไขภายในระยะเวลาที่กำหนด ฉันจะ**รายงาน/แจ้ง เรื่องนี้ต่อศูนย์คุ้มครองผู้บริโภค**)

Ich warte auf Ihre baldige Antwort und bedanke mich im Voraus.

Mit freundlichen Grüßen

Chanyanij Danwongsa

6. Beispiel: B2 Zertifikat am 21.08.2020

(Beschwerde über eine Pauschalreise)

Werbung/ Anzeige

- ein günstiger Urlaub in Paris, Frankreich
- das Hin- und Rückflugticket ist inklusive
- Komfortables Hotelzimmer inklusive Frühstück für eine Woche

Sie haben eine Pauschalreise beim Reisebüro ABC gebucht. Leider waren Sie mit dieser Reise nicht zufrieden.

Schreiben Sie eine Beschwerde an das Reisebüro.
Behandeln Sie darin entweder

a) drei der folgenden Punkte

oder

b) zwei der folgenden Punkte und einen weiteren Aspekt Ihrer Wahl.

(เลือกเขียน 3 ข้อจาก 4 ข้อที่โจทย์ กำหนด หรือเขียน 2 หัวข้อจากโจทย์กำหนด และเขียน1 หัวข้ออื่นที่เราคิดเอง)

1. **Was ist der Mangel?**
2. **Warum waren Sie unzufrieden?**
3. **Was erwarten Sie vom Reisebüro?**
4. **Was möchten Sie tun, wenn das Problem nicht gelöst wird?**

   Nennen Sie Ihre Forderungen, ohne gleich mit dem Anwalt zu drohen.

Schreiben Sie mindestens 150 Wörter (30 Minuten).

สแกน QRโค้ดเพื่อชมดูวีดีโอการสอนของครูปู ที่อธิบายเพิ่มเติมได้เลยค่ะ

Plettenberg, 21.08.2020

Betreff: Beschwerde über eine Pauschalreise (เรื่อง: การร้องเรียนเกี่ยวกับ**แพ็คเกจท่องเที่ยว**)

Sehr geehrte Damen und Herren,

aufgrund Ihrer vielversprechenden Werbung entschied ich mich letzten Monat, bei Ihnen eine Pauschalreise nach Paris, Frankreich für eine Person zu buchen.
(**เนื่องจาก**โฆษณาที่ดูน่าเชื่อถือของคุณ ฉันจึงตัดสินใจเมื่อเดือนที่แล้ว**จองทัวร์แบบเหมาจ่าย/แพ็คเกจท่องเที่ยว**ไปปารีส ประเทศฝรั่งเศส สำหรับหนึ่งคนกับคุณ)

Leider musste ich während der Reise feststellen, dass weder das Hotelzimmer noch die verschiedenen Angebote der Reisebestätigung entsprachen. (น่าเสียดายที่ระหว่างการเดินทาง ฉันพบว่าทั้งห้องพักในโรงแรมและ**ข้อเสนออื่น ๆ** ที่ระบุไว้ในใบยืนยันการเดินทางไม่เป็นไปตามที่ตกลงไว้)

In Ihrer Anzeige haben Sie erwähnt, dass die Pauschalreise Hin- und Rückflugticket und Hotelzimmer mit Frühstück für eine Woche beinhaltet. **(ในโฆษณาของคุณ คุณระบุว่า**ทัวร์แบบเหมาจ่ายนี้รวม**ตั๋วเครื่องบินไป-กลับ**และห้องพักพร้อมอาหารเช้าเป็นเวลา 1 สัปดาห์)

Als ich ankam, war kein Zimmer für mich verfügbar, und ich musste ein neues Hotel finden und für das Hotelzimmer extra bezahlen. (เมื่อฉันมาถึง ไม่มีห้องพักสำหรับฉัน ฉันจึงต้องหาที่พักใหม่และ**จ่าย**ค่าห้องพัก**เพิ่มเติม**เอง)

Dort war kein Frühstück verfügbar, sodass ich ebenso Mehrkosten von täglich 15 € hatte.
(ที่โรงแรมแห่งใหม่นั้น**ไม่มีอาหารเช้าให้บริการ** ทำให้ฉันต้องเสียค่าใช้จ่ายเพิ่มเติมวันละ 15 ยูโร)

Sie könnten sich bestimmt vorstellen, wie enttäuscht ich war.
(คุณคงนึกภาพออกว่าฉัน**ผิดหวัง**แค่ไหน)

Aufgrund des Mangels sehe ich eine Reisepreisminderung von 70 % für gerechtfertigt.
(**เนื่องจากข้อบกพร่อง**ดังกล่าว ฉันเห็นว่าการลดราคาทัวร์ลง 70% เป็นสิ่งที่สมเหตุสมผล)

Ich fordere Sie daher auf, den aufgeführten Mangel bis zum 29. August 2021 zu beheben.
(ฉันขอ/เรียกร้องให้คุณดำเนินการแก้ไขข้อบกพร่องที่ระบุไว้ภายในวันที่ 29 สิงหาคม 2021)

Wenn dieses Problem in der begrenzten Zeit nicht behoben wird, werde ich die Verbraucherzentrale informieren und eine negative Bewertung im Internet abgeben.
(หากปัญหานี้ไม่ได้รับการแก้ไขภายในระยะเวลาที่กำหนด ฉันจะรายงานเรื่องนี้ต่อศูนย์คุ้มครองผู้บริโภคและ**เขียนรีวิวเชิงลบ**ทางอินเทอร์เน็ต)

Sie können mich entweder unter folgender Telefonnummer 123456789 oder per der angegebenen E-Mail erreichen.

Ich warte auf Ihre baldige Antwort und bedanke mich im Voraus.

Mit freundlichen Grüßen

Chanyanij Danwongsa

7. Beispiel: Beschwerde über eine Fahrradtour mit Trainer.

Sie haben an einer Fahrradtour mit Trainer teilgenommen. Sie waren unzufrieden

Werbung/ Anzeige

- Wir bieten Radeln mit Spaß" an.
- Freundliche junge Trainer begleiten Sie bei den Rad- touren und gehen dabei gern auf Ihre Fragen rund um Sport und Gesundheit ein.
- Wir treffen uns jeden Samstag und Sonntag
- Also auf zum

ABC GmbH

Heidewiese 1

44777 Heimatstadt

ABC@web.de

damit. Schreiben Sie eine Beschwerde an den Verein.

Behandeln Sie darin entweder a) drei der folgenden Punkte

oder

b) zwei der folgenden Punkte und einen weiteren Aspekt Ihrer Wahl.

(เลือกเขียน 3 ข้อจาก 4 ข้อที่โจทย์ กำหนด หรือเขียน 2 หัวข้อจากโจทย์กำหนด และเขียน1 หัวข้ออื่นที่เราคิดเอง)

1. **Warum Sie interessieren sich für das Angebot?**
2. **Beschreiben Sie detailliert die Probleme**
3. **Was Ihnen an Fahrrahtour gefallen hat?**
4. **Beschreiben Sie genau, wie der Trainer auf Ihre Fragen reagiert hat?**

Schreiben Sie mindestens 150 Wörter (30 Minuten

สแกน QRโค้ดเพื่อชมดูวีดีโอการสอนของครูป ที่อธิบายเพิ่มเติมได้เลยค่ะ

Plettenberg, 22.11.2021

Betreff: Beschwerde über eine Fahrradtour
(เรื่อง: การร้องเรียนเกี่ยวกับทัวร์จักรยาน)

Sehr geehrte Damen und Herren, aufgrund Ihrer vielversprechenden Werbung entschied ich mich letzten Monat, bei Ihnen an einer Fahrradtour teilzunehmen.
(เนื่องจากโฆษณาที่ดูน่าสนใจของคุณ ฉันจึงตัดสินใจเข้าร่วมทัวร์จักรยานกับคุณเมื่อเดือนที่แล้ว)

Ich habe zwar gerne an Ihren Touren teilgenommen, weil ich die Möglichkeit hatte, Sport zu treiben, und es ist gut für meine Gesundheit.
(ฉันชอบเข้าร่วมทัวร์ของคุณ เพราะมัน**เปิดโอกาส**ให้ฉันได้ออกกำลังกาย และดีต่อสุขภาพของฉัน)

Die Auswahl der Strecken war sehr gut, nicht zu leicht und nicht zu schwer.
(**การเลือกเส้นทาง(ในการปั่น)** ที่เลือกมานั้นดีมาก **ไม่ง่ายเกินไปและไม่ยากเกินไป**)

Leider gab es auch einige Mängel. (แต่น่าเสียดายที่มีข้อบกพร่องบางประการ)

In Ihrer Anzeige haben Sie erwähnt, dass wir uns 2-mal pro Woche am Samstag und Sonntag treffen, aber tatsächlich haben wir uns nur einmal pro Woche getroffen, da der Trainer keine Zeit hatte.
(**ในโฆษณาของคุณ คุณระบุว่า**เราจะพบกันสัปดาห์ละ 2 ครั้งในวันเสาร์และอาทิตย์ แต่ในความเป็นจริง เราได้พบกันเพียงสัปดาห์ละครั้ง เพราะผู้ฝึกสอนไม่มีเวลา)

Außerdem war der Trainer nicht freundlich, auf Fragen reagierte er kurz angebunden und schon fast beleidigend, ich hatte den Eindruck, die Teilnehmer würden ihn nur nerven.
(**นอกจากนี้** ผู้ฝึกสอนไม่เป็นมิตร ตอบคำถามอย่างห้วน ๆ และ**เกือบจะหยาบคาย** ฉันรู้สึกว่าผู้เข้าร่วมดูเหมือนจะ**น่ารำคาญ/รบกวน**เขา)

Sie könnten sich bestimmt vorstellen, wie enttäuscht ich war.
(คุณคงนึกภาพออกว่าฉัน**ผิดหวัง**แค่ไหน)

Aufgrund der Vorkommnisse halte ich einen Abzug vom Abonnementpreis von 50 % für gerechtfertigt. (จากเหตุการณ์ที่เกิดขึ้น ฉันเห็นว่าการลดราคา**ค่าสมัครสมาชิก**ลง 50% ตามความเหมาะสม)

Aus den oben genannten Gründen möchte ich mein Abonnement mit sofortiger Wirkung kündigen. (**ด้วยเหตุผลที่กล่าวมาข้างต้น** ฉันขอยกเลิกการสมัครสมาชิกของฉันโดยมีผลทันที)

Bitte senden Sie mir umgehend eine Kündigungsbestätigung.

Sie können mich entweder unter folgender Telefonnummer 123456789 oder per der angegebenen E-Mail erreichen.

Mit freundlichen Grüßen

Chanyanij Danwongsa

ดูตัวอย่างจดหมาย Beschwerde Beispiel 8- ใหม่เพิ่มเติม จากหน้า 108-147 นะคะ

Mündlicher Ausdruck

กระดาษโน้ต สามารถนำเข้าห้องสอบด้วยได้ แต่ห้าม อ่านตาม เลย ให้อ่าน คนสำคัญๆ และตัวเลข ได้ (เหลือบตามมองได้)**ในการสอบ ตามปกติแล้ว จะเข้าสอบเป็น คู่ แต่ในบางครั้ง(นานๆที) อาจจะพูดเป็นกลุ่ม (3 คน)**

***** ถ้ากรณี พูด 3 คน เป็นกลุ่ม เวลา จะเป็น ประมาณ 25 นาที จากปกติ ถ้าพูดเป็นคู่ ใช้เวลา 15 นาที*** แต่ถ้ากรณีมีคน สอบแค่คนเดียว กรรมการคุมสอบจะทำหน้าที่ พูดคู่กับเราให้ ค่ะ**

Einander kennenlernen (ไม่มีการให้คะแนนในส่วนนี้) (ca. 1 Minute)
การพูดทักทายแนะนำตัวเอง ให้ตกลงว่า จะใช้ Du (โดยถามว่า Sollten wir uns **duzen?**)

Teil 1 Über Erfahrungen sprechen

พูดนำเสนอ ในส่วนของพูด **Teil 1** จะไม่มีกระดาษหัวข้อให้ เพราะว่าเราสามารถเตรียมตัว ฝึกท่องมาจากที่บ้าน

*****เราสามารถเลือกหัวข้อแล้วฝึกท่องไปเลยได้*****

พูดหัวข้อที่เราเตรียมไว้แล้ว ใช้เวลาพูดมากสุด **1.5** นาที หัวข้อจะมีกำหนดให้ โดยมีหัวข้อให้เลือก เอง **7** หัวข้อ

1. ein Film ภาพยนตร์ ที่เราเคยดูและประทับใจเป็นพิเศษ
2. ein Buch ที่เราเคยอ่าน เล่มโปรด
3. eine Reise การเดินทาง (Zielจุดหมาย, Zeit เวลา, Land ประเทศ und Leute ประชาชน, Sehenswürdigkeiten สถานที่ท่องเที่ยว.)
4. eine Musikveranstaltung การจัดแสดงดนตรี (เชน คอนเสิร์ต, Orchestra.) ที่เราเคยไปดู
5. Sportereignis การแข่งขันกีฬา ต่างๆ ที่เราเคยไปดู
6. eine Person บุคคลคนหนึ่งที่สำคัญ ในชีวิตเรา (ใคร , เมื่อไหร่ ,ทำไม)
7. eine wichtige Erfahrung ประสบการณ์สำคัญที่เราเคยทำ
*****พอพูดจบ เราต้องตอบคำถาม ประมาณ 2 คำถามจาก คู่สนทนาเรา (แต่ไม่ใช่ตอบคำถามของกรรมการ)***ตอนเพื่อนพูดเราก็ต้องตั้งใจฟัง เพื่อจะได้ตั้งคำถามเพื่อนหนึ่งถึงสองคำถาม ได้ค่ะ**

Teil 2 Diskussion (ca. 5 Minuten)

เราจะได้อ่านบทความ (ในห้องเตรียมตัวสอบ) จากนั้นพูดคุยกับคู่ของคุณ ประมาณ 5 นาที โดยต้องพูดถึงหัวข้อ สรุปข้อดีข้อเสีย และพูดแสดงความคิดเห็น และพูดถึงประสบการณ์ที่เรามี และถามความคิดเห็นคู่เรากลับ

Teil 3 Gemeinsam etwas planen (ca. 5 Minuten)

การพูดวางแผนอะไรสักอย่างร่วมกัน ซึ่งหัวข้อจะไม่แตกต่างจากการพูดวางแผนในระดับ B1 แต่จะไม่มีคำระบุไว้ให้เราพูด เราต้องพูดเอง และคิดเองว่าจะพูดอะไรบ้าง

สแกน QRโค้ดเพื่อชมดูวีดีโอการสอนของครูปู ที่อธิบายเพิ่มเติมได้เลยค่ะ

Teil 1: Über Erfahrungen sprechen

Beispiel 1: Eine einzelne Person

(บุคคลคนหนึ่งที่สำคัญ ในชีวิตเรา (ใคร, เมื่อไหร่, ทำไม)

Liebe ...., ich möchte dir von **einer besonderen Person erzählen.**

Eine einzelne Person, die einen bedeutenden Einfluss auf mein Leben hatte und immer hat, ist Generaloberst Suriyont Danwongsa,

der sowohl mein Vater als auch ein Vorbild ist. Er ist eine Inspiration für meine Erfolge.

Seine Arbeitsprinzipien sind Fleiß, Ehrlichkeit und Disziplin.

บุคคลคนหนึ่งที่มีส่วน (อิทธิพล)สำคัญต่อชีวิตของฉัน

คือพันตำรวจโท สุริยนต์ แดนวงษา ซึ่งเป็นทั้งพ่อและแบบอย่างของฉัน ท่านเป็นแรงบันดาลใจ ในทุกความสำเร็จของฉัน หลักการทำงานของท่านคือความขยัน ความซื่อสัตย์และความมีระเบียบวินัย.

Er fördert uns im Lernen und Leben. Er ist ein engagierter und erfolgreicher Mann. Darüber hinaus hat er einen großartigen Sinn für Humor, er liebt es zu singen und er kümmert sich sehr gut um seine Familie.

ท่านสนับสนุนพวกเราในการเรียนรู้และการดำรงชีวิต, ท่านเป็นคนที่มุ่งมั่นและประสบความสำเร็จ, นอกจากนี้ท่านยังมีอารมณ์ขัน, รักการร้องเพลง และดูแลครอบครัวของท่านเป็นอย่างดี.

Obwohl er 78 Jahre alt ist, ist er immer noch romantisch und vergisst nie, meiner Mutter am Valentinstag eine Rose zu schenken. Ich schätze sehr, dass er immer ein Vorbild für mich war und immer noch ist.

แม้ท่านจะอายุ 78 ปีแล้ว แต่ท่านก็ยังโรแมนติกและไม่ลืมที่จะมอบดอกกุหลาบให้คุณแม่ในวันวาเลนไทน์ ฉันซาบซึ้งจริงๆที่ท่านเป็นแบบอย่างสำหรับฉันตลอดมาและยังคงเป็นแบบอย่างให้กับฉันอยู่เสมอ.

Ich möchte euch mehr darüber erzählen, aber wir müssen auf die Zeit achten.

Habt ihr irgendwelche Fragen an mich?

Beispiele der Fragen zum Thema „Eine Person"

1. Wie oft triffst du dich mit ihm?

2. Sprichst du noch jeden Tag mit ihm?

Beispiel 2: Ein Buch (เนื้อเรื่อง Cr. Nong Dream: Chutimon Chaisrita)

Liebe **Chanya**, ich möchte dir **mein Lieblingsbuch vorstellen.**

Der Titel des Buches lautet „Me Before You"

Ich habe dieses Buch gewählt, weil ich mich persönlich für dieses Buch interessiert habe.

Es ist ein Buch aus dem Jahr 2012 und hat etwa 200 Seiten.

Die Autorin des Buches ist Jojo Moyes. Sie ist **eine bekannte Schriftstellerin aus England.**

In diesem Buch geht **es um zwei Personen, Luisa und Will.**

Luisa ist eine junge Frau und lebt in einem Vorort von England. Sie ist arbeitslos und auf der Suche nach einem neuen Job.

Will ist ein junger Millionär. Er hatte einen schweren Unfall, deshalb kann er nicht mehr gehen und muss im Rollstuhl sitzen. Luisa bekommt einen neuen Job, als private Pflegekraft für Will. Beide verlieben sich ineinander, trotz Hürden. Es ist eine Romanze mit einem bitteren Ende.

Zum Schluss fliegt Will in die Schweiz und erhält Sterbehilfe.

Luisa erbt sein Vermögen und fängt ein ganz anderes Leben an, wie sie es wollte.

Aus diesem Buch lernen wir, aus diesem Buch lernen wir, dass es in unserem Leben beide Seiten gibt, nicht nur gute, sondern auch schlechte Seiten. Menschen vergessen immer, das Leben zu schätzen.

Die Autorin zeigte, dass das Leben nicht immer gerecht verläuft. Es läuft nicht immer glatt. Solange wir noch leben, sollten wir jede Minute unseres Lebens schätzen. Wir sollten die wichtige Wertschätzung des Lebens nicht vergessen.

Ich möchte euch mehr darüber erzählen, aber wir müssen auf die Zeit achten.
Möchtet ihr mich irgendetwas fragen? หรือ Habt ihr irgendwelche Fragen an mich?
Ich möchte dir mehr darüber erzählen, aber wir müssen auf die Zeit achten.
Hast du irgendwelche Fragen an mich? หรือ Gibt es etwas, das du mich fragen möchtest?

Beispiele der Fragen zum Thema „Ein Buch"

1. Wie viel kostet das Buch? Wo hast du es gekauft?
2. Wer hat dir das Buch empfohlen?

สแกน QR-โค้ดเพื่อชมดูวีดีโอการสอนของครูปู ที่อธิบายเพิ่มเติมได้เลยค่ะ

Beispiel 3: Meine erste Reise nach Plettenberg, Deutschland, um meinen Freund zu besuchen

Liebe ………, ich möchte dir von meiner ersten Reise nach Deutschland erzählen.

Am 13. Oktober 2011 bin ich aus Manchester, England, nach Köln geflogen.

Zuerst habe ich den falschen Bus zum Manchester Flughafen genommen, dadurch bin ich spät am Flughafen gekommen und musste mich sehr beeilen.

Dann hatte das Flugzeug ein Problem und es gab Rauch aus dem Flugzeugflügel.

Schließlich bin ich in Köln zwei Stunden später als geplant angekommen.

Mein Freund holte mich am Flughafen Köln ab, von dort fuhren wir mit dem Auto nach seiner Heimatstadt „Plettenberg".

Plettenberg ist eine kleine, wunderschöne Stadt. Sie hat ungefähr 20.000 Einwohner.

In Plettenberg gibt es viele schöne Kirchen und viele kleine Flüsse.

Obwohl Plettenberg eine sehr kleine Stadt ist, gibt es einen sehr bekannten Ort.

Das AquaMagis in Plettenberg ist ein großes öffentliches Bad mit Ferienhäusern und Campingplätzen. Manche Leute sagen; AquaMagis hat die besten Rutschen und ein sehr schönes Schwimmbad.

Die Menschen in dieser Stadt sind sehr freundlich und sympathisch.

Ich war eine Woche in Plettenberg und habe die Mutter und die ältere Schwester meines Freundes kennengelernt. Die sind sehr nett. Die Mutter bereitete Schnitzel zu, und diese waren sehr lecker. Beeindruckend war die Reise.

Ich möchte dir mehr darüber erzählen, aber wir müssen auf die Zeit achten.

Hast du irgendwelche Fragen an mich?

Beispiele der Fragen zum Thema „Reise"

1. Wenn du Zeit hast, möchtest du wieder nach Plettenberg reisen?
2. Was hast du als Souvenir oder Andenken von Plettenberg gekauft?

สแกน QRโค้ดเพื่อชมดูวีดีโอการสอนของครูปู ที่อธิบายเพิ่มเติมได้เลยค่ะ

Teil 2: Diskussion

เราจะได้อ่านบทความ (ในห้องเตรียมตัวสอบ) จากนั้นพูดคุยกับคู่ของคุณ ประมาณ 5 นาที โดยต้องพูดถึงหัวข้อ สรุปข้อดีข้อเสีย และพูดแสดงความคิดเห็น และพูดถึงประสบการณ์ที่เรามี และถามความคิดเห็นคู่เรากลับ

การพูดแสดงความคิดเห็น มีใจความหลักๆที่เราต้องพูด 4 ส่วน

1. บอกชื่อหัวข้อที่เราอ่าน

Das Thema des Textes ist „Leben in Stadt in der Wohnung oder im Land im Haus?"

2. เลือกประโยคหลักๆ ใจความสำคัญ จาก เน้อหาที่เราอ่านมา 2-3 ประโยค ปกติจะ พูดเกี่ยวกับข้อดีและข้อเสีย ของหัวข้อนั้นๆ

Im Text steht, dass ....(2-3 kurze Sätze aus Texten)

3. แสดงความคิดเห็นของเรา และสรุป ถ้าเรามีประสบการณ์ ในหัวข้อนั้นๆ ก็พูดไปด้วย

Meiner Meinung nach bietet das Wohnen in unserem eigenen Haus auf dem Land zahlreiche Vorzüge. Wenn man in seinem eigenen Haus lebt und nicht monatlich Miete zahlen muss, hat man die Möglichkeit, mehr Geld zu sparen. Des Weiteren residieren Menschen auf dem Land, in unmittelbarer Nähe zur Natur. In ländlichen Gebieten ist die Luftqualität besser als in städtischen Gebieten, und sie ist weniger verschmutzt.

Das Wohnen in einem Haus bietet mehr Raum als in einer Wohnung, zusätzlichen Platz im Freien, erhöhte Privatsphäre und Autonomie.

Ich selbst ziehe es vor, auf dem Land zu leben, anstatt in der Stadt. Ich liebe ein unkompliziertes Leben, frische Luft, weniger Verschmutzung und ein ruhiges Leben. Außerdem genieße ich es, mit meiner Familie im Garten zu arbeiten. Dort kann ich die von uns gepflanzte Blume beobachten, die Vögel singen hören, viele Schmetterlinge fliegen sehen und den Duft der Blumen riechen. Einige dieser Dinge sind nicht in der Stadt zu finden.

4.ถามเพื่อนว่าคิดเห็นอย่างไร มีประสบการณ์กับ หัวข้อนั้นๆหรือไม่ พูดถึง สถานการณ์ในเมืองไทย (และในขณะเดียวกันถ้าเพื่อนถาม เราก็ต้องตอบคำถาม)

Was denkst du darüber?

- Meiner Meinung nach...........

Hast du Erfahrung damit?

- Mit diesem Thema habe ich mich noch nie beschäftigt ...

- Aus meiner eigenen Erfahrung kann ich sagen, dass ...

Wie ist die Situation in deiner Heimat?

-In Thailand.......

คำแปลภาษาไทย

Meiner Meinung nach bietet das Wohnen in unserem eigenen Haus auf dem Land zahlreiche Vorzüge. (**ในความเห็นของฉัน** การอยู่อาศัยในบ้านของเราเองในชนบทมีข้อดีมากมาย)

Wenn man in seinem eigenen Haus lebt und nicht monatlich Miete zahlen muss, hat man die Möglichkeit, mehr Geld zu sparen. (เมื่อเราอาศัยอยู่ในบ้านของตัวเองและไม่ต้องจ่ายค่าเช่ารายเดือน เราก็**มีโอกาสประหยัดเงินได้มากขึ้น**)

Des Weiteren residieren Menschen auf dem Land, in unmittelbarer Nähe zur Natur. **(นอกจากนี้** ผู้คนที่อาศัยอยู่ในชนบทยังอยู่ใกล้ชิดกับธรรมชาติ)

In ländlichen Gebieten ist die Luftqualität besser als in städtischen Gebieten, und sie ist weniger verschmutzt. (ในพื้นที่ชนบท **คุณภาพอากาศ**ดีกว่าในเมือง และมีมลพิษน้อยกว่า)

Das Wohnen in einem Haus bietet mehr Raum als in einer Wohnung, zusätzlichen Platz im Freien, erhöhte Privatsphäre und Autonomie. (การอยู่อาศัยในบ้านมีพื้นที่มากกว่าการอยู่ในอพาร์ตเมนต์ มีพื้นที่กลางแจ้งเพิ่มเติม **ความเป็นส่วนตัวที่มากขึ้น และความเป็นอิสระ/ไม่ขึ้นกับใคร**)

Ich selbst ziehe es vor, auf dem Land zu leben, anstatt in der Stadt. (สำหรับฉัน ฉัน**ชอบ**ใช้ชีวิตในชนบท**มากกว่า**ในเมือง)

Ich liebe ein unkompliziertes Leben, frische Luft, weniger Verschmutzung und ein ruhiges Leben. (ฉันรักชีวิตที่เรียบง่าย อากาศบริสุทธิ์ **มลพิษน้อย** และความสงบ)

Ferner genieße ich es, mit meiner Familie im Garten zu arbeiten. **(นอกจากนี้** ฉันยังสนุกกับการทำงานในสวนกับครอบครัวของฉัน)

Dort kann ich die von uns gepflanzte Blume beobachten, die Vögel singen hören, viele Schmetterlinge fliegen sehen und den Duft der Blumen riechen. (ที่นั่นฉันสามารถชมดอกไม้ที่เราปลูก ฟังเสียงนกร้อง ดูผีเสื้อบิน และ**ดมกลิ่นหอมของดอกไม้**)

Einige dieser Dinge sind nicht in der Stadt zu finden. (สิ่งเหล่านี้บางอย่างหาไม่ได้ในเมือง)

Beispiel 2: Thema „Hausaufgaben unnötig oder unvermeidlich." (B2 Zertifikat telc am 18.06.2021)

Über Hausaufgaben wird schon lange diskutiert, ob

Hausaufgaben sind wichtig? Ist es nötig?

Hausaufgaben haben viele Vorteile. Hausaufgaben haben viele Vorteile. Viele Leute sagten, dass Hausaufgaben den Schülern **Zeitmanagementfähigkeiten** beibringen. Denn es geht über die reine Arbeit hinaus. Die zwingt Kinder, Zeitmanagementfähigkeiten zu **entwickeln**. Dies führt zu eigenständigem Denken und entwickelt **Problemlösungskompetenzen**.
Darüber hinaus können Hausaufgaben auch die Disziplin des Übens fördern.
Jeden Tag Hausaufgaben zu machen, besonders zu einem schwierigen Thema, wird die **Konzepte** leichter verständlich machen. Dann fördern die Hausaufgabe Schüler **Selbständigkeit** und selbst **Motivation**, wenn sie **Selbstbeurteilung** machen. Nebenher haben die Schüler mehr **Fortschritt** beim Lernen, wenn Lehrer Hausaufgaben im Unterricht korrigieren könnten.
Ein wesentlicher Vorteil von Hausaufgaben ist, dass die Bildschirmzeit verkürzt wird. Wenn Kinder ihre Hausaufgaben machen, verbringen sie weniger Zeit damit, fernzusehen oder Computerspiele zu spielen.

Es gibt jedoch auch einige Nachteile bei den Hausaufgaben. Zum Beispiel, wenn Schülern Hausaufgaben gegeben werden, helfen ihnen manchmal Eltern, Geschwister oder Tutoren, den Inhalt zu verstehen. Daher können Hausaufgaben nicht verwendet werden, um die Leistung der Schüler zu messen.
Einige Leute haben gesagt, dass Kinder mit zu vielen Hausaufgaben keine Zeit zum Spielen mit anderen Kindern haben, was ihr Lernen und ihre soziale **Entwicklung** beeinträchtigen kann.
Einige Studien haben gezeigt, dass Hausaufgaben nicht mit höheren schulischen Leistungen verbunden sind. Es gibt keine wissenschaftlichen Beweise dafür, dass Hausaufgaben **Verbesserungen** bewirken.

Darüber hinaus wurde es auch erwähnt, dass Hausaufgaben einen sitzenden **Lebensstil fördern**, der zu **Fettleibigkeit** führt. Wenn Kinder lange sitzen, um ihre Hausaufgaben zu machen.

Der Titel des Textes lautet „Hausaufgaben unnötig oder unvermeidlich."

Im Text steht, dass ...(2–3 kurze Sätze aus Texten)

Die zwingt Kinder, Zeitmanagementfähigkeiten zu entwickeln. Dies führt zu eigenständigem Denken und entwickelt Problemlösungskompetenzen.

Darüber hinaus können Hausaufgaben auch die **Disziplin** des Übens fördern.

Ihre Meinung

(Ich stimme dieser Aussage zu. / nicht zu)

- Ich persönlich denke, dass Schüler nach der Schule Freizeit haben sollten, anstatt viele Hausaufgaben zu haben.
- Meiner Meinung nach können Hausaufgaben nicht dazu verwendet werden, die Fähigkeiten oder Leistungen von Schülern zu messen.
- In Thailand gibt es viele Menschen, die als Nachhilfe für Schüler arbeiten. Wenn man die Hausaufgaben nicht selbst machen kann, die Eltern zahlen Geld für die Nachhilfe.
- Ich bin der Meinung, dass **die Verbesserung der Schülerleistungen** und -**fähigkeiten** nicht von der **Anzahl** der Hausaufgaben abhängt, sondern von der effektiven Lehr- und Lernmethode in der Schulzeit.

Was denkst du darüber?

- Meiner Meinung nach...

Hast du Erfahrung damit?

- Mit diesem Thema habe ich mich noch nie beschäftigt ...
- Aus meiner eigenen Erfahrung kann ich sagen, dass ...

Wie ist die Situation in deiner Heimat?

-In Thailand......

สแกน QRโค้ดเพื่อชมดูวีดีโอการสอนของครูปู ที่อธิบายเพิ่มเติมได้เลยค่ะ

Beispiel 3: Thema „Schuluniform" การสวมชุด นัดเรียน (ยูนิฟอร์ฒ)

Sollten Schüler Uniformen tragen?

Die Frage, ob Schüler reguläre Schuluniformen tragen sollten oder nicht, wurde diskutiert.

Die Meinungen darüber, ob Schüler Schuluniformen tragen sollten, gehen auseinander.

Das Tragen von Uniformen hat Vorteile, wie die **Erschwinglichkeit** des Tragens von Uniformen. Denn normalerweise wählen Schulen absichtlich Uniformen, die sehr einfach und billiger sind als ein Outfit, das ein Kind sonst tragen würde.

Wenn alle Kinder gleich gekleidet sind, werden die **ärmeren** Kinder, deren Eltern sich **Markenkleidung** nicht leisten können, nicht so sichtbar ausgegrenzt. Sie werden die gleiche Kleidung tragen wie die **wohlhabenderen** Kinder, dadurch kann die Wahrscheinlichkeit von **Mobbing** aufgrund des **Familienvermögens** eines Kindes verringert werden. Es ermöglicht auch Kindern, die arm sind, das Gefühl zu haben, dass sie sich nicht von anderen **unterscheiden**.

Weiterhin gibt es eine veröffentlichte Studie, die zeigt, dass Kinder in Schuluniform dazu neigen, **intensiver** und länger zuzuhören als Kinder ohne Uniform. Ein möglicher Grund für dieses Ergebnis ist, dass die **Anpassung** der Kleidung die **Ablenkung** für die Schüler **verringert.**

Der große Vorteil des Tragens von Schuluniformen ist, dass es wichtig ist, den Kindern beizubringen, Regeln zu befolgen und ein **Zusammengehörigkeitsgefühl** zu entwickeln. Denn alle sind gleich gekleidet.

Jedoch hat es auch einige **Nachteile.**

Jemand sagt, dass es keinen **Einfluss** auf die Noten gibt

Mehrere Studien haben keine Veränderungen der **akademischen Leistung** zwischen Studierendengruppen, die Uniformen tragen, und denen, die dies nicht tun, festgestellt.

Mangelnde **Meinungsfreiheit** und die **Individualität** der Schüler werden **eingeschränkt**, weil sie nicht mehr tragen dürfen, was sie möchten.

Zudem passt die Uniform nicht zu allen **Körperformen.** Möglicherweise ist für dicke Schüler die Schuluniform für sie nicht geeignet.

Das Thema des Textes ist „Schuluniform".

(telc Deutsch B2 am 26.10.2022)

Das Thema des Textes ist „Schuluniform". (หัวข้อของข้อความคือ "เครื่องแบบนักเรียน")

(telc Deutsch B2 am 26.10.2022)

Im Text steht, dass ... (2–3 kurze Sätze aus Texten)
ในข้อความกล่าวว่า...

Es gibt den Vorteil des Tragens einer Schuluniform, dass niemand aufgrund seiner Kleidung gemobbt werden kann.
(ข้อดีของการสวมเครื่องแบบนักเรียนคือ ไม่มีใคร**ถูกรังแก**เพราะเสื้อผ้าที่สวมใส่)

Weiterhin kann eine Uniform das Gefühl der Zusammengehörigkeit fördern. Da alle, die gleiche Kleidung tragen.
(**นอกจากนี้** เครื่องแบบยังช่วยส่งเสริม**ความรู้สึกเป็นหนึ่งเดียว** เพราะทุกคนแต่งตัวเหมือนกัน)

Der Nachteil besteht darin, dass die Einzigartigkeit der Schüler beeinträchtigt wird, da ihnen nicht mehr erlaubt ist, das zu tragen, was sie wollen.
(ข้อเสียคือ ความเป็นเอกลักษณ์ของนักเรียนถูกจำกัด เพราะพวกเขาไม่สามารถใส่เสื้อผ้าตามที่ต้องการได้)

Meiner Meinung nach ist das Tragen einer Schuluniform besser als das Tragen von individueller Kleidung. (**ในความเห็นของฉัน** การสวมเครื่องแบบนักเรียนดีกว่าการใส่เสื้อผ้าตามใจชอบ)

Wenn die Schüler die gleiche Kleidung tragen, empfinden sie sich nicht als unterschiedlich. Jeder fühlt sich miteinander verbunden.
(เมื่อทุกคนใส่เสื้อผ้าเหมือนกัน พวกเขาจะไม่**รู้สึก**แตกต่าง ทุกคนจะรู้สึกเป็นหนึ่งเดียวกัน)

Es ist in der Lage, ein Umfeld zu schaffen, das die Bedeutung von Disziplin und Harmonie unterstreicht. (สิ่งนี้สามารถสร้างสภาพแวดล้อมที่เน้นความสำคัญของระเบียบวินัยและความกลมเกลียว)

In Thailand tragen die Schülerinnen und Schüler auch spezielle Uniformen für die Schule.
(ในประเทศไทย นักเรียนก็สวม**เครื่องแบบ**เฉพาะสำหรับโรงเรียนเช่นกัน)

Viele Schüler äußern die Meinung, dass die Uniformen unbequem sind.
(นักเรียนหลายคนแสดงความคิดเห็นว่าเครื่องแบบ**ไม่สบายตัว/ไม่สะดวกสบาย**)

Ferner sind sie teuer und es kommt vor, dass arme Familien gebrauchte Dinge verwenden müssen. (นอกจากนี้ เครื่องแบบยังมีราคาแพง และบางครั้งครอบครัวยากจนต้องใช้ของมือสอง)

Wie ist deine Meinung dazu? (คุณมี**ความคิดเห็น**อย่างไรเกี่ยวกับเรื่องนี้?)

Wie ist die Situation in deiner Heimat? (**สถานการณ์**ในประเทศของคุณเป็นอย่างไร?)

Beispiel 4: Thema „Schönheitsoperation"

In der heutigen Welt wird das Thema Schönheitsoperation diskutiert, ob Menschen **Schönheitsoperationen** benötigen oder nicht.

Bisher haben wir gesehen, dass Schönheitsoperation viele Vorteile hat, aber alles hat zwei Seiten. Daher hat die Schönheitsoperation auch einige Nachteile.

Die Vorteile der Schönheitsoperation bestehen darin, Menschen, die eine erfolgreiche Schönheitsoperation hinter sich haben, sind danach meist **attraktiver** und fühlen sich in ihrem Körper wohler, was zu mehr **Selbstbewusstsein** führt.

Außerdem sind viele Kleidungsstücke für Superstars gedacht, die sehr schlank sind. Viele **übergewichtige** Menschen können diese Kleidung nicht tragen. Aber wenn Sie nach einer Operation mehr als 30 kg oder sogar 100 kg verloren haben, wird dieses Ergebnis auch die **Kleiderauswahl und Vielfalt** erhöhen.

Der größte Vorteil der **Schönheitschirurgie** besteht darin, dass sie psychische Probleme überwindet

Bei manchen Menschen kann dies psychische Probleme aufgrund von körperlichen **Mängeln lindern**. Das seelische **Wohlbefinden** wird verbessert. Daher muss niemand ein Leben lang unter einem **Schönheitsdefizit** leiden.

Wie schon erwähnt, dass alles zwei Seiten hat, daher haben Schönheitsoperationen nicht nur Vorteile, sondern auch Nachteile.

Die Nachteile von der Schönheitsoperation sind die allgemeinen **Risiken** der Operation. Manchmal sind Patienten nach der Operation unzufrieden mit dem Ergebnis. Darüber hinaus sind plastische **Eingriffe** mit höheren Kosten verbunden.

สแกน QRโค้ดเพื่อชมดูวีดีโอการสอนของครูปู ที่อธิบายเพิ่มเติมได้เลยค่ะ

Das Thema des Textes ist „Schönheitsoperation“

Im Text steht, dass:

Der größte Vorteil der Schönheitschirurgie besteht darin, dass sie **psychische Probleme überwindet.**

Die Nachteile von der Schönheitsoperation sind die allgemeinen Risiken der Operation. Manchmal sind Patienten nach der Operation unzufrieden mit dem Ergebnis. Darüber hinaus sind plastische Eingriffe mit höheren Kosten verbunden.

Ihre Meinung:

Meiner Meinung nach ist Schönheitschirurgie für einige Personengruppen und aus bestimmten Gründen sehr sinnvoll. Zum Beispiel Menschen mit schweren Unfällen, einschließlich Hautverbrennungen, diese Menschen benötigen eine Schönheitsoperation. Davon **profitieren** auch Menschen, die mehr **Selbstvertrauen** brauchen. Ich bin nicht gegen Schönheitsoperationen, aber ich persönlich mache keine Operationen, weil ich **Angst vor Schmerzen** habe.

Ich habe direkte Erfahrungen mit diesem Thema, da meine ältere Schwester sich einer Nasenoperation unterzog, seit sie ungefähr 22 Jahre alt war. Ich sehe, dass ihr die Operation viele positive Dinge bringt, nicht nur, dass sie viel schöner und attraktiver aussieht, sondern vor allem ihr **Selbstbewusstsein**. Ich freue mich sehr für sie.

Beispiel 4: Thema „Eine Woche ohne Internet"

telc Deutsch B2 am 31.03.2023 (หนึ่งสัปดาห์โดยปราศจากอินเทอร์เน็ต)

Quelle: แหล่งที่มา: https://deutsch-vorbereitung.com/uebung-12242.html

<u>Das Thema des Textes ist</u> eine Woche ohne Internet.

<u>Im Text steht</u>, das Kind sieht den Computer als modernen **Weihnachtsmann.**

Eine Woche ohne Internet bereitet dem **Autor Rückenschmerzen**, weil er **verlernt** hat, **Getränkekisten** richtig von den Knien zu heben.

Es kam zu einem **unangenehmen Aufenthalt** am Bahnhof, wo er **versuchte**, zwei Tickets im Internet zu kaufen. Er nutzte die alte Karte, um den Weg zur Party zu finden.

Er schrieb: Das Internet ist ein allwissender Weihnachtsmann, der allen **wohlgesinnt** ist und sie **zusammenbringt**.

<u>Meiner Meinung nach</u> kann eine Woche ohne Internet **sowohl** Vor- **als auch** Nachteile mit sich bringen. Ein Vorteil könnte darin bestehen, dass man sich mehr auf **die Umwelt** und die Menschen um sich **herum konzentrieren** kann. Man hat mehr Zeit, um sich selbst zu **beschäftigen** und mehr Zeit für Hobbys oder andere **Aktivitäten** zu haben.

Zum anderen gibt es auch den Nachteil, dass man sich ohne Internet von **der Außenwelt abgeschnitten** fühlt und wichtige Informationen **verpassen** kann.

Ich bin **überzeugt,** dass man **gelegentlich** eine Woche ohne Internet leben sollte, um Zeit für sich selbst zu konzentrieren.

Die Nutzung des Internets ist in Thailand sehr **verbreitet** und wird von vielen Menschen **täglich** genutzt. Es gibt jedoch auch einige Orte in Thailand, an denen das Internet gar nicht **verfügbar** ist. Wo man **die Möglichkeit** hat, zur **Ruhe** zu kommen und sich zu **entspannen**.

Was ist deine Meinung dazu? คุณคิดเห็นยังไง.

Wie ist die aktuelle Situation in deiner Heimat? สถานการณ์ในประเทศบ้านเกิดของคุณเป็นอย่างไร

สแกน QRโค้ดเพื่อชมดูวีดีโอการสอนของครูปู ที่อธิบายเพิ่มเติมได้เลยค่ะ

Wortschatz คำศัพท์

Deutsch	Thai
Weihnachtsmann	ซานตาคลอส
Eine Woche ohne Internet bereitet	เตรียมพร้อม กับหนึ่งสัปดาห์โดยไม่มีอินเทอร์เน็ต
der Autor	ผู้เขียน
Rückenschmerzen	ปวดหลัง
verlernt	ไม่ได้เรียนรู้
Getränkekisten	ลังเครื่องดื่ม
unangenehmen	อึดอัด/ไม่ปกติ
Aufenthalt	อยู่
versuchte	พยายาม
wohlgesinnt	ใจดี
zusammenbringt	นำมารวมกัน
sowohl... als auch	เช่นเดียวกับ
die Umwelt	สิ่งแวดล้อม
herum	รอบๆ
konzentrieren	ใส่ใจ, จุดสนใจ
beschäftigen	ยุ่งอยู่กับ, ใช้เวลากับ, ครอบครอง
Aktivitäten	กิจกรรม
der Außenwelt	โลกภายนอก
abgeschnitten	ตัดออก
verpassen	พลาด
überzeugt,	มั่นใจ,เชื่อมั่น

Beispiel 5: Thema „Musik statt Bohrgeräusche beim Zahnarzt“(เพลงแทนที่เสียงจากการเจาะของหมอฟัน) telc Deutsch B2 am 31.03.2023

Quelle: แหล่งที่มา: https://www.zwp-online.info/zwpnews/dental-news/branchenmeldungen/kopfhoerer-blendet-klang-des-zahnarztbohrers-aus

Das Thema des Textes ist Musik statt Bohrgeräusche beim Zahnarzt.

Im Text steht, **britische Wissenschaftler** haben einen **Kopfhörer entwickelt**, der die **durchdringenden Geräusche** des **Bohrer**s **übertönt**. Diese **Entwicklung** soll Patienten dabei **unterstützen**, den **Zahnarztbesuch** ohne **Angst** zu **bewältigen**.

Dieses **Prinzip** wird **„Antischall“ genannt**. Die Idee ist nicht neu, da der Deutsche bereits 1933 **das Patent** angemeldet hatte.

Viele Patienten haben vor den Geräuschen Angst und **schwitzen** bereits, wenn sie einen **Zahnarztbohrer** hören. Die Patienten sollen während der **Behandlung** die Möglichkeit haben, ihre eigene Musik zu hören. Dadurch wird der **Zahnarztbesuch angenehmer**.

Zur **Weiterentwicklung** und **Vermarktung** der Kopfhörer halten wir nach einem Partner aus **der Wirtschaft Ausschau**. Diese sind jedoch nicht günstig. Ein weiteres Problem ist, dass Patienten die **neue Technologie** nur **nutzen** können, wenn sie für jeden Zahnarztbesuch **zusätzlich** bezahlen.

Meiner Meinung nach ist **der Antischall** ein **nützliches Hilfsmittel** für Patienten mit **Zahnarztphobie**. Ob es das **Geld wert** ist, hängt von der **individuellen Situation** ab. Es ist frei **wählbar**, ob er dieses Gerät benötigt oder nicht.

Zudem gibt es Zahnärzte, die Musik **während** der **Behandlung** kostenlos anbieten.

Es gibt Zahnärzte in Thailand, die Musik während der Behandlung kostenlos anbieten.

Was ist deine Meinung dazu? คุณคิดเห็นยังไง

Wie ist die aktuelle Situation in deiner Heimat? สถานการณ์ในประเทศบ้านเกิดของคุณเป็นอย่างไร

สแกน QRโค้ดเพื่อชมดูวีดีโอการสอนของครูปู ที่อธิบายเพิ่มเติมได้เลยค่ะ

Wortschatz คำศัพท์

Deutsch	Thai
britische Wissenschaftler	นักวิทยาศาสตร์ชาวอังกฤษ
Kopfhörer	หูฟัง
entwickelt	ที่พัฒนา
Geräusche	เสียง
durchdringenden	ทะลุทะลวง
der Bohrer	เครื่องเจาะ/ สว่าน
übertönt	กลบเสียง
Entwicklung	การพัฒนา
unterstützen	สนับสนุน
Zahnarztbesuch	การไปพบทันตแพทย์
Angst	กลัว
bewältigen	จัดการ, รับมือ
Prinzip	หลักการ
„Antischall" genannt	ถูกเรียกว่า" Antischall " ชื่อ
das Patent	สิทธิบัตร
schwitzen	เหงื่อ
Zahnarztbohrer	เครื่องเจาะของทันตแพทย์
Behandlung	การรักษา
Zahnarztbesuch	การไปพบทันตแพทย์
angenehmer	น่ารื่นรมย์ยิ่งขึ้น
Weiterentwicklung	ความก้าวหน้า, การพัฒนาต่อไป
Vermarktung	การตลาด
der Wirtschaft	เศรษฐกิจ
Ausschau	ระวัง
neue Technologie	เทคโนโลยีใหม่
nutzen	ใช้
zusätzlich	นอกจากนี้, เพิ่มเติม
Maßnahme	ขั้นตอน, มาตรการ
der Antischall	แอนติซาวด์/ ตัวต่อต้านเสียง/ ป้องกันเสียงรบกวน
nützliches	มีประโยชน์
Hilfsmittel	ตัวช่วย
Zahnarztphobie	โรคกลัวฟัน
wählbar	เลือกได้
individuellen Situation	สถานการณ์ส่วนบุคคล, สถานการณ์ของแต่ละคน
während	ในขณะที่
Behandlung	การรักษา

Beispiel 6: Thema „Rette Leben mit einer Blutspende"

(ช่วยชีวิตด้วยการบริจาคโลหิต) telc Deutsch B2 am 17.02.2023

Das Thema des Textes ist: Rette Leben mit einer Blutspende.

Im Text steht, **Unfälle** und **Krankheiten ereignen** sich **täglich** und auch vor ihnen ist niemand **gefeit.** Jeder kann fremdes Blut **benötigen**. Es werden täglich 15.000 **Blutspenden** benötigt, um den **drohenden Blutkonservenmangel** zu **beheben**. Nur etwa drei bis fünf Prozent der **Bevölkerung spenden** Blut. Vor der **Blutspende** ist es wichtig, viel zu essen und zu trinken. Der **Gesundheitszustand der Spender** wird **überprüft**, um festzustellen, ob eine Spende möglich ist. Wenn keine **Krankheit** zu **erkennen** ist, dann wird die **Blutabnahme** innerhalb von 20 bis 30 Minuten abgeschlossen werden. Es ist **ein positives Gefühl**, mit der eigenen Spende **Leben gerettet** zu haben. **Blutspender** sind Menschen zwischen 18 und 68 Jahren, die **mindestens** 50 Kilogramm **wiegen**. Frauen dürfen viermal, Männer sechsmal pro Jahr Blut spenden, um dem Körper **ausreichend** Zeit zur **Erholung** zu geben.

Meiner Meinung nach ist Blutspende neben der Unterstützung einer guten Gesundheit auch als **Verdienst** angesehen, weil sie vielen Menschen, die Blut benötigen, dringend hilft.

(**ในความคิดของฉัน** การบริจาคโลหิต นอกจากช่วยให้สุขภาพดีแล้ว ยังถือเป็น**การทำบุญ** เพราะว่าเป็นการช่วยเหลือหลายๆคนที่มีความจำเป็นต้องใช้เลือด อย่างเร่งด่วน)

Gesunde Menschen sollen beim Blutspenden helfen. (คนที่มีสุขภาพดี ควรช่วยกันบริจาคโลหิต)

Ich habe **jedoch** noch nie Blut gespendet, weil ich große Angst vor Nadeln habe.

(**แต่อย่างไรก็ตาม** ฉันเองยังไม่เคยบริจาคโลหิต เพราะว่าฉันกลัวเข็มฉีดยามากๆ)

In Thailand, in der Stadt, in der ich lebe, richtet die Thai Red Cross Society alle 3 Monate einen Blutspendedienst ein. (ในประเทศไทย ในเมืองที่ฉันอยู่ สภากาชาดไทย จะออกหน่วยบริการรับบริจาคโลหิตทุกๆ 3 เดือน)

Weiterhin können diejenigen, die Blut spenden möchten, es in vielen Krankenhäusern getan werden. (**นอกจากนั้น** ผู้ที่ต้องการบริจาคโลหิต ก็สามารถทำได้ ในโรงพยาบาลหลายๆแห่ง)

Blutspender sind Menschen zwischen 17 und 70 Jahren, die **mindestens** 45 Kilogramm **wiegen.**

(**ผู้บริจาคโลหิต**คือผู้ที่มีอายุระหว่าง 17 ถึง 70 ปี และมีน้ำหนักตัว**อย่างน้อย** 45 กิโลกรัม)

สแกน QRโค้ดเพื่อชมดูวีดีโอการสอนของครูปู ที่อธิบายเพิ่มเติมได้เลยค่ะ

Wortschatz คำศัพท์

Deutsch	Thai
Unfälle	อุบัติเหตุ
Krankheiten	โรค
ereignen	เกิดขึ้น
täglich	รายวัน, ทุกวัน, ประจำวัน
gefeit	มีภูมิคุ้มกัน
Blutspenden	การบริจาคโลหิต
drohenden	กระชั้น,จวนเจียน
Blutkonservenmangel	การขาดแคลนเลือด
beheben	แก้ไข, รักษา, เยียวยา
Bevölkerung	ประชากร
spenden	บริจาค
Blutspende	การบริจาคเลือด
Gesundheitszustand	สถานะสุขภาพ,
der Spender	ผู้บริจาค
überprüft	ถูกตรวจ
Krankheit	การเจ็บป่วย, โรค
erkennen	ตระหนัก
die Blutabnahme	การเจาะเลือด
ein positives Gefühl	ความรู้สึก, ความรู้สึกเชิงบวก
Leben gerettet	ช่วยชีวิต
Blutspender	ผู้บริจาคโลหิต
mindestens	อย่างน้อย
wiegen	ชั่งน้ำหนัก, มีน้ำหนัก
ausreichend	เพียงพอ
Erholung	ฟื้นฟู, พักฟื้น
Unterstützung	สนับสนุน
Verdienst	ได้รับ
angesehen	มองว่า
Verdienst angesehen	ถือว่าทำบุญ, ถือว่าได้บุญ
dringend	เร่งด่วน
Blutspenden	การบริจาคโลหิต
Angst	ความกลัว
Nadeln	เข็ม
die Thai Red Cross Society	สภากาชาดไทย
Blutspendedienst	บริการรับบริจาคโลหิต
einrichten	จัดตั้ง, จัด
diejenigen	เหล่านั้น
retten	ช่วยเหลือ

Beispiel 7: Thema „Leistungssport und Doping"

(การแข่งขันกีฬาและการโด๊ปยา (การใช้ยาเสริมกำลัง))

(telc Deutsch B2 am 22.07.2020)

Quelle: Source: https://link.springer.com/article/10.1007/s00481-010-0056-1

Das Thema des Textes ist Leistungssport und Doping.

Im Text steht, es gibt Stimmen, die eine **Freigabe** von **Dopingmitteln fordern**.

Die Gegner einer Freigabe **argumentieren**, dass der Sport **Vorbild** sein sollte im **Kampf** gegen den **Missbrauch** leistungssteigernder **Substanzen**. Laut Ihrer **Ansicht** ist **Drogenkonsum ungesund** und mit Sport **unvereinbar**. Außerdem **vertreten** sie **die Meinung**, dass Dopingmittel **unfair** seien, weil bei ihrer **Benutzung** keine **Chancengleichheit** mehr gegeben ist.

Die Befürworter entgegnen, dass **Kontrollen** nicht dazu **beitragen**, den Missbrauch zu **verhindern**, sondern die unkontrollierte **Einnahme** zu **erhöhen**.

Die **Gesundheitsrisiken** seien bei **sachgemäßer**, kontrollierter Einnahme **überschaubar**.

Es ist eine **private Angelegenheit** eines jeden **Sportlers**, ob er **chemische Substanzen einnimmt**, um seine **Leistung** zu **steigern**.

Meiner Meinung nach ist Doping im Sport **unannehmbar**, da es gegen **die Ethik** des Sports **verstößt** und den **Wettbewerb verfälscht**. Weiterhin kann es zu schweren gesundheitlichen Problemen und einem **beschädigten Ruf** des Sports führen.

Ich bin überzeugt, dass der Sport fair und sauber sein sollte, um **die Integrität** des Sports zu **wahren**.

Das Doping im Leistungssport ist ein globales Problem, das in Thailand keine Ausnahme darstellt. Jedoch gibt es keine genauen Angaben darüber, wie verbreitet Doping im thailändischen Leistungssport ist.

Was denkst du darüber? (คุณคิดอย่างไรเกี่ยวกับเรื่องนี้?)

Hast du Erfahrung damit? (คุณเคยมีประสบการณ์เกี่ยวกับเรื่องนี้ไหม?)

- Ich habe bisher noch keine **Erfahrungen** mit diesem Thema gesammelt.

(ฉันยังไม่เคยมี**ประสบการณ์** เลยเกี่ยวกับหัวข้อนี้)

- **Aus meiner eigenen Erfahrung** kann ich **ableiten**, dass...

(**จากประสบการณ์ของฉัน** ฉันสามารถจะ**พูด/สรุป**ได้ว่า...)

Wie ist die Situation in deiner Heimat?

คำแปลภาษาไทย

Das Thema des Textes ist Leistungssport und Doping.
(หัวข้อของข้อความคือ กีฬาระดับสูงและการใช้สารกระตุ้น)

Im Text steht, es gibt Stimmen, die eine Freigabe von Dopingmitteln fordern.
(ในข้อความกล่าวว่ามีบางเสียงเรียกร้องให้อนุญาตการใช้สารกระตุ้น)

Die Gegner einer Freigabe argumentieren, dass der Sport Vorbild sein sollte im Kampf gegen den Missbrauch leistungssteigernder Substanzen.
(ฝ่ายที่คัดค้านให้เหตุผลว่ากีฬาควรเป็นแบบอย่างในการต่อสู้กับการใช้สารเพิ่มสมรรถภาพอย่างผิดวิธี)

Laut ihrer Ansicht ist Drogenkonsum ungesund und mit Sport unvereinbar.
(ตามความเห็นของพวกเขา การใช้ยาเสพติดไม่ดีต่อสุขภาพและไม่สอดคล้องกับหลักการของกีฬา)

Außerdem vertreten sie die Meinung, dass Dopingmittel unfair seien, weil bei ihrer Benutzung keine Chancengleichheit mehr gegeben ist.
(พวกเขายังเห็นว่าการใช้สารกระตุ้นไม่ยุติธรรม เพราะทำให้ไม่มีความเท่าเทียมกันในการแข่งขัน)

Die Befürworter entgegnen, dass Kontrollen nicht dazu beitragen, den Missbrauch zu verhindern, sondern die unkontrollierte Einnahme zu erhöhen.
(ฝ่ายที่สนับสนุนโต้แย้งว่าการตรวจสอบไม่ได้ช่วยป้องกันการใช้สารกระตุ้น แต่กลับทำให้การใช้โดยไม่ควบคุมเพิ่มขึ้น)

Die Gesundheitsrisiken seien bei sachgemäßer, kontrollierter Einnahme überschaubar.
(ความเสี่ยงต่อสุขภาพสามารถควบคุมได้ หากใช้สารอย่างถูกต้องและอยู่ภายใต้การควบคุม)

Es ist eine private Angelegenheit eines jeden Sportlers, ob er chemische Substanzen einnimmt, um seine Leistung zu steigern.
(เป็นเรื่องส่วนตัวของนักกีฬาแต่ละคนว่าจะใช้สารเคมีเพื่อเพิ่มสมรรถภาพหรือไม่)

Meiner Meinung nach ist Doping im Sport unannehmbar, da es gegen die Ethik des Sports verstößt und den Wettbewerb verfälscht.
(ในความคิดเห็นของฉัน การใช้สารกระตุ้นในกีฬาเป็นสิ่งที่ยอมรับไม่ได้ เพราะขัดต่อจริยธรรมของกีฬาและบิดเบือนการแข่งขัน)

Weiterhin kann es zu schweren gesundheitlichen Problemen und einem beschädigten Ruf des Sports führen. (นอกจากนี้ยังอาจนำไปสู่ปัญหาสุขภาพร้ายแรงและทำลายชื่อเสียงของวงการกีฬา)

Ich bin überzeugt, dass der Sport fair und sauber sein sollte, um die Integrität des Sports zu wahren. (**ฉันเชื่อว่า**กีฬาควรยุติธรรมและบริสุทธิ์ เพื่อรักษาความซื่อสัตย์ของวงการกีฬา)

Das Doping im Leistungssport ist ein globales Problem, das in Thailand keine Ausnahme darstellt. (**การใช้สารกระตุ้น**ในกีฬาระดับสูงเป็นปัญหาในระดับโลก ซึ่งประเทศไทยก็ไม่ใช่ข้อยกเว้น)

Jedoch gibt es keine genauen Angaben darüber, wie verbreitet Doping im thailändischen Leistungssport ist. (อย่างไรก็ตาม ยังไม่มีข้อมูลที่ชัดเจนว่าการใช้สารกระตุ้นในวงการกีฬาระดับสูงของไทยแพร่หลายเพียงใด)

Beispiel 8: Thema „Teilzeitarbeit auch für Männer?"

(งานพาร์ทไทม์สำหรับผู้ชายด้วยเช่นกัน?)

Quelle: Source:

1: https://www.destatis.de/DE/Presse/Pressemitteilungen/2024/04/PD24_N017_13.html

2: https://www.berufe-studie.de/2022_01-kernergebnisse.html

3: https://www.bertelsmann-stiftung.de/de/themen/aktuelle-meldungen/2024/august/teilzeit-verliert-zeitsouveraenitaet-gewinnt-beschaeftigte-wollen-flexible-arbeitszeiten

Das Thema des Textes ist Teilzeitarbeit auch für Männer.

Im Text steht, dass die Studie zu dem **Ergebnis kommt**, dass Teilzeitarbeiter mit 20 **Wochenstunden häufiger depressiv** werden und mehr **Psychopharmaka** einnehmen als **Vollzeitarbeiter.**

Wenn **Arbeitnehmer** weniger Zeit zur **Verfügung** haben, nutzen sie diese oft viel **effizienter**, indem sie **konzentrierter** arbeiten und weniger **Leerlauf** haben, was **wiederum positiv** auf das **Arbeitsumfeld** wirkt.

Die **Aufgabenverteilung** zwischen zwei oder mehreren Mitarbeitern kann für ein **Unternehmen** vorteilhaft sein.

Eine **Teilzeitarbeit** kann sowohl für Unternehmen als auch für Mitarbeiter **Vorteile** bringen, darunter weniger **Stress** und mehr Zeit für die Familie.

Teilzeitarbeit ist mit hohen **Sozialversicherungskosten** und einem zusätzlichen **Verwaltungsaufwand** verbunden.

Meiner Meinung nach ist Teilzeitarbeit sowohl für **Arbeitnehmer** als auch für Unternehmen von Vorteil. Diese Teilzeitbeschäftigung birgt jedoch einige Nachteile mit sich: Ein geringer Verdienst, fehlende Aufstiegschancen und letztlich ein höheres Armutsrisiko.

Als ich in **Thailand** war, war ich Regierungsbeamtin und arbeitete Vollzeit. Ich bin mir nicht sicher, ob es in Thailand viele **Teilzeitarbeitsmöglichkeiten** für Privatpersonen gibt, aber ich denke, dass dies auch in einem privaten Unternehmen möglich ist.

Was denkst du darüber?	**คุณคิดเห็นยังไง**
Hast du Erfahrung damit?	**คุณมีประสบการณ์ (เกี่ยวกับเรื่องนี้มั้ย)**

คำแปลภาษาไทย

Das Thema des Textes ist Teilzeitarbeit auch für Männer.
(หัวข้อของข้อความคือ "**งานพาร์ทไทม์สำหรับผู้ชาย**")

Im Text steht, dass die Studie zu dem Ergebnis kommt, dass Teilzeitarbeiter mit 20 Wochenstunden häufiger depressiv werden und mehr Psychopharmaka einnehmen als Vollzeitarbeiter.
(**ในข้อความกล่าวว่า**การศึกษาพบว่า พนักงานพาร์ทไทม์ที่ทำงาน 20 ชั่วโมงต่อสัปดาห์มีแนวโน้มเป็นโรคซึมเศร้ามากกว่า และใช้ยาจิตเวชมากกว่าพนักงานประจำ)

Wenn Arbeitnehmer weniger Zeit zur Verfügung haben, nutzen sie diese oft viel effizienter, indem sie konzentrierter arbeiten und weniger Leerlauf haben, was wiederum positiv auf das Arbeitsumfeld wirkt.
(เมื่อพนักงานมีเวลาทำงานน้อยลง พวกเขามักใช้เวลาอย่างมีประสิทธิภาพมากขึ้น โดยทำงานอย่างมีสมาธิและลดเวลาว่าง ซึ่งส่งผลดีต่อสภาพแวดล้อมในการทำงาน)

Die Aufgabenverteilung zwischen zwei oder mehreren Mitarbeitern kann für ein Unternehmen vorteilhaft sein.
(**การแบ่งงาน**ระหว่างพนักงานสองคนหรือมากกว่าสามารถเป็นประโยชน์ต่อบริษัทได้)

Eine Teilzeitarbeit kann sowohl für Unternehmen als auch für Mitarbeiter Vorteile bringen, darunter weniger Stress und mehr Zeit für die Familie.
(งานพาร์ทไทม์สามารถให้ประโยชน์ทั้งกับบริษัทและพนักงาน เช่น ความเครียดน้อยลง และมีเวลามากขึ้นสำหรับครอบครัว)

Teilzeitarbeit ist mit hohen Sozialversicherungskosten und einem zusätzlichen Verwaltungsaufwand verbunden.
(**งานพาร์ทไทม์มีค่าใช้จ่ายด้านประกันสังคมสูง**และภาระงานด้านการบริหารเพิ่มเติม)

Meiner Meinung nach ist Teilzeitarbeit sowohl für Arbeitnehmer als auch für Unternehmen von Vorteil. (**ในความคิดเห็นของฉัน** งานพาร์ทไทม์เป็นประโยชน์ทั้งต่อพนักงานและบริษัท)

Diese Teilzeitbeschäftigung birgt jedoch einige Nachteile mit sich: Ein geringer Verdienst, fehlende Aufstiegschancen und letztlich ein höheres Armutsrisiko.
(อย่างไรก็ตาม งานพาร์ทไทม์ก็มีข้อเสียบางประการ เช่น รายได้ต่ำ ไม่มีโอกาสก้าวหน้าในอาชีพ และเสี่ยงต่อความยากจนมากขึ้น)

Als ich in Thailand war, war ich Regierungsbeamtin und arbeitete Vollzeit.
(ตอนที่ฉันอยู่ประเทศไทย ฉันเป็น**ข้าราชการ**และทำงานเต็มเวลา)

Ich bin mir nicht sicher, ob es in Thailand viele Teilzeitarbeitsmöglichkeiten für Privatpersonen gibt, aber ich denke, dass dies auch in einem privaten Unternehmen möglich ist.
(ฉันไม่แน่ใจว่ามีงานพาร์ทไทม์สำหรับบุคคลทั่วไปมากในประเทศไทยหรือไม่ แต่ฉันคิดว่าน่าจะมีใน**บริษัทเอกชน**)

Beispiel 10: Thema „E-Book" (B2-Zertifikat telc am 23.10.2021)

In der heutigen Welt werden E-Books sowohl bei Buchlesern als auch bei **Buchliebhabern** immer beliebter.

Bisher haben wir gesehen, dass das Lesen von E-Books viele Vorteile hat, aber alles hat zwei Seiten. Daher hat das Lesen von E-Books auch einige Nachteile.

Die Vorteile des E-Books bestehen darin, dass es bequem von überall, zu Hause, im Büro oder im Urlaub über das Internet abgerufen werden kann.

Darüber hinaus ist das Lesen von E-Books einfacher und bequemer. Sie müssen keine schweren Papierbücher mehr in einem großen Rucksack oder Koffer tragen. Sie benötigen nur wenig Platz für Ihr Tablet, Handy und einen kleinen Laptop.

Diese Geräte können mehr als hundert Bücher speichern und überallhin mitnehmen. Zudem ist das E-Book schneller erhältlich als ein **gedrucktes Buch**, da das E-Book sofort nach der Zahlung **heruntergeladen** werden kann. Der Kauf von E-Books ist nicht nur schneller als der Kauf von Papierbüchern, sondern auch günstiger.

Wie schon erwähnt, dass alles zwei Seiten hat, daher haben E-Books nicht nur Vorteile, sondern auch Nachteile.

Die Nachteile von E-Books sind, dass man E-Books nicht jederzeit lesen kann. Wenn es beispielsweise an einigen Stellen Probleme mit der Elektronik und **Internetzugang** gibt, kann man seine Lieblings-E-Books nicht lesen. Der große Nachteil beim Lesen von E-Books besteht darin, dass es für die Gesundheit, insbesondere für die Augen, schädlich ist. Langes Betrachten des Bildschirms kann für das **Sehvermögen** sehr gefährlich sein.

สแกน QRโค้ดเพื่อชมดูวีดีโอการสอนของครูปู ที่อธิบายเพิ่มเติมได้เลยค่ะ

Das Thema des Textes ist „E-Book"

Im Text steht, dass ...(2–3 kurze Sätze aus Texten)

Der Vorteil des E-Books besteht darin, dass es bequem über das Internet darauf zugreifen kann.

Das Lesen von E-Books leichter und komfortabler.

Der Nachteil von E-Books ist, dass man E-Books nicht jederzeit lesen kann. Der große Nachteil beim Lesen von E-Books besteht darin, dass es nicht gut für unsere Gesundheit ist, vor allem für unsere Augen sind sie **schädlich.**

Meiner Meinung nach haben E-Books mehr Vorteile als Nachteile.

Der große Vorteil von E-Books ist, dass E-Books Platz sparen und sie sind leichter als Papierbücher. Mit einem kleinen USB-Stick und kleinen Geräten kann man über 100 Bücher speichern. Außerdem ist das E-Book **umweltfreundlich**, wenn wir E-Books verwenden, dann werden die Papierbücher automatisch reduziert, was bedeutet, dass **Baumzerstörung vermieden** wird.

Je mehr E-Book-Leser, desto weniger Bäume werden zerstört.

Allerdings hat jeder seine eigene Meinung.

Was denkst du darüber?

Was hältst du davon?

Hast du einige Erfahrungen damit?

Ich lese oft E-Books, denn meiner Meinung nach hat E-Book einige Vorteile, wie zum Beispiel kann man einfach schnell bestellen und herunterladen. Man braucht nur etwa 5 Minuten, um ein neues Buch zu erhalten.

Nur, wenn ich länger als 20 Minuten von meinem Laptop lese, fangen meine Augen an zu tränen. Deshalb lese ich auch viele Papierbücher.

Beispiel 10: Thema „Antibiotika gibt es Alternativen"

(ยาปฏิชีวนะ มีทางเลือกอื่น แทนการใช้ยาปฏิชีวนะ) (telc Deutsch B2 am 02.06 2022)

<u>Das Thema des Textes ist,</u> Antibiotika gibt es Alternativen.

<u>Im Text steht,</u> heutzutage lassen **bestimmte Bakterien** sich nicht mehr mit Antibiotika **bekämpfen**. Sie sind gegen Antibiotika **resistent** geworden und wieder **gefährlich** wie früher.

Die Ursache für die **Resistenzentwicklung** ist zum einen darin zu sehen, dass Antibiotika häufig **verschrieben** wurden, obwohl diese nicht **nötig** waren, um **eine banale Erkältung** mit **Halsschmerzen**, **Husten** und **Schnupfen** zu **behandeln**.

Der Einsatz von Antibiotika in der **Tierhaltung fordert** auch über unsere **Nahrung** die **Resistenzen**. Jedoch kann sicherlich auch die **unsachgemäße Anwendung** durch den Patienten für die schwindende Wirksamkeit der Antibiotika mitverantwortlich gemacht werden.

Insbesondere ein vorzeitiger **Abbruch** der **Therapie** bei abnehmenden Beschwerden kann dazu führen, dass einige Bakterien **überleben**, sich **erneut vermehren** und dabei auch noch Resistenzen gegen das Medikament **entwickeln**.

Heilkräuter wie Salbei, Thymian oder Teebaumöl können bei **Entzündungen** im **Mund- und Rachenraum** helfen. Viele Patienten haben schlechte Erfahrungen mit Antibiotika gemacht und **lehnen** diese daher **ab**.

<u>**Meiner Meinung nach**</u> ist die Einnahme von Antibiotika sinnvoll, obwohl sie einige Nachteile mit sich bringt, wenn Patienten sie unangemessen verwenden.

Der Arzt sollte seine Patienten über die korrekte Einnahme von Antibiotika informieren und diese sollten die Anweisungen strikt befolgen, um die Antibiotika effektiv einsetzen zu können.

Viele **Thailänder nehmen Antibiotika, weil sie glauben, dass diese** wirksamer sind.

สแกน QRโค้ดเพื่อชมดูวิดีโอการสอนของครูปู ที่อธิบายเพิ่มเติมได้เลยค่ะ

คำแปลภาษาไทย

Das Thema des Textes ist: Antibiotika – gibt es Alternativen?
(หัวข้อของข้อความคือ: **ยาปฏิชีวนะ มีทางเลือกอื่นหรือไม่**)

Im Text steht, heutzutage lassen bestimmte Bakterien sich nicht mehr mit Antibiotika bekämpfen. (**ในข้อความกล่าวว่า** ปัจจุบันแบคทีเรียบางชนิดไม่สามารถกำจัดได้ด้วยยาปฏิชีวนะอีกต่อไป)

Sie sind gegen Antibiotika resistent geworden und wieder gefährlich wie früher.
(พวกมันดื้อยาปฏิชีวนะและกลับมาเป็นอันตรายเหมือนในอดีต)

Die Ursache für die Resistenzentwicklung ist zum einen darin zu sehen, dass Antibiotika häufig verschrieben wurden, obwohl diese nicht nötig waren, um eine banale Erkältung mit Halsschmerzen, Husten und Schnupfen zu behandeln. (**สาเหตุ**หนึ่งของ**การดื้อยา**คือการที่แพทย์สั่งยาปฏิชีวนะบ่อยเกินไป แม้ในกรณีที่ไม่จำเป็น เช่น หวัด เจ็บคอ ไอ และน้ำมูก)

Der Einsatz von Antibiotika in der Tierhaltung fordert auch über unsere Nahrung die Resistenzen. (**การใช้ยาปฏิชีวนะในปศุสัตว์**ก็มีส่วนทำให้เกิดการดื้อยา ผ่านทางอาหารที่เราบริโภค)

Jedoch kann sicherlich auch die unsachgemäße Anwendung durch den Patienten für die schwindende Wirksamkeit der Antibiotika mitverantwortlich gemacht werden.
(**อย่างไรก็ตาม การใช้ยาอย่างไม่ถูกต้อง**โดยผู้ป่วยเองก็มีส่วนทำให้ประสิทธิภาพของยาลดลง)

Insbesondere ein vorzeitiger Abbruch der Therapie bei abnehmenden Beschwerden kann dazu führen, dass einige Bakterien überleben, sich erneut vermehren und dabei auch noch Resistenzen gegen das Medikament entwickeln.
(โดยเฉพาะอย่างยิ่ง **การหยุดยาเร็วเกินไป**เมื่ออาการดีขึ้น อาจทำให้แบคทีเรียบางส่วนรอดชีวิต แพร่พันธุ์อีกครั้ง และพัฒนาการดื้อยา)

Heilkräuter wie Salbei, Thymian oder Teebaumöl können bei Entzündungen im Mund und Rachenraum helfen.
(**สมุนไพร** เช่น **Salbei, Thymian** หรือ **Teebaumöl** สามารถช่วยบรรเทา**อาการอักเสบในช่องปาก**และลำคอได้)

Viele Patienten haben schlechte Erfahrungen mit Antibiotika gemacht und lehnen diese daher ab. (ผู้ป่วยหลายคนมีประสบการณ์ไม่ดีเกี่ยวกับยาปฏิชีวนะ จึงปฏิเสธที่จะใช้ยาเหล่านี้)

Meiner Meinung nach ist die Einnahme von Antibiotika sinnvoll, obwohl sie einige Nachteile mit sich bringt, wenn Patienten sie unangemessen verwenden.
(**ในความคิดเห็นของฉัน** การใช้ยาปฏิชีวนะมีประโยชน์ แม้ว่าจะมีข้อเสียหากผู้ป่วยใช้ยาอย่างไม่เหมาะสม)

Der Arzt sollte seine Patienten über die korrekte Einnahme von Antibiotika informieren und diese sollten die Anweisungen strikt befolgen, um die Antibiotika effektiv einsetzen zu können. (แพทย์ควรให้ข้อมูลแก่ผู้ป่วยเกี่ยวกับการใช้ยาปฏิชีวนะอย่างถูกต้อง และผู้ป่วยควรปฏิบัติตามคำแนะนำอย่างเคร่งครัดเพื่อให้ยาได้ผล)

Viele Thailänder nehmen Antibiotika, weil sie glauben, dass diese wirksamer sind.
(คนไทยจำนวนมากใช้ยาปฏิชีวนะเพราะเชื่อว่ายาเหล่านี้**มีประสิทธิภาพมากกว่า**)

Beispiel 11: Thema „Darf man behalten, was mann findet“ (telc Deutsch B2 am 24. März 2022)

(อนุญาต (ให้คนที่ เจอของตกหล่น) สามารถเก็บสิ่งของที่พบเจอ ไว้เป็นของตัวเองหรือไม่?)

<u>Das Thema des Textes ist:</u> Darf man behalten, was man findet?

<u>Im Text steht,</u> was zu tun ist, wenn man etwas sehr **Wertvolles entdeckt**?

Manche **Finder** möchten die **Fundsachen** im **Fundbüro abgeben**, andere **behalten** sie.

Es ist **weltweit üblich**, dass der Finder alle **angemessenen Mittel einsetzt**, um einen **Eigentümer** zu finden. In vielen Ländern ist der Finder **berechtigt**, eine **Belohnung** in Form eines **Prozentsatzes** vom **Wert** des **Gegenstands** zu erhalten.

Finder dürfen etwas behalten, wenn sie den **Besitzer** nicht **ausfindig** machen können. Wer etwas verloren hat, hat den besten Rechtsanspruch.

<u>Meiner Meinung nach,</u> wenn man etwas findet, das nicht ihm gehört, sollte man es dem Fundbüro **zurückgeben**, um den **Eigentümer** zu finden. Die **Bedeutung** eines **Gegenstands variiert** von Person zu Person. Ein **scheinbar wertloser** Gegenstand kann für jemanden **wertvoll** sein. Der Finder sollte keine **Freude** über sein **Glück empfinden**, während der **Besitzer leidet**.

<u>Ich stimme der Aussage zu</u>, dass Finder Eigentum behalten können, wenn sie den **Eigentümer** nicht **identifizieren** können. Jedoch sollte der Finder den **Besitzer** so schnell wie möglich **informieren**. Ich **ermutige** meine Tochter, wenn sie etwas **Wertvolles** findet, es **umgehend** dem Fundbüro zu **melden**.

In Thailand und in Deutschland sind **die Gesetze** ähnlich, die **besagen**, dass der Finder eines Gegenstands diesen dem Besitzer zurückgeben muss und **der Finderlohn** von diesem bezahlt werden muss.

Was ist deine Meinung dazu? คุณคิดเห็นยังไง

Hast du bereits Erfahrung mit diesem Thema? คุณมีประสบการณ์ (เกี่ยวกับเรื่องนี้มั้ย)

- Ich habe **bisher** noch keine **Erfahrungen** mit diesem Thema gesammelt.

(ฉันยังไม่เคยมี**ประสบการณ์** เลยเกี่ยวกับหัวข้อนี้)

Wie ist die aktuelle Situation in deiner Heimat? สถานการณ์ในประเทศบ้านเกิดของคุณเป็นอย่างไร

Das Thema des Textes ist: Darf man behalten, was man findet?
(หัวข้อของข้อความคือ: **เราสามารถเก็บของที่เจอไว้ (เป็นของตัวเอง) ได้หรือไม่**?)

Im Text steht, was zu tun ist, wenn man etwas sehr Wertvolles entdeckt.
(ในข้อความกล่าวว่าสิ่งที่ควรทำเมื่อเราพบของมีค่าบางอย่าง)
Manche Finder möchten die Fundsachen im Fundbüro abgeben, andere behalten sie.
(บางคนที่พบของต้องการนำไปส่งที่**สำนักงานของหาย** ขณะที่บางคนเก็บไว้เอง)

Es ist weltweit üblich, dass der Finder alle angemessenen Mittel einsetzt, um einen Eigentümer zu finden. (**โดยทั่วไปทั่วโลก** ผู้ที่พบของควรใช้วิธีการที่เหมาะสมในการตามหาเจ้าของ)

In vielen Ländern ist der Finder berechtigt, eine Belohnung in Form eines Prozentsatzes vom Wert des Gegenstands zu erhalten.
(ในหลายประเทศ ผู้ที่พบของมีสิทธิได้รับรางวัลเป็นเปอร์เซ็นต์**จากมูลค่าของสิ่งของ**นั้น)

Finder dürfen etwas behalten, wenn sie den Besitzer nicht ausfindig machen können.
(ผู้ที่พบของสามารถเก็บไว้ได้ หากไม่สามารถหา**เจ้าของ**ได้)

Wer etwas verloren hat, hat den besten Rechtsanspruch.
(ผู้ที่ทำของหายมี**สิทธิทางกฎหมาย**เหนือกว่าผู้อื่น)

Meiner Meinung nach, wenn man etwas findet, das nicht ihm gehört, sollte man es dem Fundbüro zurückgeben, um den Eigentümer zu finden.
(**ในความเห็นของฉัน** หากเราพบของที่ไม่ใช่ของเรา เราควรนำไปคืนที่สำนักงานของหายเพื่อหาเจ้าของ)

Die Bedeutung eines Gegenstands variiert von Person zu Person.
(ความสำคัญของสิ่งของแตกต่างกันไปในแต่ละบุคคล)

Ein scheinbar wertloser Gegenstand kann für jemanden wertvoll sein.
(ของที่ดูเหมือน**ไม่มีค่า**อาจมีความหมายมากสำหรับใครบางคน)

Der Finder sollte keine Freude über sein Glück empfinden, während der Besitzer leidet.
(ผู้ที่พบของไม่ควร**รู้สึก**ยินดีในโชคของตน ขณะที่เจ้าของเดิมกำลังทุกข์ใจ)

Ich stimme der Aussage zu, dass Finder Eigentum behalten können, wenn sie den Eigentümer nicht identifizieren können. (**ฉันเห็นด้วยกับข้อความที่ว่า**ผู้ที่พบของสามารถเก็บไว้ได้ หากไม่สามารถระบุเจ้าของได้)

Jedoch sollte der Finder den Besitzer so schnell wie möglich informieren.
(อย่างไรก็ตาม ผู้ที่พบของควรแจ้งเจ้าของโดยเร็วที่สุดเท่าที่จะทำได้)

Ich ermutige meine Tochter, wenn sie etwas Wertvolles findet, es umgehend dem Fundbüro zu melden. (**ฉันสอนลูกสาว**ว่า หากเธอพบของมีค่า ควรรีบแจ้งสำนักงานของหายทันที)

In Thailand und in Deutschland sind die Gesetze ähnlich, die besagen, dass der Finder eines Gegenstands diesen dem Besitzer zurückgeben muss und der Finderlohn von diesem bezahlt werden muss. (ในประเทศไทยและเยอรมนี มี**กฎหมาย**คล้ายกันที่ระบุว่า ผู้ที่พบของต้องคืนให้เจ้าของ และเจ้าของต้องจ่ายรางวัลให้ผู้ที่พบของ)

Beispiel 12: Thema „Praktische Lerntipps"

(เคล็ดลับการเรียนรู้ ในเชิงปฏิบัติ) (telc Deutsch B2 am 11.02.2023)

Das Thema des Textes ist praktische Lerntipps.

Im Text steht, bei **mehrkanaligem Lernen** wird der **Lernerfolg erhöht**. Das Lernen sollte also mit den **Sinnen zusammenarbeiten**.

Das Ergebnis zeigte, dass durch Lesen (Anschauen), Hören, Sprechen, Schreiben (Tun) zu 90 % **die Erinnerung** führen kann.

Es ist **sinnvol**l, den gesamten Vortrag in wenigen Worten zusammenzufassen, auf **Zusammenhänge** hinzuweisen und während einer **Vorlesung** Notizen zu machen, da dies das Lernen erleichtert.

Wiederholen oder wiederholtes Lernen führt zu **dauerhaftem Erfolg**.

Es gibt jedoch noch viele weitere Punkte, die zu beachten sind, wie **Zeitmanagement**, **Biorhythmus** und **die Fähigkeit**, den **Lernstoff** zu **behalten** und später **zu reproduzieren**.

Meiner Meinung nach kann_man **effektiver** lernen und zum Erfolg **beitragen**, wenn alle vier Sinne **zusammenwirken**. Dies fördert nicht nur **das Erinnern**, sondern auch die Bindungsquote und das **Wissen**. Allerdings wird das Lernen lange dauern und muss **wiederholt** werden.

In Thailand werden die **ähnlichen Tipps** für **erfolgreiches Lernen** angewendet.
Ich lernte in meiner **Kindheit**, dass wir unsere Sinne nutzen müssen, um **erfolgreich** zu lernen.
Wir sagen auf Thailändisch, dass **das Herz eines Philosophen** das **Zuhören, Denken, Fragen** und **Schreiben** ist.

Was ist deine Meinung dazu? คุณคิดเห็นยังไง
Hast du bereits Erfahrung mit diesem Thema? คุณมีประสบการณ์ (เกี่ยวกับเรื่องนี้มั้ย)
Wie ist die aktuelle Situation in deiner Heimat? สถานการณ์ในประเทศบ้านเกิดของคุณเป็นอย่างไร

คำแปลภาษาไทย

Das Thema des Textes ist: praktische Lerntipps. (หัวข้อของข้อความคือ: เคล็ดลับการเรียนรู้ที่ใช้ได้จริง)

Im Text steht, bei mehrkanaligem Lernen wird der Lernerfolg erhöht. Das Lernen sollte also mit den Sinnen zusammenarbeiten. (ในข้อความกล่าวว่า การเรียนรู้ผ่านหลายช่องทางสามารถเพิ่มประสิทธิภาพในการเรียนรู้ได้ ดังนั้นการเรียนรู้ควรทำงานร่วมกับประสาทสัมผัสต่าง ๆ)

Das Ergebnis zeigte, dass durch Lesen (Anschauen), Hören, Sprechen, Schreiben (Tun) zu 90 % die Erinnerung führen kann. (ผลการศึกษาชี้ให้เห็นว่า การอ่าน (ดู), ฟัง, พูด และเขียน (ลงมือทำ) สามารถช่วยให้จดจำได้ถึง 90%)

Es ist sinnvoll, den gesamten Vortrag in wenigen Worten zusammenzufassen, auf Zusammenhänge hinzuweisen und während einer Vorlesung Notizen zu machen, da dies das Lernen erleichtert. (การสรุปเนื้อหาทั้งหมดด้วยคำพูดสั้น ๆ การเชื่อมโยงเนื้อหา และการจดบันทึกระหว่างการบรรยาย เป็นสิ่งที่มีประโยชน์ เพราะช่วยให้การเรียนรู้เป็นเรื่องง่ายขึ้น)

Wiederholen oder wiederholtes Lernen führt zu dauerhaftem Erfolg.
(**การทบทวนหรือเรียนซ้ำหลายครั้ง**นำไปสู่ความสำเร็จที่ยั่งยืน)

Es gibt jedoch noch viele weitere Punkte, die zu beachten sind, wie Zeitmanagement, Biorhythmus und die Fähigkeit, den Lernstoff zu behalten und später zu reproduzieren.
(**อย่างไรก็ตาม** ยังมีปัจจัยอื่น ๆ ที่ควรพิจารณา เช่น การบริหารเวลา จังหวะชีวภาพ และความสามารถในการจดจำและนำความรู้กลับมาใช้ในภายหลัง)

Meiner Meinung nach kann man effektiver lernen und zum Erfolg beitragen, wenn alle vier Sinne zusammenwirken. (**ในความเห็นของฉัน** เราสามารถเรียนรู้ได้อย่างมีประสิทธิภาพและประสบความสำเร็จมากขึ้น หากใช้ประสาทสัมผัสทั้งสี่ร่วมกัน)

Dies fördert nicht nur das Erinnern, sondern auch die Bindungsquote und das Wissen.
(สิ่งนี้ไม่เพียง**ช่วยส่งเสริม**ให้จำได้ดีขึ้น แต่ยังช่วยให้**ความรู้**ฝังแน่นและเข้าใจลึกซึ้งยิ่งขึ้น)

Allerdings wird das Lernen lange dauern und muss wiederholt werden.
(**อย่างไรก็ตาม** การเรียนรู้จะใช้เวลานานและต้องมีการทบทวนซ้ำ)

In Thailand werden die ähnlichen Tipps für erfolgreiches Lernen angewendet.
(ในประเทศไทยก็มีการใช้**เคล็ดลับที่คล้ายกันเพื่อการเรียนรู้ที่ประสบความสำเร็จ**)

Ich lernte in meiner Kindheit, dass wir unsere Sinne nutzen müssen, um erfolgreich zu lernen. (**ตอนเด็ก ๆ** ฉันได้เรียนรู้ว่าเราต้องใช้ประสาทสัมผัสของเราในการเรียนรู้ให้ประสบความสำเร็จ)

Wir sagen auf Thailändisch, dass das Herz eines Philosophen das Zuhören, Denken, Fragen und Schreiben ist.
(ในภาษาไทยเรามีคำกล่าวว่า **หัวใจของนักปราชญ์คือ** สุจิปุลิ (การฟัง การคิด การถาม และการเขียน)

Beispiel 13: Thema „Elektrofahrzeug / Elektroauto“ รถยนต์ไฟฟ้า

Elektroautos haben mehrere erwähnenswerte Vorteile, darunter:
(รถยนต์ไฟฟ้ามี**ข้อดี**หลายประการที่ควรกล่าวถึง เช่น)

Elektrische Fahrzeuge sind umweltfreundlicher, da sie keine Abgasanlage und keine Emissionen haben. (รถยนต์ไฟฟ้า**เป็นมิตรต่อสิ่งแวดล้อมมากกว่า** เพราะไม่มีท่อไอเสียและไม่ปล่อยก๊าซพิษ)

Ohne Abgase in die Luft zu pumpen, wie es bei Gasmotoren der Fall ist, können Elektroautos zu saubererer Luft und weniger Treibhausgasen beitragen.
(เนื่องจากไม่มีการปล่อยไอเสียเหมือนรถที่ใช้เครื่องยนต์เบนซิน รถยนต์ไฟฟ้าจึงช่วยให้**อากาศสะอาดขึ้นและก๊าซเรือนกระจกน้อยลง)**

Außerdem ist Strom auch billiger als Gas. (นอกจากนี้ **ไฟฟ้ายังมีราคาถูกกว่าน้ำมัน**)

Elektroautos kosten in der Regel ein Drittel der Betriebskosten von Gasfahrzeugen.
(โดยทั่วไป รถยนต์ไฟฟ้ามี**ค่าใช้จ่ายในการใช้งานเพียงหนึ่งในสาม**ของรถยนต์ที่ใช้น้ำมัน)

Es ist leiser als Benzinfahrzeuge. (รถยนต์ไฟฟ้า**เงียบกว่า**รถยนต์เบนซิน)

Elektroautos laufen sehr leise, insbesondere wenn sie voll mit Batteriestrom betrieben werden. (รถยนต์ไฟฟ้าทำงานได้เงียบมาก โดยเฉพาะเมื่อใช้พลังงานจากแบตเตอรี่เต็มที่)

Allerdings gibt es auch einige Nachteile des Elektroautos.
(อย่างไรก็ตาม รถยนต์ไฟฟ้าก็มี**ข้อเสีย**บางประการ)

Das Aufladen des Akkus benötigt Zeit. (การชาร์จแบตเตอรี่ต้องใช้เวลา)

Das Auftanken an der Tankstelle kann bis zu drei Minuten dauern, das Aufladen der Batterie eines Elektroautos deutlich länger. (การเติมน้ำมันใช้เวลาประมาณสามนาที แต่การชาร์จแบตเตอรี่รถยนต์ไฟฟ้าใช้เวลานานกว่านั้นมาก)
Sie sind in der Regel teurer als Autos mit Gasantrieb.
(โดยทั่วไป รถยนต์ไฟฟ้ามี**ราคาสูงกว่า**รถยนต์ที่ใช้น้ำมัน)

Es kann manchmal schwierig sein, eine Ladestation zu finden.
(บางครั้งอาจหา**สถานีชาร์จไฟ**ได้ยาก)
In einigen Gegenden gibt es viele Elektrofahrzeuge, aber das ist nicht in jeder Stadt der Fall. (ในบางพื้นที่มีรถยนต์ไฟฟ้าจำนวนมาก แต่ไม่ใช่ทุกเมืองจะเป็นเช่นนั้น)

Roadtrips können in Elektroautos schwierig sein.
(การเดินทางไกลอาจเป็นเรื่องยากสำหรับรถยนต์ไฟฟ้า)

Sie können Ihre heimische Ladestation nicht mit auf die Straße nehmen.
(คุณไม่สามารถพกพาสถานีชาร์จไฟที่บ้านไปด้วยได้)

Beispiel 14: Thema „Hochzeit nur zu Zwei"

(งานแต่งงานกันเพียงแค่คนสองคนเท่านั้น)

Das Thema des Textes ist, Hochzeit nur zu Zwei.
หัวข้อ ของบทความ คือ, งานแต่งงานกันเพียงแค่คนสองคนเท่านั้น

Im Text steht, für ein Hochzeitpaar ist der Traum vom glücklichsten Tag im Leben endlich **Wirklichkeit** geworden, um heiraten zu sein, ist ein **unbeschreiblich** schönes **Gefühl**.

(ในข้อความบอกว่าสำหรับคู่บ่าวสาว ความฝัน ในวันที่มีความสุขที่สุดในชีวิตก็กลายเป็นความจริงในที่สุด การได้แต่งงานเป็น**ความรู้สึก**ที่สวยงาม**เกินจะพรรณนา**)

Wir sind sehr glücklich, **erzählt** der Bräutigam.

(พวกเรามีความสุขมากเจ้าบ่าว**กล่าว/เล่า**)

Wir empfanden **die Hochzeitszeremonie** als **fantastisch**.

(พวกเราคิดว่า**พิธีแต่งงาน** นั้น**วิเศษมาก**)

Es handelt sich um eine Hochzeit ohne Gäste, lediglich **ein Standesbeamter** und eine **Fotografin** ***begleiteten*** das Brautpaar an diesem besonderen Tag.

(เป็นงานแต่งงานที่ไม่มีแขก, มีเพียง**นายทะเบียน**และ **ช่างภาพ(ผู้หญิง)** ***ที่มาพร้อม/มาร่วม*** กับเจ้าสาวและเจ้าบ่าวในวันพิเศษนี้)

Die Ergebnisse einer **Umfrage** einer deutschen Bank zeigen, dass die Deutschen beim Thema Hochzeit ***sparsam*** sind.

(ผล จาก**การสำรวจ**โดย ธนาคาร ของเยอรมัน แห่งหนึ่ง แสดงให้เห็นว่าคนเยอรมันมี***ความประหยัด***ในเรื่องงานแต่งงาน)

Viele Paare wünschen sich eine Hochzeit im **kleinen Kreis** ohne großen **finanziellen Aufwand**.

(คู่รักหลายคู่ต้องการจัดงานแต่งงาน**เล็กๆ** โดยไม่ต้องใช้**งบประมาณ**มากนัก)

Es wäre **nur 38 Prozent** bereit, **maximal** 5.000 € für einen schönen Tag ihres Lebens ***auszugeben.***

(มี**เพียง 38 เปอร์เซ็นต์**เท่านั้นที่ยินดี ***ใช้จ่าย*****สูงสุด** 5,000 ยูโรเพื่อวันอันแสนวิเศษในชีวิตของพวกเขา)

Meiner Meinung nach ist die Hochzeit **ein wichtiger Moment** und einmal im Leben einer Frau.

(**ในความคิดของฉัน** การแต่งงานเป็น**ช่วงเวลา ที่สำคัญ**และเป็นครั้งหนึ่งในชีวิตของผู้หญิง)

Deshalb sollten Familie und Freunde da sein, um ihnen **zu gratulieren**.

(**ดังนั้น**ครอบครัวและเพื่อน ๆ ควรอยู่ที่นั่น**เพื่อ(แสดงความยินดีก**ับพวกเขา)

Zudem ist es der gegenseitige **Respekt** für beide Familien.

(นอกจากนี้ก็ยังถือเป็นการแสดง**ความเคารพ**ซึ่งกันและกันสำหรับทั้งสองครอบครัว)

Was ist deine Meinung dazu? คุณคิดเห็นยังไง

Hast du bereits Erfahrung mit diesem Thema? คุณมีประสบการณ์ (เกี่ยวกับเรื่องนี้มั้ย)

Oder หรือ (ถ้าเรายังโสด / ยังไม่เคยแต่งงาน)

Mit diesem Thema habe ich mich noch nie beschäftigt, weil ich ledig bin.

(กับหัวข้อนี้ ฉันยังไม่เคยมีประสบการณ์, เพราะว่าฉันยังโสด)

Wie ist die aktuelle Situation in deiner Heimat? สถานการณ์ในประเทศบ้านเกิดของคุณเป็นอย่างไร

In Thailand feiern manche Leute sehr große Hochzeitsparty, aber manche Leute machen **kleine** Partys nur mit engen Freunden und Familienmitgliedern.

(**ในประเทศไทย** บางคนจัดงานแต่งใหญ่โตมาก แต่บางคนก็จัดปาร์ตี้**เล็กๆ** กับเพื่อนสนิทและสมาชิกในครอบครัวเท่านั้น)

Es gibt auch einige Leute, die haben ihr Hochzeitstag gar nicht gefeiert, sie haben sich nur offiziell am **Standesamt** angemeldet.

(นอกจากนี้ก็ยังมีคนอีกบางส่วนที่ไม่ได้ฉลองงานแต่งงานเลย พวกเขาจดทะเบียนสมรสอย่างเป็นทางการที่ **สำนักงานทะเบียน**เท่านั้น)

ดูหัวข้อ การพูด Diskussion เพิ่มเติม Beispiel 15-33 จากหน้า 151-179 นะคะ

Teil 3 Gemeinsam etwas planen

การพูดวางแผนระดับ B2 ไม่ต่างจาก B1 มาก เพียงแต่โจทย์**จะไม่มีคำกำหนดมาให้** เราต้องคิด คำต่างๆเอง โดยหลักการหลักๆ **เราจะทำอะไร Was? ทำเมื่อไหร่ Wann? ทำที่ไหนWo? ทำกับใคร**mit wem?**ทำอย่าง Wie? เตรียมงบประมาณเท่าไหร่ Kosten? ของขวัญ das Geschenk** ต้องมี**อาหารเครื่องดื่มหรือไม่ Essen und Getränke ใครควรมาช่วยบ้าง Wer hilf noch?** ถ้าเป็นวางแผนการเดินทาง ก็ต้องพูดถึง เดินทาง**ด้วยรถอะไร Womit?** ใครซื้อตั๋ว **Fahrkarte** มีโปรแกรมอะไรบ้าง **Programme** พักค้างคืนที่ไหน **Übernachten/Unterkunft** ซึ่งหัวข้อหลักๆ เหล่านี้ สามารถ นำหลักการพูดวางแผนระดับ มาใช้ได้

การพูดวางแผน สิ่งที่เราจะนำมา ใช้ในการพูดวางแผน มีส่วนประกอบดังนี้

1. ทักทายกัน

2. เข้าโจทย์

3.พูด แแสดงความคิดเห็นของเรา พร้อมทั้งถามความคิดเห็น ของคู่สนทนา

A: Wie wir wissen, wir sollten mit unserem Deutschkurs ein „Fest der Nationen" veranstalten.

Ich habe einen Vorschlag. / Ich würde vorschlagen.
Ich denke, wir sollten......machen/ vorführen/veranstalten .

4.Fragen. (ถามความคิดเห็น ของคู่สนทนา)

Was denkst du darüber? Was sagst du dazu?
Was hältst du davon?
Hast du eine andere Idee?

5.1 Zusagen ยอมรับ, ตกลง, สัญญา (ตกลงตามนั้น เห็นดีด้วย)
: ใช้ตอบคำถาม ที่เรา ตอบตกลง หรือ เห็นด้วย

Ich stimme dir zu. Es ist eine gute Idee.

5.2 Absagen ยกเลิก, ไม่ตกลง , ไม่เห็นด้วย

Ich stimme dir nicht zu. Es ist keine gute Idee.
Ich denke, es ist keine gute Idee. Meiner Meinung nach sollten wir.........
Das sehe ich ganz anders. Meiner Meinung nach sollten wir.........
Ich stimme dir nicht zu, meiner Meinung nach sollten wir........

สแกน QRโค้ดเพื่อชมดูวีดีโอการสอนของครูปู **ที่อธิบายเพิ่มเติมได้เลยค่ะ**

Beispiel 1: Sie sollten den idealen Pausenraum in Ihrer Schule gemeinsam gestalten. (B2 Zertifikat telc am 22.06.2021)

A: Hallo! B. Hallo!

A. Wie wir wissen, wir sollten den idealen Pausenraum in unserer Schule gemeinsam gestalten. A: Kannst du mir bitte helfen, einen Plan zu machen?

B: Ja, ich helfe dir gern. B: **Wann** sollen wir den Raum gestalten?

A: Ich würde vorschlagen.

A: Ich denke, wir sollten am Samstag zwischen 09.00 Uhr und 16. Uhr in unserer Schule daran arbeiten. **A: Was denkst du darüber? Hast du eine andere Idee?**

B: Ich bin dafür. Ich denke, das ist eine gute Idee. B: **Was sollten wir vorbereiten**?

A: Meiner Meinung nach sollten wir den Raum neu streichen und tapezieren

A: Was hältst du davon? Hast du eine gute Idee?

B: Ich stimme dir zu, es ist prima.

B: Ich denke, wir sollten auch eine **Kaffeemaschine kaufen und eine Mikrowelle kaufen.**

B: Was sagst du dazu? Hast du eine gute Idee?

A: Ich stimme dir zu. Es ist eine gute Idee. Ich denke, wir sollten 20 Stühlen und 5 Tische für den Raum kaufen.

A: Was hältst du davon?

B: Ich stimme dir zu. Es ist eine gute Idee. Ich denke, das Budget für den Raum sollte nicht mehr als 500 € betragen.

B: Was hältst du davon?

A: Ich stimme dir zu, es ist eine gute Idee. **A:** Wer soll uns helfen?

A: Meiner Meinung nach sollten wir mit anderen Teilnehmern und Ihren Familien zusammen machen. **A: Was denkst du darüber?**

B: Ich stimme dir zu, das ist eine gute Idee.

A: Meiner Meinung nach, sollten wir auch eine Garderobe für die Teilnehmer haben, um die Jacken aufzuhängen.

A: Was denkst du darüber? Hast du eine andere Idee?

B: Prima! Ich stimme dir zu. **B:** So machen wir das.

สแกน QRโค้ดเพื่อชมดูวีดีโอการสอนของครูปู ที่อธิบายเพิ่มเติมได้เลยค่ะ

Beispiel 2: Sie sollten in der Sprachschule einen Flohmarkt für Kindersachen organisieren. Sie haben schon viele gute Kindersachen gesammelt. (B2 Zertifikat telc am 23.10.2021)

A: Hallo! B. Hallo!

A. Wie wir wissen, will unser Deutschkurs einen Flohmarkt für Kinder organisieren.

Wir haben schon viele Sachen für Kinder gesammelt.

A: Kannst du mir bitte helfen, einen Plan zu machen?

B: Ja, ich helfe dir gern. B: **Wo und wann** soll der Flohmarkt stattfinden?

A: Ich würde vorschlagen.

A: Ich denke, wir sollten den Flohmarkt am Samstag zwischen 09.00 Uhr und 16. Uhr in der Halle unserer Schule einrichten.

A: Was denkst du darüber? Hast du eine andere Idee?

B: Ich bin dafür. Ich denke, das ist eine gute Idee. B: **Welche Sachen** sollten wir verkaufen?

A: Wir haben schon Kinderkleidung, Kinderbücher, Kinderspielzeuge und Kinderfahrräder gesammelt, die wir verkaufen können.

A: Was hältst du davon? Hast du eine gute Idee?

B: Ich stimme dir zu, es ist prima. B: Ich denke, wir können auch Essen und Getränke verkaufen? **B: Was sagst du dazu? Hast du eine gute Idee?**

A: Ich stimme dir zu. Es ist eine gute Idee. Ich denke, wir können Sandwich, Wurstbrot, Milch und Wasser verkaufen.

A: Was hältst du davon?

B: Ich stimme dir zu, es ist eine gute Idee. **B:** Wen sollten wir einladen?

A: Meiner Meinung nach sollten wir Teilnehmer, Lehrer, Familie und Bekannte einladen.

A: Ich denke, vielleicht können **wir eine Anzeige in der Zeitung aufgeben.**

A: Was denkst du darüber?

B: Ich stimme dir zu, das ist eine gute Idee. **B:** So machen wir das.

สแกน QR-โค้ดเพื่อชมดูวีดีโอการสอนของครูป ที่อธิบายเพิ่มเติมได้เลยค่ะ.

Beispiel 3: telc Deutsch B2 am 08.09.2023

Sie möchten zusammen Geld für Straßenkinder sammeln.
Sie kennen **eine Hilfsorganisation**, die in den nächsten drei Monaten ein spezielles Programm für diese Kinder durchführt.
Besprechen Sie mit Ihrem Partner und planen Sie gemeinsam, was Sie wollen und reden Sie darüber, wer wann was machen soll.

A: Hallo! B. Hallo!

A. Wie wir wissen, möchten wir zusammen Geld für Straßenkinder sammeln.

Wir kennen eine Hilfsorganisation, die in den nächsten drei Monaten ein spezielles Programm

für diese Kinder durchführt. **A: Kannst du mir bitte helfen, einen Plan zu machen?**

B: Ja, ich helfe dir gern.

A: Ich würde vorschlagen. A: Ich denke, wir sollten einen Termin bei der Hilfsorganisation vereinbaren. **A: Was denkst du darüber? Hast du eine andere Idee?**

B: Ich bin einverstanden, ich kann der Hilfsorganisation eine E-Mail schicken.

A: Ich denke, wir sollten in drei Monaten die speziellen Programme mit der Hilfsorganisation zusammen machen. **Außerdem** sollten wir auch ein einziges Programm allein durchführen.

A: Was hältst du davon? Hast du eine gute Idee?

B: Ich stimme dir zu, es ist prima. B: Welches Programm sollten wir durchführen?

A: Ich schlage vor, dass wir Geldspendenboxen in Supermärkten, Einkaufszentren, Geschäftsläden und Firmen aufstellen. Wir sammeln sie jeweils am Ende des Monats.

A: Was denkst du darüber? Hast du eine andere Idee?

B: Ich stimme dir zu, es ist eine gute Idee.

A: Meiner Meinung nach sollten wir auch Geld von Bekannten und Nachbarn sammeln. Dann haben wir mehr Geld für die Straßenkinder zur Verfügung. **A: Was denkst du darüber?**

B: Ich stimme dir zu, das ist eine gute Idee. **B: So machen wir das.**

(สแกน QR โค้ดเพื่อชมดูวีดีโอการสอนของครูป ที่อธิบายเพิ่มเติมได้เลยค่ะ)

Beispiel 3: (B2 Zertifikat telc am 14.06.2024)

Sie möchten in **ein deutschsprachiges Land reisen**, ***in dem Sie noch nie waren***? Sie sollten eine Reise planen. (คุณต้องการไปเที่ยว**ประเทศที่ใช้ภาษาเยอรมัน** ***ที่เรายังไม่เคยไป***)
ถ้าเราอยู่ที่เยอรมัน ก็เลือกไปเที่ยว **Österreich (ออสเตรีย) หรือ Schweiz (สวิสเซอร์แลนด์)** ค่ะ

A: Hallo! B. Hallo!

A. Wie wir wissen, möchten wir in ein deutschsprachiges Land reisen, in dem Sie noch nie waren? Sie sollten eine Reise planen. **A: Kannst du mir bitte helfen, einen Plan zu machen?**

B: Ja, ich helfe dir gern.

A: Ich würde vorschlagen.

A: Ich denke, sie sollten am **nächsten Samstag** um 09.00 Uhr nach **Luzern, Schweiz** abreisen und **am Sonntag** um 18:00 Uhr zurückfahren.

A: Was denkst du darüber? Hast du eine andere Idee?

B: Ich bin einverstanden. Ich denke, das ist eine gute Idee.

B: **Womit** sollen sie reisen?

A: Ich denke, sie sollten **mit dem Zug nach Luzern fahren.**

A: Was hältst du davon? Hast du eine gute Idee?

B: Ich stimme dir zu, es ist prima. B: Wie viele Personen können an der Reise teilnehmen?

A: Ich denke, in der Gruppe sollten nicht mehr als 10 Teilnehmer sein.

Ich möchte einige Brötchen, Sandwiches, Wasser, Milch und Saft für die Teilnehmer vorbereiten.

Dann können wir auf dem Weg nach Luzern essen und trinken.

A: Was denkst du darüber? Hast du eine andere Idee?

B: Ich stimme dir zu, es ist eine gute Idee. Was sollten sie in Luzern unternehmen?

A: Ich würde vorschlagen. Ich denke, sie sollten Kreuzfahrt und auch eine Stadtrundfahrt machen. Wir können viele **schöne Museen und Kirchen in Luzern** besichtigen.

A: Was hältst du davon? Hast du eine gute Idee?

B: Ich stimme dir zu, es ist eine gute Idee. B: Wo sollten wir übernachten?

A: Meiner Meinung nach sollten wir **im Altstadt-Hotel in Luzern übernachten**.

A: Was denkst du darüber?

B: Ich stimme dir zu, das ist eine gute Idee. B: So machen wir das.

Beispiel 4: Ihre Lehrerin hat Sie zu einer **Lehrveranstaltung** zum **Thema Deutsch als Fremdsprache** eingeladen und Sie beide möchten ihr helfen.

(ครู (ผู้หญิง) ของคุณทั้งสอง เชิญคุณเข้าร่วม**(คอร์ส)หลักสูตร การสอน** ในหัวข้อ**ภาษาเยอรมันเป็นภาษาต่างประเทศ** และคุณทั้งสองต้องการช่วยเธอ)

Denken Sie darüber nach, wie Sie **Unterstützung** anbieten können.

(ลองคิดวิธีที่คุณจะสามารถให้**การสนับสนุน**ได้)

Machen Sie Vorschläge für Ihren Partner/ Ihre Partnerin.

(**ให้คำแนะนำ (เสนอแนะคามคิด)**ร่วมกันกับคู่ของคุณ)

A: Hallo! B. Hallo.

A. Wie wir wissen, hat unsere Lehrerin uns zu einer Lehrveranstaltung zum Thema Deutsch als Fremdsprache eingeladen und wir beide möchten ihr helfen.

A: Kannst du mir bitte helfen, einen Plan zu machen?

B: Ja, ich helfe dir gern.

A: Ich schlage vor. Wir können ihr helfen, **den Raum für die Veranstaltung vorzubereiten**. Wir können so etwa den Veranstaltungsraum aufräumen und den Raum mit Bildern und Blumen dekorieren. **A: Was denkst du darüber? Hast du eine andere Idee?**

B: Ich bin einverstanden und ich denke, es ist eine gute Idee.

A: Ich schlage vor. Ich denke, wir können auch Lehrmaterial wie Mikrofon, Laptop und Projektoren vorbereiten. Vielleicht benötigt sie auch Whiteboards und Stifte.

A: Was hältst du davon? Hast du andere Ideen?

B: Ich stimme dir zu. Ich denke, es ist eine gute Idee.

A: Ich schlage vor. Ich denke, wir können auch Kekse, Snacks, Kaffee und Tee für die Besucher vorbereiten. **A: Was denkst du darüber? Hast du eine andere Idee?**

B: Ich stimme dir zu. Ich denke, es ist eine gute Idee.

Vielleicht können wir auch für die Lehrveranstaltung Werbung machen. Wir können die Plakate in den Schulen und Anzeigen für die Zeitung machen.

A: Was hältst du davon? Hast du eine gute Idee?

B: Ich stimme dir zu, das ist eine gute Idee. **Das machen wir so.**

Beispiel 6: (telc Deutsch B2 am 27.04.2024)

Sie sollten **ein Theaterstück** organisieren und **das Geld für Wohltätigkeit spenden**. (พวกคุณควรจะจัด**การแสดงละคร**และ**บริจาคเงินให้กับองค์กรการกุศล**)

Sie sollen bei der Planung helfen. Überlegen Sie, **was Sie unternehmen können**.

(พวกคุณควรช่วยกันในการวางแผน ลองคิดดูว่า**พวกคุณจะทำอะไรได้บ้าง**)

Planen Sie gemeinsam, welche Aufgaben Sie übernehmen können

(**วางแผนร่วมกัน**ว่าคุณสามารถทำอะไรได้บ้าง)

A: Hallo! B. Hall.

A. Wie wir wissen, sollten wir ein Theaterstück organisieren und das Geld für Wohltätigkeit spenden.

A: Kannst du mir bitte helfen, einen Plan zu machen?

B: Ja, ich helfe dir gern.

A: Ich schlage vor. Ich denke, wir sollten am Samstag von 9 bis 16 Uhr „Schneewittchen" in der Halle unserer Stadt aufführen. **A: Was denkst du darüber? Hast du eine andere Idee?**

B: Ich stimme dir zu. Ich denke, es ist eine gute Idee.

A: Ich denke, die Eintrittskarte sollte 9 EUR für Erwachsene und 5 EUR für Kinder betragen.

Wir werden **das Geld aus dem Theaterstück für die Straßenkinderorganisation spenden.**

A: Was hältst du davon? Hast du eine gute Idee?

B: Ich bin einverstanden und ich denke, es ist eine gute Idee.

A: Ich schlage vor. Ich denke, wir sollten Werbung in Schulen und Supermärkten machen.
A: Was denkst du darüber? Hast du eine andere Idee?

B: Ich stimme dir zu. Ich denke, es ist eine gute Idee.

A: Ich denke, wir sollten den Bühnenraum dekorieren und alle Kostüme und Materialien für das Theaterstück vorbereiten.

A: Was hältst du davon? Hast du eine gute Idee?

B: Ich bin einverstanden und ich denke, es ist eine gute Idee. . **B: Das machen wir so.**

Beispiel 7: **Sie sollten zusammen mit dem Roten Kreuz Blutspendentag veranstalten.**

A: Hallo! B. Hallo!

A. Wie wir wissen, sollten wir zusammen mit dem Roten Kreuz Blutspendentag veranstalten.

A: Kannst du mir bitte helfen, einen Plan zu machen?

B: Ja, ich helfe dir gern.

A: Ich würde vorschlagen.

A: Ich denke, wir sollten den Blutspendentag am Freitag zwischen 09.00 Uhr und 12. Uhr in der Halle unserer Stadt einrichten. **A: Was denkst du darüber? Hast du eine andere Idee?**

B: Ich bin dafür. Ich denke, das ist eine gute Idee.

A: Ich denke, als Dankeschön sollten wir vielleicht ein kleines Geschenk für Spender vorbereiten. Zum Beispiel können wir jedem **eine schöne Brosche** schenken.

A: Was hältst du davon? Hast du eine gute Idee?

B: Ich stimme dir zu, es ist eine gute Idee.

A: Ich würde vorschlagen. Ich denke, wir sollten **Essen und Getränke** für die Spender vorbereiten. Zum Beispiel sollten wir Kaffee, Saft, Wasser und Kekse vorbereiten.

A: Was hältst du davon? Hast du eine gute Idee?

B: Ich stimme dir zu, es ist eine gute Idee. **B: Wen** sollten wir einladen?

A: Meiner Meinung nach sollten wir Teilnehmer, Lehrer, Familie und Bekannte einladen.

A: Ich denke, wir sollten Werbung machen, vielleicht können **wir eine Anzeige in der Zeitung oder im Internet veröffentlichen.**

A: Was denkst du darüber?

B: Ich stimme dir zu, das ist eine gute Idee. **B: So machen wir das.**

สแกน QRโค้ดเพื่อชมดูวีดีโอการสอนของครูปู ที่อธิบายเพิ่มเติมได้เลยค่ะ

Beispiel N. 8: telc Deutsch B2 am 15.04.2024

Bald findet in Ihrer Stadt **eine Spielemesse** statt. (ในเร็วๆ นี้จะมีการจัดงาน**งานมหกรรมโชว์ เกมส์/การละเล่น/ของเล่น**ในเมืองของคุณ) Auf der Messe können **alte und neue Spiele präsentiert und ausprobiert werden.** (พวกคุณสามารถ**นำเสนอและให้ทดลองเล่นเกมเก่าหรือใหม่ใหม่**ก็ได้ที่งานมหกรรม) Sie möchten auf der Spielemesse auch etwas **vorstellen/ zeigen.** (พวกคุณต้องการ**นำเสนอ/โชว์**บางสิ่ง(เกมส์)บางอย่างในงานด้วย) Planen Sie zusammen, was zu tun ist, ob Sie **Werbung machen** oder **Geschenke verteilen** möchten.

(วางแผนว่าจะทำอะไรไม่ว่าจะต้อง**ทำโฆษณา**หรือ**ให้/แจกของขวัญ**ด้วยหรือไม่)

A: Hallo! B. Hallo!

A. Wie wir wissen, findet bald in unserer Stadt eine Spielemesse statt. Auf der Messe können alte und neue Spiele präsentiert und ausprobiert werden. Wir möchten auf der Spielemesse auch etwas präsentieren. **A: Kannst du mir bitte helfen, einen Plan zu machen?**

B: Ja, ich helfe dir gern.

A: Ich schlage vor. Ich denke, wir sollten **ein traditionelles thailändisches Spiel „Maa Gan Gluay" präsentieren. Das „Maa Gan Gluay"ist ein Spielzeugpferd aus Bananenstielen.**
(Wenn Kinder gemeinsam mit anderen Freunden auf dem Pferd reiten.)
Das Spiel macht nicht nur Spaß, sondern fördert auch die Bewegung der Kinder.
A: Was denkst du darüber? Hast du eine andere Idee?

B: Ich stimme dir zu. Ich denke, es ist eine gute Idee.

A: Ich kann viele Bananenstiele im thailändischen Online-Shop im Internet kaufen und die Spielzeuge machen. **A: Was denkst du darüber? Hast du eine gute Idee?**

B: Ich bin einverstanden und ich denke, es ist eine gute Idee.

A: Ich schlage vor. Ich denke, wir sollten ein paar Fragen zu dem Spielzeug vorbereiten und die Kinder fragen, wer richtig antworten kann, bekommt ein Bananenpferd als Geschenk.

A: Was denkst du darüber? Hast du eine andere Idee?

B: Ich bin einverstanden und ich denke, es ist eine gute Idee.

A: Ich denke, wir sollten auch Werbung machen. Wir können Plakate in Kindergärten und in Supermärkten machen. **A: Was denkst du darüber? Hast du andere Ideen?**

B: Ich stimme dir zu, das ist eine gute Idee. **B: Das machen wir so.**

Beispiel 9: telc Deutsch B2 am 17.02. & 25.092024

Ein Teilnehmer aus Ihrem Deutschkurs **hatte einen Unfall** und liegt eine Woche lang im Krankenhaus, und er fühlt sich **gelangweilt**.

(**เพื่อนร่วมชั้น (ผู้ชาย)**คนนึงของพวกคุณ **เกิดอุบัติเหตุ** และ นอนอยู่ในโรงพยาบาลเป็นเวลาหนึ่งสัปดาห์และเขา **รู้สึกเบื่อ**) Sie möchten ihn besuchen und ihr dabei helfen, seine Situation zu **verbessern**.

(พวกคุณต้องการไปเยี่ยมเขาและช่วยให้สถานการณ์ของเขา**ดีขึ้น**)

Planen Sie gemeinsam, wie Sie ihn **aufmuntern** sollten.

(วางแผนร่วมกันว่าพวกคุณควรจะ**ให้กำลังใจ**เขาได้อย่างไร)

A: Hallo! B. Hallo!

A: Wie wir wissen, ein Teilnehmer aus unsrem Deutschkurs hatte einen Unfall und liegt eine Woche lang im Krankenhaus, und er fühlt sich **gelangweilt.**

Wir sollten ihn besuchen und ihm dabei helfen, seine Situation zu verbessern.

A: Kannst du mir bitte helfen, einen Plan zu machen?

B: Ja, ich kann dir helfen.

A: Ich schlage vor. Ich denke, wir sollten jeden Tag nach der Arbeit ihn besuchen.

A: Was denkst du darüber? Hast du eine andere Idee?

B: Ich stimme dir zu. Ich denke, es ist eine gute Idee.

A: Wir können ihn **aufmuntern**, ich kann so etwa meine **Gitarre mitbringen und spielen.**
(เราสามารถที่จะ**ให้กำลังใจ**เขาได้ ฉันจะ**เอากีต้าร์ไปเล่นด้วย**)

Dann kann er seine **Lieblingslieder singen.** (เขาจะได้**ร้องเพลงโปรด**ของเขา)

A: Was denkst du? Hast du eine gute Idee?

B: Ich denke, es ist eine gute Idee. B: Was sollten wir mitbringen?

A: Ich schlage vor. A: Ich denke, wir sollten **seine Lieblingsbücher und Spiele mitbringen**. **Wir können zum Beispiel mit ihm Karten spielen und nach unserem Besuch kann er alleine Bücher lesen.**

Ich werde ihm auch **einen Laptop und einen Kopfhörer mitbringen**, damit er seine **Lieblingsfilme auf YouTube ansehen** kann.

A: Was denkst du darüber? Hast du eine andere Idee?

B: Prima. Ich stimme dir zu. Ich denke, es ist ein guter Plan.

B: So machen wir das.

Beispiel 10: Sie beide sollten **eine 4-wöchige** Sommerferien für Jugendliche **im englischsprachigen Land**, in dem Sie noch nicht waren und sind, nicht anwesend, organisieren. (พวกคุณสองคน ควรจะจัดกิจกรรม พักผ่อนช่วงฤดูร้อน สำหรับเด็กวัยรุ่น **เป็นเวลา 4 สัปดาห์ ในประเทศที่พูดภาษาอังกฤษ**, และเป็นประเทศที่คุณยังไม่เคยไป) **(telc Deutsch B2 am 05.05.2023 & am 13.06.2024)**

A: Hallo! B. Hallo!

A. Wie wir wissen, sollten wir eine 4-wöchige Sommerferien für Jugendliche im englischsprachigen Land, in dem wir noch nicht waren und sind, nicht anwesend organisieren.

A: Kannst du mir bitte helfen, einen Plan zu machen?

B: Ja, ich helfe dir gern. B: **Wann und wo** soll die Jugendliche reisen?

A: Ich würde vorschlagen.

A: Ich denke, ich denke, wir sollten ein Sportcamp in England für Jugendliche organisieren und sie sollten Anfang Dezember abreisen und Ende Dezember zurückkommen.

A: Was denkst du darüber? Hast du eine andere Idee?

B: Ich bin dafür. Ich denke, das ist eine gute Idee. B: **Womit** sollen sie reisen?

A: Ich denke, sie sollten **mit dem Flugzeug nach London reisen.**

Ich kann mich um die Flugkarten und die Unterkunft kümmern. Ich werde ein Hotel oder eine Ferienwohnung für uns reservieren. **A: Was hältst du davon? Hast du eine gute Idee?**

B: Ich stimme dir zu, es ist prima. B: Wie viele Personen können an der Reise teilnehmen?

A: Ich denke, in der Gruppe sollten nicht mehr als 10 Teilnehmer sein.

A: Was denkst du darüber? Hast du eine andere Idee?

B: Ich stimme dir zu, es ist eine gute Idee. Was sollten sie in London unternehmen?

A: Ich würde vorschlagen. Ich denke, wir sollten viele Programme für Jugendliche vorbereiten. Ich denke, wir sollten vormittags des Tages Sehenswürdigkeiten in der Umgebung besichtigen.

Zum Beispiel können wir Museen, Kirchen und besondere Gebäude in Luton und Bedfordshire besichtigen. Ich denke, wir sollten auch das Riesenrad in London besichtigen.
Nachmittags sollten wir Sport trainieren. **A: Was hältst du davon? Hast du eine andere Idee?**

B: Ich stimme dir zu, das ist eine gute Idee. **B: So machen wir das.**

Beispiel N. 11:

In Ihrer Klasse sollten Sie gemeinsam ***ein Buch vorstellen***. Überlegen Sie sich, **welches Buch** Sie präsentieren und **wie Sie die Präsentation gestalten** möchten.
(พวกคุณควร**จะนำเสนอหนังสือ(สัก1เล่ม)**ด้วยกันในชั้นเรียน ลองนึกว่า**หนังสือเล่มไหน**ที่คุณต้องการนำเสนอ และคุณ ต้องการจัดโครงสร้างการนำเสนออย่างไร)

Strukturieren (Kapitelweise, gesamt) und wer von Ihnen welche Schwerpunkte übernehmen soll (Inhalt, Interpretation und Hintergrundinformationen).
โครงสร้าง (บทต่อบท หรือโดยรวม) และใครใครจะพูดหัวข้อไหน หัวข้อใดที่คุณควรเน้น (เนื้อหา การตีความ และ ข้อมูลความเป็นมา)
Denken Sie darüber nach, ob **Sie Handzettel (mit welchem Inhalt?) erstellen** und verteilen möchten. (ลองพิจารณาว่า **คุณต้องการทำและแจกจ่ายเอกสารประกอบคำบรรยายด้วยหรือไม่ (มีเนื้อหาอะไรบ้าง)** Planen Sie gemeinsam, was Sie tun wollen. วางแผนร่วมกันว่าคุณต้องการจะทำอะไรบ้าง

A: Hallo! B. Hall.

A. Wie wir wissen, sollten wir in unserer Klasse gemeinsam ein Buch vorstellen.

A: Kannst du mir bitte helfen, einen Plan zu machen?

B: Ja, ich helfe dir gern.

A: Ich schlage vor. Wir sollten das Buch **„Leben in Deutschland"** vorstellen. Es ist für **Zuwanderer essenziell**. **A: Was denkst du darüber? Hast du eine andere Idee?**

B: Ich stimme dir zu. Ich denke, es ist eine gute Idee.

A: Es gibt 4 Kapitel: Leben im Alltag, Politik, Geschichte und Arbeit in Deutschland.

Zusätzlich **gibt es 300 Fragen zum Einbürgerungstest**. **Ich kann Kapitel 1 und 2 Leben im Alltag und Politik vorstellen.** **Kannst du dich bitte um die Kapitel 2 und 3 kümmern?**

B: Ja, ich kann das machen.

A: Ich schlage vor. Wir sollten das Buch **auf einem Laptop mit PowerPoint-Programm präsentieren.** Ich möchte einen Laptop, einen Projektor und Materialien vorbereiten.
Ich denke, wir sollten die 300 Fragen zum Einbürgerungstest **als Handzettel erstellen und verteilen**.
A: Was hältst du davon? Hast du eine gute Idee?

B: Ich bin einverstanden und ich denke, es ist eine gute Idee. **B: Das machen wir so.**

(A: Ich denke, wir sollten uns auf den Inhalt konzentrieren und wir können weitere Informationen im Internet finden.)
(Ich denke, wir sollten Kaffee, Tee, Kekse und Snacks für die Besucher vorbereiten.)

(ในวงเล็บ ถ้ามีเวลาเหลือ สามารถพูดเพิ่มเติมได้ ค่ะ)

Beispiel 12: Als **Journalist** einer großen Zeitung haben Sie die Möglichkeit, einen sehr bekannten Sänger zu interviewen.
(ในฐานะ**นักข่าว/ นักวารสาร** หนังสือพิมพ์รายใหญ่ คุณมีโอกาสสัมภาษณ์นักร้องชื่อดัง(ผู้ชาย)คนหนึ่ง)
Erstellen Sie gemeinsam eine Liste mit **Fragenkatalog**.
(คุณต้องตั้ง**รายการคำถาม / แคตตาล็อกคำถาม** ร่วมกัน)
Entscheiden Sie sich für eine Person, die Sie interviewen möchten, und überlegen Sie dann gemeinsam, was Sie über diese Person wissen möchten, **beruflich oder persönlich**.
(ตัดสินใจเลือกคนที่คุณต้องการสัมภาษณ์ จากนั้นช่วยกันคิดเกี่ยวกับสิ่งที่คุณอยากรู้เกี่ยวกับบุคคลนั้น **ทั้งในด้านอาชีพหรือส่วนตัว)**

A: Hallo! B. Hallo!

A. Wie wir wissen, haben wir die Möglichkeit, einen sehr bekannten Sänger zu interviewen. A: Kannst du mir bitte helfen, einen Plan zu machen?

B: Ja, ich helfe dir gern.

A: Ich schlage vor. Ich denke, wir sollten **Koishiro** interviewen, weil er sehr berühmt ist.
A: Was denkst du darüber? Hast du eine andere Idee?

B: Ich bin einverstanden und ich denke, es ist eine gute Idee.

A: Ich schlage vor. Ich denke, wir sollten **eine Liste** mit **Fragenkatalog entwerfen.**
Ich denke, wir sollten **die Fragen in zwei Teile unterteilen**.
In der ersten Kategorie sollte es um **seine Arbeit** gehen.
Zum Beispiel: Wann begann er beruflich zu singen?
Welches Album ist sein **erster Erfolg und Durchbruch**?
Wie viele Lieder hat er bereits gesungen? Hat er vor, in Deutschland ein Konzert zu geben?
Welches Lied ist sein Lieblingsstück und warum?

In der zweiten Kategorie sollte es um sonstige Fragen gehen. Zum Beispiel: Was ist sein Lieblingsgericht? Oder kann er gut kochen?

Weiterhin können wir auch fragen. Welche **Aktivitäten** genießt er in seiner Freizeit?
Welche Länder möchte er gern besuchen?
Ich denke, wir sollten ihm **insgesamt 9 Fragen stellen**.

A: Was hältst du davon? Hast du andere Ideen?

B: Ich stimme dir zu. Ich denke, es ist eine gute Idee.

A: Ich schlage vor. Ich denke, wir sollten am kommenden Samstag von 9 Uhr bis 11 Uhr in unserem Büro ihn Fragen stellen. **A: Was denkst du darüber? Hast du eine andere Idee?**

B: Ich stimme dir zu. Ich denke, es ist eine gute Idee.

Zudem sollten wir ein kleines Geschenk als Dankeschön für ihn vorbereiten.
Ich möchte für ihn ein wunderschönes **Klavier-Lesezeichen** mit seinem Namen bestellen.

A: Was hältst du davon? Hast du eine gute Idee?

B: Ich stimme dir zu, das ist eine gute Idee. So machen wir das.

Beispiel 13: telc Deutsch B2 am 17.02.2023 & am 21.08.2024

Sie sollten eine **Überraschungs-Hochzeitsfeier** für Ihre Freundin organisieren.
(พวกคุณสองคน ควรจัดงาน**เซอร์ไพรส์ฉลองงานแต่งงาน**ให้เพื่อนผู้หญิงของคุณ)

A: Hallo! B. Hallo!

A. Wie wir wissen, sollten wir eine Überraschungs-Hochzeitsfeier für unsere Freundin **(Chanya**) organisieren.

A: Kannst du mir bitte helfen, einen Plan zu machen?

B: Ja, ich helfe dir gern. B: **Wo und wann** soll **die Hochzeitsfeier** stattfinden?

A: Ich würde vorschlagen. Ich denke, wir sollten eine kleine aber schöne Hochzeitsfeier am Freitag zwischen 17:17 Uhr und 19:19. Uhr in einem antiken und romantischen Hotel-Restaurant einrichten.

A: Was denkst du darüber? Hast du eine andere Idee?

B: Ich bin einverstanden. Ich denke, das ist eine gute Idee. B: Wie viele Gäste sollten wir einladen?

A: Ich denke, wir sollten ungefähr elf Personen einladen.

A: Was hältst du davon? Hast du eine gute Idee?

B: Ich stimme dir zu, es ist eine gute Idee. B: Was sollten wir essen und trinken?

A: Ich würde vorschlagen. Ich denke, wir sollten violettfarbene Cupcakes in Herzform, Kekse, Wasser, Fanta und Cola für die Gäste zubereiten.

A: Was hältst du davon? Hast du eine gute Idee?

B: Ich stimme dir zu, es ist eine gute Idee. B: Wen sollten wir einladen?

A: Meiner Meinung nach sollten wir Familie und enge Freunde einladen.

A: Was denkst du darüber?

B: Ich stimme dir zu, es ist eine gute Idee. B: Was sollten wir als Geschenk für die Braut und den Bräutigam vorbereiten?

A: Ich würde vorschlagen. Ich denke, wir sollten eine antike Uhr für sie bestellen.

A: Was hältst du davon? Hast du eine gute Idee?

B: Ich stimme dir zu. Das ist eine gute Idee. Ich denke, wir sollten es so machen.

Beispiel 14: telc Deutsch B2 am 24.02.2024

Mit einigen Teilnehmern Ihres Sprachkurses möchten Sie **einen 3-tägigen Ausflug ans Meer unternehmen.** (คุณต้องการจะ**ไปเที่ยวทะเล 3 วัน**กับเพื่อนๆที่เรียนภาษาด้วยของคุณ) **Legen Sie fest, was Sie benötigen**. Planen Sie den gemeinsamen Aufenthalt (Urlaub) für die Gruppe. **(ตัดสินใจ) กำหนดสิ่งที่คุณ (จำเป็นต้องมี)ต้องการ** วางแผนการไปพักผ่อนร่วมกัน สำหรับกลุ่มของคุณ.

A: Hallo! B. Hallo!

A. Wie wir wissen, möchten wir mit einigen Teilnehmern unseres Sprachkurses einen dreitägigen Ausflug **an der Ostsee** unternehmen.

A: Kannst du mir bitte helfen, einen Plan zu machen?

B: Ja, ich helfe dir gern.

A: Ich schlage vor. Ich denke, wir sollten am kommenden Freitag um 9 Uhr **auf die Ostsee** fahren und am Sonntag um 18 Uhr wieder zurückfahren.

A: Was denkst du darüber? Hast du eine andere Idee?

B: Ich stimme dir zu. Ich denke, es ist eine gute Idee.

A: Ich habe einen großen Van mit zehn Sitzplätzen, dann können wir gemeinsam auf die Ostsee fahren. **A: Was denkst du darüber? Hast du eine gute Idee?**

B: Ich bin einverstanden und ich denke, es ist eine gute Idee.

A: Ich schlage vor. Ich denke, wir sollten an den Tagen zusammen grillen.
Nach dem Essen können wir auch gemeinsam mit dem Fahrrad fahren oder im Meer schwimmen. **A: Was denkst du darüber? Hast du eine andere Idee?**

B: Ich bin einverstanden und ich denke, es ist eine gute Idee.

B: Ich stimme dir zu, das ist eine gute Idee.

A: A: Ich schlage vor, dass wir in einem Ferienhaus an der Ostsee übernachten können.

Auf unserer Reise möchte ich Sandwiches, Würstchen, Brot, Wasser und Cola mitbringen.

A: Was hältst du davon? Hast du eine gute Idee?

B: Ich stimme dir zu, das ist eine gute Idee. **B: Das machen wir so.**

Beispiel 15: Ihre alleinerziehende Nachbarin *kam plötzlich ins Krankenhaus.*

(เพื่อนบ้านที่เป็นพ่อแม่เลี้ยงเดี่ยว(ไม่มีสามี)ของพวกคุณ *ต้องเข้าโรงพยาบาลกะทันหัน*)
Sie haben die Aufgabe, ihre **Kinder zu besuchen** und **Sie sollten sich um die Betreuung ihrer Kinder in der Anfangsphase kümmern.** (พวกคุณควรทำภารกิจของคุณคือ**การไปเยี่ยมลูกๆ** และดูแลลูกๆ ของหล่อน **ในระยะแรกๆ**)

Wenn die Kinder in der Schule sind, können Sie **kochen, einkaufen oder andere Unterkünfte** organisieren. (
(**เมื่อเด็กๆ อยู่ที่โรงเรียน** คุณสามารถ**ทำอาหาร ซื้อของ หรือจัดที่พักอื่นๆ**ให้พวกเขา ได้)

A: Hallo! B. Hallo!

A: Wie wir wissen, kam unsere Nachbarin plötzlich ins Krankenhaus. **Wir** möchten ihr helfen, ihre Kinder zu besuchen und zu betreuen.

A: Kannst du mir bitte helfen, einen Plan zu machen?

B: Ja, ich denke, ich kann dir helfen.

A: Ich schlage vor. Ich kann **Frühstück für die Kinder vorbereiten**, dann **kann ich sie zur Schule bringen.**

Danach, wenn die Kinder in der Schule sind, **können wir zusammen im Supermarkt einkaufen.** Nach dem Einkaufen **können wir Essen und Getränke für die Kinder vorbereiten**.
Ich möchte Omelette und Gemüsesuppe für die Kinder zubereiten und Orangensaft für sie vorbereiten. **A: Was denkst du darüber? Hast du eine andere Idee?**

B: Ich stimme dir zu. Ich denke, es ist eine gute Idee.

A: Ich schlage vor. Die Kinder sollten in meinem Haus übernachten.

Ich möchte **die Schlafzimmer für Kinder aufräumen und vorbereiten.**

In meinem Haus gibt es zwei freie Zimmer.

A: Was hältst du davon? Hast du eine gute Idee?

B: Ich stimme dir zu. Ich denke, es ist eine gute Idee.

Ich denke, ich kann vor dem Schlafengehen Büchermärchen für die Kinder vorlesen.

A: Was denkst du darüber? Hast du eine andere Idee?

B: Prima. Ich denke, es ist ein guter Plan.

B: Dann machen wir das so.

Beispiel 16: **Sie sollten für die Sprachschule einen Gesundheitskurs anbieten.**

(telc Deutsch B2 am 14.12.2021)

A: Hallo! B. Hallo!

A. Wie wir wissen, sollten wir für die Sprachschule einen Gesundheitskurs anbieten.

A: Kannst du mir bitte helfen, einen Plan zu machen?

B: **B: Ja, ich helfe dir gern.**

A: Ich würde vorschlagen.

A: Ich denke, wir sollten einen „**Bewegung und Waldbaden**" Kurs jeden Samstag zwischen 09.00 Uhr und 11. Uhr organisieren.

Wir beginnen von unserer Schule und gehen durch den Wald, wir gehen langsam, durchatmen,

dehnen und strecken den Körper und nehmen wir die Natur ringsherum bewusst wahr.

A: Was denkst du darüber? Hast du eine andere Idee?

B: Ich bin dafür. Ich denke, das ist eine gute Idee. Welche Kleidung sollten Teilnehmer tragen?

A: Meiner Meinung nach sollten die Teilnehmer festes Schuhwerk und bequeme Kleidung tragen.

Und ich denke, die Teilnahme sollte kostenlos sein

A: Was hältst du davon? Hast du eine gute Idee?

B: Ich stimme dir zu, es ist prima. B: Wie viele Leute sollten wir einladen?

A: Ich denke, jeder ist herzlich eingeladen, am Kurs teilzunehmen.

A: Was denkst du darüber? Hast du eine andere Idee?

B: Ich stimme dir zu, es ist eine gute Idee. **B: Wen** sollten wir einladen?

A: Meiner Meinung nach sollten wir Teilnehmer, Lehrer, Familie und Bekannte einladen.

A: Ich denke, vielleicht können **wir eine Anzeige in der Zeitung aufgeben.**

A: Was denkst du darüber?

B: Ich stimme dir zu, es ist eine gute Idee.

A: Ich würde vorschlagen. Ich denke, wir sollten Wasser für Teilnehmer vorbereiten.

A: Was hältst du davon? Hast du eine gute Idee?

B: Ich stimme dir zu, das ist eine gute Idee. **B: So machen wir das.**

Beispiel 17: Die Tochter Ihrer Freundin **hat Probleme in Mathematik.**
(ลูกสาวของเพื่อนผู้หญิง ของพวกคุณ มี**ปัญหาการเรียนวิชาคณิตศาสตร์**)
Das Kind benötigt **Nachhilfe.** (เด็กคนนั้น จำเป็นต้องมี**คนช่วยสอน**)

Sie wollen Ihrer Freundin helfen, **eine Nachhilfe zu finden**.
(พวกคุณ ต้องการช่วยเพื่อนของพวกคุณ **หาครูช่วยสอน (ติวเตอร์) ให้**)

A: Hallo! B. Hallo!

A: Weißt du was, die Tochter **unserer** Freundin hat Probleme in Mathematik. Das Kind benötigt Nachhilfe.

Wir wollen **unserer** Freundin helfen, eine Nachhilfe zu finden.

A: Kannst du mir bitte helfen, einen Plan zu machen?

B: Ja, ich kann dir helfen.

B: Wann sollen wir feiern?

A: Ich schlage vor. Ich denke, wir sollten die Nachhilfe im Internet oder in der Zeitung finden.

A: Was denkst du darüber? Hast du eine andere Idee?

B: Ich stimme dir zu. Ich denke, es ist eine gute Idee.

B: Wie viel kostet Nachhilfe pro Stunde?

A: Ich hatte Erfahrung mit Nachhilfe. Meine Tochter hat mit einer Nachhilfelehrerin gelehrt und ich habe 25 € pro Stunde bezahlt. Die Lehrerin kam zu uns und meine Tochter lernte zu Hause.

A: Ich schlage vor. Ich denke, das Mädchen sollte auch zu Hause lernen.

A: Was denkst du darüber? Hast du eine andere Idee?

B: Ich stimme dir zu. Ich denke, es ist eine gute Idee.

B: Wie oft und wie lange sollte das Mädchen lernen?

A: Ich schlage vor.

A. **Die Tochter unserer Freundin** sollte jeden Tag nach der Schule und mindestens 3 Monate lernen. Wenn ihre Mathematik besser ist, kann sie aufhören.

B: Wie kann sie Kontakt zu ihrer Lehrerin aufnehmen?

A: Ich denke, sie kann mit ihrer Lehrerin mit **Messenger und WhatsApp** Kontakt aufnehmen.

A: Was denkst du darüber? Hast du eine andere Idee?

B: Prima! Ich stimme dir zu. Ich denke, es ist ein guter Plan.

B: So machen wir das.

Beispiel N. 18:

Ihre **Schule bietet ein Austauschprogramm** mit deutschen Schülern an.

(โรงเรียนของคุณ**มีโครงการแลกเปลี่ยน**กับนักเรียนชาวเยอรมัน)

Die **ausländischen Gastschüler werden vier Wochen in Ihrem Land verbringen**.

(**นักเรียน(แลกเปลี่ยน)ชาวต่างชาติจะใช้เวลา 4 สัปดาห์ในประเทศของคุณ**)

Planen Sie Ihren gesamten **Aufenthalt mit Programmvorschlägen!**

(จงวางแผนการการมา**อยู่(มาพัก) โดยการเสนอแนะ(ให้คำแนะนำ) ในจัดโปรแกรม)**

A: Hallo!   B. Hallo.

A. Wie wir wissen, bietet unsere Schule ein Austauschprogramm mit deutschen Schülern an.
Die ausländischen Gastschüler werden **vier Wochen in unserem Land verbringen**.
Wir sollten den gesamten Aufenthalt mit Programmvorschlägen organisieren.
A: Kannst du mir bitte helfen, einen Plan zu machen?

B: Ja, ich helfe dir gern.

A: Ich schlage vor. Ich denke, wir sollten **Freizeitprogramme** für sie vorbereiten.
A: Was denkst du darüber? Hast du eine andere Idee?

B: Ich stimme dir zu. Ich denke, es ist eine gute Idee.

A: Ich schlage vor. Ich denke, vom Montag bis Mittwoch können die Kinder nach der Schule etwas zusammen spielen. Donnerstag und Freitag sollten die Kinder **Thai, Deutsch und Englisch** mindestens eine Stunde am Tag zusammen lernen.
Am Wochenende können sie im Meer zusammen schwimmen oder am Strand spazieren gehen. **A: Was denkst du darüber? Hast du eine gute Idee?**

B: Ich bin einverstanden und ich denke, es ist eine gute Idee.

A: Ich denke, die Kinder können auch **Kunst, Kultur** und Thai-Musikinstrumente lernen.
Wenn das Wetter gut ist, können wir einige Ausflüge in der Nähe unserer Stadt machen.
Oder vielleicht können sie Museen oder die Tempel besichtigen.
A: Was denkst du darüber? Hast du eine gute Idee?

B: Ich stimme dir zu, das ist eine gute Idee.   **B: Das machen wir so.**

Beispiel 19: **Sie sollten einen Infostand für Buch- und Geldspenden der Stadtbibliothek veranstalten.**

A: Hallo! B. Hallo!

A. Wie wir wissen, sollten wir einen Infostand für Buch- und Geldspenden der Stadtbibliothek veranstalten. **A: Kannst du mir bitte helfen, einen Plan zu machen?**

B: Ja, ich helfe dir gern.

A: Ich würde vorschlagen. Ich denke, wir sollten die Veranstaltung am Freitag zwischen 09.00 Uhr und 12. Uhr in der Halle unserer Stadt einrichten.

A: Was denkst du darüber? Hast du eine andere Idee?

B: Ich bin dafür. Ich denke, das ist eine gute Idee.

A: Ich denke, als Dankeschön sollten wir vielleicht ein kleines Geschenk für Spender vorbereiten. Zum Beispiel können wir jedem **eine schöne Brosche** schenken.

A: Was hältst du davon? Hast du eine gute Idee?

B: Ich stimme dir zu, es ist eine gute Idee.

A: Ich würde vorschlagen. Ich denke, wir sollten **Essen und Getränke** für die Spender vorbereiten. Zum Beispiel sollten wir Kaffee, Saft, Wasser und Kekse vorbereiten.

A: Was hältst du davon? Hast du eine gute Idee?

B: Ich stimme dir zu, es ist eine gute Idee. **B: Wen** sollten wir einladen?

A: Meiner Meinung nach sollten wir Teilnehmer, Lehrer, Familie und Bekannte einladen.

A: Ich denke, wir sollten Werbung machen, vielleicht können **wir eine Anzeige in der Zeitung oder im Internet veröffentlichen. A: Was denkst du darüber?**

B: Ich stimme dir zu, das ist eine gute Idee. **B: So machen wir das.**

สแกน QR-โค้ดเพื่อชมดูวีดีโอการสอนของครูปู ที่อธิบายเพิ่มเติมได้เลยค่ะ.

Beispiel 20: telc Deutsch B2 am 24.02.2024

In vielen deutschen Städten findet in **der Sommerzeit** Straßenfeste statt.
(ในหลายเมืองของเยอรมนี เทศกาลงานเลี้ยง**ในช่วงฤดูร้อน** บนถนนถูกจัดขึ้น)

Es wird oft von allen Nachbarn der Straße organisiert, auch wenn sie sich nicht oder **kaum kennen.**
(เพื่อนบ้านทั้งหมดบนถนน(สายเดียวกัน) มักจัดงานนี้ ร่วมกัน แม้ว่าพวกเขาจะไม่รู้จักกันหรือ**แทบไม่รู้จักกัน**ก็ตาม)

Alle Nachbarn **versammeln** sich auf der Straße, um gemeinsam bei selbst gemachtem Essen, Musik und Spielen für die Kinder zu feiern.
(เพื่อนบ้านทั้งหมด**รวมตัวกัน**บนถนนเพื่อเฉลิมฉลองร่วมกับอาหารที่ทำกันเอง ดนตรี และเกมสำหรับเด็กๆ)

Ein Straßenfest kann sowohl morgens als auch abends oder nur einige Stunden dauern.
(ปาร์ตี้บนถนนอาจจัดขึ้นทั้งเช้าและเย็นหรือเพียงไม่กี่ชั่วโมงก็ได้)

Sie sind begeistert von dieser Idee und wollen auch in Ihrer Straße ein Fest mit allen Nachbarn organisieren. Finden Sie Ideen für das Fest und teilen Sie sie unter sich auf!
(คุณมีความสนใจ (กระตือรือร้น) เกี่ยวกับแนวคิดนี้ และต้องการจัดปาร์ตี้(ฉลอง) ที่ถนน กับเพื่อนบ้านของคุณ คิดไอเดียสำหรับงานปาร์ตี้และแลกเปลี่ยน ความคิดเห็นของคุณให้กัน)

Besprechen Sie mit Ihrem Partner und planen Sie gemeinsam, was Sie wollen und reden Sie darüber, wer wann was machen soll.
(พูดคุยกับคู่ของคุณและวางแผนร่วมกันสิ่งที่คุณต้องการและพูดคุยเกี่ยวกับใครควรทำอะไรและเมื่อไหร่)

A: Hallo! B. Hallo!

A. Wie wir wissen, sollten wir mit allen Nachbarn ein Straßenfest machen.

A: Kannst du mir bitte helfen, einen Plan zu machen?

B: Ja, ich helfe dir gern.

A: Ich schlage vor. Ich denke, wir sollten am 7. Juli von 15 Uhr bis 18 Uhr auf unserer Straße das Fest feiern und wir sollten besondere Gerichte für uns zubereiten.
Ich möchte thailändische Gerichte und thailändische Süßigkeiten zubereiten.

A: Was denkst du darüber? Hast du eine andere Idee?

B: Ich stimme dir zu. Ich denke, es ist eine gute Idee. B: Ich möchte eine Torte backen.

A: Ich schlage vor. Ich denke, wir sollten **den Festplatz mit Luftballons und Blumen dekorieren.** Ich möchte auch **Karaoke, Mikrofone und CD-Playe**r mitbringen, nach dem Essen können wir zusammen **tanzen und singen**. **A: Was denkst du? Hast du eine gute Idee?**

B: Ich bin einverstanden und ich denke, es ist eine gute Idee.

A: Ich denke, ich denke, wir sollten mehr Würstchen, Pizzen, Salat, Bier, Wasser und Saft im Supermarkt zusammen kaufen. Danach können wir uns und alle Nachbarn die Kosten für Essen und Trinken teilen. Wir sollten nicht mehr auch **30 € pro Person bezahlen.**

A: Was hältst du davon? Hast du eine gute Idee?

B: Ich stimme dir zu, das ist eine gute Idee.

A: **Ich schlage vor**.

Ich denke, wir sollten ein paar Spiele für Kinder vorbereiten. Wir könnten zum Beispiel **Scharade und Schatzsuche** für die Kinder vorbereiten.

A: Was hältst du davon? Hast du eine gute Idee?

B: Ich bin einverstanden und ich denke, es ist eine gute Idee.

So machen wir das.

ตัวอย่างเพิ่มเติม จดหมาย **Bitte um Information**

Beispiel 9- Beispiel 11

จากหน้าถึงหน้า 96-107

Beispiel 8: Bitte um Information (telc Deutsch B2 am 14.02.2024)

Werbung/ Anzeige/Annonce

Als Freiwilliges Soziales Jahr (FSJ) kannst du anderen Menschen helfen. Bewirb dich doch einfach! (E-Mail. abc@freewill.de)

- In der Kinder- und Jugendarbeit - ทำงานกับเด็กและเยาวชน
- In der Altenpflege - ทำงานในการดูแลผู้สูงอายุ
- In einer kulturellen Einrichtung oder Schule -ทำงาน สถาบันวัฒนธรรมหรือในโรงเรียน
- In Umwelt- und Natur- und Tierschutz (ทำงานในด้านการคุ้มครองสิ่งแวดล้อม ธรรมชาติ และสัตว์)

Sie möchten in **einem Ausland** für **<u>Freiwilligendienste</u>** arbeiten.

(คุณต้องการไป(คุณต้องการไป**<u>ทำงานอาาสมัคร</u>**ในต่างประเทศ **ต่างประเทศ)**

Sie haben **Werbung in einer Broschüre** gelesen und interessieren sich dafür und möchten mehr Informationen darüber. (คุณอ่าน**โฆษณา ในโบรชัวร์**แล้วสนใจ และต้องการข้อมูลเพิ่มเติม

Schreiben Sie einen Brief an **die Arbeitgeber**. (เขียนจดหมายถึง เขียนจดหมายถึง**นายจ้าง/ผู้จ้างงาน**)

Behandeln Sie darin entweder a) drei der folgenden Punkte

oder b) zwei der folgenden Punkte und einen weiteren Aspekt Ihrer Wahl.

(เลือกเขียน 3 ข้อจาก 4 ข้อที่โจทย์ กำหนด หรือเขียน 2 หัวข้อจากโจทย์กำหนด และเขียน1 หัวข้ออื่นที่เราคิดเอง)

- **Welche Freiwilligendienste** möchten Sie arbeiten? **งานอาสาสมัคร อันไหน** ที่คุณต้องการทำ

- **Warum** möchten Sie diese Arbeit arbeiten? **ทำไม**คุณถึงอยากทำงานนี้

- **<u>Erzählen</u>** Sie über Ihrer früheren **Erfahrung der Sozialarbeit.**

(**<u>อธิบาย</u>**เกี่ยวกับเกี่ยวกับ**ประสบการณ์ในการทำงานสังคมสงเคราะห์** ก่อนหน้านี้ของคุณ)

- Stellen Sie **zusätzliche Fragen** zum **<u>Bewerbungsprozess.</u>**
(ถาม**คำถามเพิ่มเติม**เกี่ยวกับ**<u>ขั้นตอนการสมัคร</u>**)

Schreiben Sie mindestens 150 Wörter.

จดหมายพร้อมแปลภาษาไทย

Plettenberg,17.02.2023

Betreff: Anfrage über **Freiwiligendiente**
เรื่อง/อ้างถึง: (การสอบถาม เกี่ยวกับ **การทำงานอาสาสมัคร**)

Sehr geehrte Damen und Herren,

ich habe Ihre Anzeige über **Freiwiligendiente** gelesen und interessiere mich dafüre.

(ฉันอ่านโฆษณาของคุณเกี่ยวกับ**การทำงานอาสาสมัคร**และสนใจ)

Deshalb wende mich an Sie, um die weitere Informationen zu erhalten.

(นั่นเป็นเหตุผลที่ฉันติดต่อคุณ, เพื่อที่จะขอข้อมูลเพิ่มเติม)

Meiner Meinung nach stellen Kinder **einen wesentlichen Teil der Zukunft** unserer Nation dar.

(**ในความคิดเห็นของฉัน** เด็กๆ **เป็นส่วนสำคัญของอนาคต**ของประเทศชาติ)

Die Arbeit mit ihnen bereitet mir **große Freude** und lässt mich selbst **jung fühlen.**

(การได้ทำงานกับพวกเขาทำให้ฉัน**มีความสุขมาก** และทำให้ฉัน **รู้สึกว่า ไม่แก่(ยังเด็กอยู่ตลอด))**

Aus diesem Grund hege ich den Wunsch, in **einem Waisenhaus** in England tätig zu werden.

(**ด้วยเหตุนี้** จึงมีความปรารถนาที่จะทำงานใน**สถานเลี้ยงเด็กกำพร้า**ในอังกฤษ)

Als ich in Thailand war, besuchte ich **regelmäßig** ein Waisenhaus und beteiligte mich an Spendenaktionen für die Kinder.

(ตอนที่ฉัน อยู่ที่ประเทศไทย ฉันได้ไปเยี่ยมสถานเลี้ยงเด็กกำพร้า**เป็นประจำ**และมีส่วนร่วมในการหาทุนให้กับเด็กๆ)

Mein Engagement beschränkte sich jedoch nicht nur auf das Waisenhaus, sondern erstreckte sich auch auf **eine Hilfsorganisation für Straßenkinder**.

(อย่างไรก็ตาม **การมีส่วนร่วมของฉัน**ไม่ได้มีแค่ที่สถานเลี้ยงเด็กกำพร้าเท่านั้น แต่ยังรวมไปถึง**องค์กรช่วยเหลือเด็กข้างถนนอีกด้วย**)

Jetzt möchte ich Ihnen **einige Fragen zur Freiwilligenstellen stellen**.

(ตอนนี้ ฉันเลยอยากจะถามคุณ **เกี่ยวกับการตำแหน่งงานอาสาสมัคร สัก 2-3 คำถาม**)

Welche Dokumente muss ich **vorlegen**?

(ฉันจะต้อง**ใช้/ส่ง** เอกสาร อะไรบ้าง)

Da ich nicht mehr jung bin, gibt es **eine Altersbeschränkung** für die Bewerbung?

(เนื่องจากฉันอายุไม่น้อยแล้ว อายุมากแล้ว มี**ข้อจำกัดเรื่องอายุ**ในการสมัครหรือไม่?)

Könnten Sie mir bitte detaillierte Informationen **zur Bewerbung** zukommen lassen?
(คุณช่วยให้ข้อมูล อย่างละเอียดเกี่ยวกับ **การสมัคร** ได้มั้ย)

Sie können mich entweder unter folgender Telefonnummer 123456789 oder per der angegebenen E-Mail erreichen.

Ich warte auf Ihre Antwort und bedanke mich im Voraus.

Mit freundlichen Grüßen
Chanyanij Danwongsa

Beispiel 9: Bitte um Information
(Zertifikat telc Deutsch B2 am 21. Juni 2024 & am 25.09.2024)

Werbung/ Anzeige/Annonce/

Flohmarktflächen mit Verkaufsständen zum Mieten

- **Preisgünstig.**
- **Jederzeit verfügbar.**
- **Garantie für Zufriedenheit des Kunden**

Im Internet haben Sie eine Werbung der ABC Firma über **Flohmarktflächen mit Verkaufsständen zum Mieten** gelesen.

(ในอินเตอร์เน็ต คุณได้อ่านโฆษณา จากบริษัท „ABC" เกี่ยวกับ **พื้นที่ตลาดนัดพร้อมแผงขายของ/ที่ตั้งสำหรับวางของ ให้เช่า**")

Sie interessieren sich dafür und möchten mehr Informationen darüber.

(**คุณสนใจ** และต้องการข้อมูลเพิ่มเติม)

Schreiben an **die Verwaltung der Firma.**

(เขียนจดหมาย **ถึงฝ่ายบริหารของบริษัท** (เพื่อขอข้อมูลเพิ่มเติม)

Behandeln Sie darin entweder a) drei der folgenden Punkte

oder b) zwei der folgenden Punkte und einen weiteren Aspekt Ihrer Wahl.

(เลือกเขียน 3 ข้อจาก 4 ข้อที่โจทย์กำหนดหรือเขียน2 หัวข้อจากโจทย์กำหนด และเขียน1 หัวข้ออื่นที่เราคิดเอง)

- Welchen **<u>Gegenständen</u>** möchten Sie **verkaufen.** — **<u>สิ่งของ</u>**อะไร ที่คุณอยากขาย**ขาย**
- **Warum** möchten Sie die Dinge verkaufen? — **ทำไม**คุณถึงอยากขายของ?
- **Erzählen** Sie über Ihrer früheren **Verkaufserfahrung.**
  (**อธิบาย**เกี่ยวกับเกี่ยวกับ**ประสบการณ์การขาย**ก่อนหน้านี้ของคุณ)
- Fragen zu dem **Mietvertrag.**
  (ถามเกี่ยวกับ**สัญญาเช่า**)

Schreiben Sie mindestens 150 Wörter.

จดหมายพร้อมแปลภาษาไทย

Plettenberg,17.02.2023

Betreff: Anfrage über **Flohmarktflächen mit Verkaufsständen zum Mieten**

เรื่อง/อ้างถึง: (การสอบถาม เกี่ยวกับ **พื้นที่ตลาดนัดพร้อมแผงขายของ/ที่ตั้งสำหรับวางของ ให้เช่า**)

Sehr geehrte Damen und Herren,

ich habe Ihre Anzeige gelesen, dass Sie **Flohmarktflächen mit Verkaufsständen zum Mieten** anbieten.

(ฉันได้อ่านจากโฆษณาของคุณ ว่าคุณเสนอ **พื้นที่ตลาดนัดพร้อมแผงขายของ/ที่ตั้งสำหรับวางของ ให้เช่า**)

Ich interessiere mich dafür und würde gerne weitere Informationen darüber **erhalten**.

(**ฉันสนใจ** เกี่ยวกับมัน และต้องการขอ**รับ**ข้อมูลเพิ่มเติม)

Seit einiger Zeit sammle ich **Antiquitäten und Schmuck.**

(เป็นระยะเวลาหนึ่ง/มาระยะหนึ่งแล้ว ที่ฉันสะสม**ของโบราณและเครื่องประดับ)**

Zu meinen **Gegenständen** gehören **antike Schränke,** Sofas sowie **Armbänder und Halsketten** in ***elegantem*** Lila.

(**สิ่งของ**ของฉันได้แก่ **ตู้โบราณ** โซฟา **สร้อยข้อมือและสร้อยคอ**สีม่วงอัน***หรูหรา***)

Vor zwei Jahren habe ich diese Sachen **als Privatverkäuferin** im Internet verkauft und die Kunden waren sehr zufrieden.

(เมื่อสองปีที่แล้วฉันได้ขายของเหล่านี้**ในฐานะผู้ขายส่วนตัว/ขายเอง**ทางอินเทอร์เน็ต และลูกค้าก็พอใจมาก)

Jetzt möchte ich sie auf **dem Flohmarkt verkaufen**.

(ตอนนี้ฉันจึงต้องการ**ขายที่ตลาดนัด**)

Deshalb habe ich einige Fragen zu Ihnen. (**นั่นเป็นเหตุผล**ที่ฉันมีคำถามสองสามข้อ ที่จะถามคุณ)

Wie hoch ist der **monatliche Mietbetrag**? (**ค่าเช่าเดือน**ละเท่าไหร่?)

Gibt es **einen Platz zum Lagern** am Flohmarkt?

(มี**ที่ให้เก็บของ**ที่ตลาดนัดด้วยไหม?)

Wäre es möglich, den Flohmarktplatz **jährlich zu mieten** und **dies günstiger als eine Monatsmiete?**

(เป็นไปได้ไหมที่จะ**เช่า**ตลาดนัด**เป็นรายปี**และ**จะราคาถูกกว่าเช่าแบบรายเดือนมั้ย?)**

Könnten Sie mir bitte **detaillierte** Informationen zum **Mietvertrag** zukommen lassen?

(คุณช่วยส่งข้อมูล**โดยละเอียด**เกี่ยวกับ**เกี่ยวกับสัญญาเช่า**ให้ฉันหน่อยได้มั้ย)

Sie können mich entweder unter folgender Telefonnummer 123456789 oder per der angegebenen E-Mail erreichen.

Ich warte auf Ihre Antwort und bedanke mich im Voraus.

Mit freundlichen Grüßen

Chanyanij Danwongsa

Beispiel 10: Bitte um Information (B2 Zertifikat am 17.02.2023)

Werbung/ Anzeige/Annonce

- Banking Service	บริการทางธนาคาร
- Gute Zinsen	ดอกเบี้ยดี
- Besonderes Angebot für Jugendliche	ข้อเสนอพิเศษสำหรับเยาวชน
- Bequem & Professional	สะดวกและ (ทำงาน)มืออาชีพ

Sie möchten in einem **Ausland** leben. (คุณต้องการไปอยู่**ต่างประเทศ)**

Sie haben **Werbung** im Internet gelesen und interessieren Sie sich dafür und möchten mehr Informationen darüber. (คุณอ่าน**โฆษณา**ในอินเตอร์เน็ต แล้วสนใจ และต้องการข้อมูลเพิ่มเติม

Schreiben Sie einen Brief an die Bank ABC. (เขียนจดหมายถึง เขียนจดหมายถึงธนาคาร ABC)

Behandeln Sie darin entweder a) drei der folgenden Punkte

oder b) zwei der folgenden Punkte und einen weiteren Aspekt Ihrer Wahl.

(เลือกเขียน 3 ข้อจาก 4 ข้อที่โจทย์ กำหนด หรือเขียน 2 หัวข้อจากโจทย์กำหนด และเขียน1 หัวข้ออื่นที่เราคิดเอง)

- **Grund** für Ihr Schreiben	**เหตุ**ผลที่เขียน
- **In welchem Land** möchten Sie leben?	คุณอยากอยู่ใน**ประเทศไหน**?
- Welches **Bankkonto** möchten Sie haben?	คุณต้องการมี**บัญชีธนาคาร**ประเภทใด?
- **Erzählen** Sie über Ihr früher Bankkonto, das Sie hatten.	**อธิบาย**เกี่ยวกับบัญชีธนาคารเดิมที่คุณมี

Schreiben Sie mindestens 150 Wörter.

จดหมายพร้อมแปลภาษาไทย

Plettenberg,17.02.2023

Betreff: Anfrage über eine Eröffnung des Bankkontos
เรื่อง/อ้างถึง: (การสอบถาม เกี่ยวกับ การเปิดบัญชีธนาคาร)

Sehr geehrte Damen und Herren,

ich wende mich an Sie, da ich die Informationen zur **Eröffnung eines Bankkontos** benötige.

(ฉันติดต่อคุณ, เพราะว่าฉันต้องการ(จำเป็นต้องมี) ข้อมูลเกี่ยวกับ**การเปิด บัญชีธนาคาร**)

Im November möchte ich nach Bedfordshire, England reisen und dort für ungefähr vier Jahre bleiben, **um mein Studium zu beginnen.**

(ในเดือน พฤศจิกายน ฉันต้องการจะเดินทางไป เบดฟอร์ดเชอร์ (Bedfordshire), ประเทศอังกฤษ และจะอาศัยอยู่ที่นั่น ประมาณ 4 ปี, **เพื่อที่จะเริ่มเรียนหนังสือ (ในระดับมหาวิทยาลัย)**

Wenn es möglich ist, möchte ich **ein Girokonto** bei Ihrer Bank eröffnen.

(ถ้าเป็นไปได้, ฉันต้องการเปิด**บัญชีกระแสรายวัน** กับธนาคารของคุณ)

Früher hatte ich ein Bankkonto bei einer anderen Bank, das jedoch **nicht im Ausland funktioniert** hat.

(เมื่อก่อน ฉันเคยมี บัญชีธนาคาร กับธนาคารอื่น, แต่ว่า **มันไม่สามารถใช้ในต่างประเทศได้**)

Aus diesem Grund möchte ich bei Ihnen ein neues Girokonto eröffnen, das **mit Debitkarte im Ausland genutzt werden kann.**

(ด้วยเหตุผลนี้ ฉันจึงต้องการ จะเปิดบัญชีกระแสรายวัน กับคุณ, และจะได้ใช้ **บัตร ATM ในต่างประเทศได้** * เราสามารถใช้คำว่า EC-Karte ก็ได้)

Jetzt möchte ich Ihnen **einige Fragen zum neuen Bankkonto stellen**.

(ตอนนี้ ฉันเลยอยากจะถามคุณ **เกี่ยวกับการเปิดบัญชี สัก 2-3 คำถาม**)

Welche Dokumente muss ich **vorlegen**?

(ฉันจะต้อง**ใช้/ส่ง** เอกสาร อะไรบ้าง)

Wie hoch sind **die Gebühren** und wie lange dauert es, bis ich das neue Konto erhalten kann?

(**ค่าธรรมเนียม**การเปิดบัญชีเท่าไหร่ และ ใช้ระยะเวลานานแค่ไหน จนกว่าฉันจะได้บัญชีใหม่)

Können Sie mir mitteilen, ob die Kontoeröffnung online möglich ist oder **ob ich in einer Filiale erscheinen muss?**

(คุณบอกฉันได้มั้ยว่า, ถ้าฉันจะเปิดบัญชีแบบออนไลน์ได้มั้ย **หรือว่าฉัน ต้องไปที่สาขาธนาคาร**)

Könnten Sie mir bitte detaillierte Informationen über die Eröffnung des Bankkontos zukommen lassen?
(คุณช่วยให้ข้อมูล อย่างละเอียดเกี่ยวกับการเปิดบัญชีธนาคารได้มั้ย)

Sie können mich entweder unter folgender Telefonnummer 123456789 oder per der angegebenen E-Mail erreichen.

Ich warte auf Ihre Antwort und bedanke mich im Voraus.

Mit freundlichen Grüßen
Chanyanij Danwongsa

Beispiel 11: Bitte um Information
(B2 Zertifikat am 02. Juni 2023)

Werbung/ Anzeige/Annonce/

Bioprodukte RABATT auf Ihre erste Bestellung!

- Bioprodukte aus der Natur für Sie.
- Es hilft, das Immunsystem und die Energie zu stärken
- Gemüse und Eier usw.

Im Internet haben Sie eine Werbung der Firma „Bio-für Gesundheit" über neue Angebote der Bioprodukte gelesen.

(ในอินเตอร์เน็ต คุณได้อ่านโฆษณา จากบริษัท „Bio-für Gesundheit" เกี่ยวกับข้อเสนอใหม่ของผลิตภัณฑ์ออร์แกนิก)

Sie interessieren sich dafür und möchten mehr Informationen darüber.

(คุณสนใจ และต้องการข้อมูลเพิ่มเติม)

Schreiben an die Firma um mehr Informationen.

(เขียนจดหมายถึงบริษัทเพื่อขอข้อมูลเพิ่มเติม)

Behandeln Sie darin entweder a) drei der folgenden Punkte

oder b) zwei der folgenden Punkte und einen weiteren Aspekt Ihrer Wahl.

(เลือกเขียน 3 ข้อจาก 4 ข้อที่โจทย์ กำหนด หรือเขียน 2 หัวข้อจากโจทย์กำหนด และเขียน1 หัวข้ออื่นที่เราคิดเอง)

- **Welche Produkte möchten Sie haben.** อยากได้สินค้าประเภทไหน
- **Warum möchten Sie Bioprodukte konsumieren?** ทำไมคุณถึงต้องการจะบริโภคผลิตภัณฑ์ออร์แกนิก?
- **Erzählen Sie über Ihre früheren Produkte der Lebensmittel.** (อธิบายเกี่ยวกับผลิตภัณฑ์อาหารก่อนหน้านี้ของคุณ)
- **Fragen zu der Lieferung und der Bezahlung.** ถามถึง การจัดส่งและการชำระเงิน.

Schreiben Sie mindestens 150 Wörter.

จดหมายพร้อมแปลภาษาไทย

Plettenberg,17.02.2023

Betreff: Anfrage über Bioprodukte

เรื่อง/อ้างถึง: (การสอบถาม เกี่ยวกับ สอบถามผลิตภัณฑ์(สินค้า) ออร์แกนิค)

Sehr geehrte Damen und Herren,

ich habe Ihre Anzeige gelesen, dass Sie **eine große Auswahl** an Bioprodukten anbieten.

(ฉันได้อ่านจากโฆษณาของคุณ ว่าคุณมี ผลิตภัณฑ์ ออรแกนิด **ที่หลากหลาย** มาเสนอ)

Ich interessiere mich dafür und würde gerne weitere Informationen darüber **erhalten**.

(ฉันสนใจ เกี่ยวกับมัน และต้องการขอ**รับ**ข้อมูลเพิ่มเติม)

Früher habe ich viele einfache **Nahrungsmittel** wie <u>**fertige Produkte, Gemüsedosen und Obstpackungen**</u> gegessen.

(เมื่อก่อน ฉันเคยกิน**อาหารง่ายๆ** มากมาย เช่น <u>**อาหารสำเร็จรูป ผักบรรจุกระป๋อง และผลไม้ห่อขาย**</u>)

Seit drei Monaten esse ich Bioprodukte. Dadurch kann ich **meine Gesundheit verbessern**.

(ประมาณ 3 เดือนมาแล้ว ฉันทานอาหาร ออร์กานิค เพื่อ ที่จะช่วยให้**สุขภาพของฉันดีขึ้น**)

Normalerweise mag ich, Gemüse, Obst und Eier aus Bioprodukten zu essen.

(**โดยปกติแล้ว**, ฉันชอบทาน ผัก, ผลไม้ และไข่ จากผลิตภัณฑ์ออร์แกนิค)

Deshalb habe ich einige Fragen zu Bioprodukten.

(**ดังนั้น** ฉันจึงมีคำถาม 2–3 คำถามเกี่ยวกับ ผลิตภัณฑ์ออร์แกนิค)

<u>**Ist es möglich**</u>, Bioprodukte wie Gemüse, Obst und Hühnereier in Ihrem Geschäft zu **erwerben**?

<u>**(เป็นไปได้มั้ย**</u>, ที่จะ**ซื้อ** ผลิตภัณฑ์ออรแกนิค ยกตัวอย่างเช่น ผัก, ผลไม้ และไข่ไก่ในร้านของคุณ)

<u>Ist es mir möglich,</u> **bar oder mit meiner Kreditkarte zu bezahlen**?

(เป็นไปได้มั้ย,ที่**จะจ่ายเงินสด หรือบัตรเครดิต**)

Haben Sie auch einen **Lieferdienst?**

(คุณมี**บริการจัดส่ง (ถึงบ้าน)**ด้วยมั้ย)

Gibt es auch **Sonderangebote** für Großbestellungen?

(มี**ข้อเสนอพิเศษ**ให้มั้ย ถ้าสั่งซื้อทีละเยอะๆ)

Da ich **umweltfreundlich** bin, möchte ich auch wissen, ob Ihre Verpackungen umweltverträglich und recycelbar sind.

(เพราะว่า ฉันเป็นคนที่ห่วงใย หรือ**เป็นมิตรต่อสิ่งแวดล้อม**, ฉันจึงอยากรู้ด้วยว่า บรรจุภัณฑ์ที่ใช้ห่อเป็นมิตรต่อสิ่งแวดล้อม และสามารถนำไปรีไซเคิลได้มั้ย)

Könnten Sie mir bitte **detaillierte** Informationen zu Ihren Bioprodukten zukommen lassen?

(คุณช่วยส่งข้อมูล**โดยละเอียด**เกี่ยวกับผลิตภัณฑ์ออร์แกนิกของคุณให้ฉันหน่อยได้มั้ย)

Sie können mich entweder unter folgender Telefonnummer 123456789 oder per der angegebenen E-Mail erreichen.

Ich warte auf Ihre Antwort und bedanke mich im Voraus.

Mit freundlichen Grüßen

Chanyanij Danwongsa

ตัวอย่างเพิ่มเติม **Reklamation/Beschwerde**
(จดหมายเรียกร้องให้ค่าชดเชย/จดหมายร้องเรียน)

8.Beispiel: B2 Zertifikat Beschwerde über ein Ferienhaus

Werbung/ Anzeige

- **Ferienhaus im Wald an einem See**
- **In 10 Minuten nächstes Dorf erreichen**
- **Die Endreinigung ist inklusive**

Email: jaksch@web.de (Frau Jaksch)

Sie haben mit Freunden ein Ferienhaus gemietet. Leider waren Sie nicht zufrieden. Schreiben Sie eine Beschwerde an die Vermieterin (Frau Jaksch).

Behandeln Sie darin entweder

a) drei der folgenden Punkte

oder

b) zwei der folgenden Punkte und einen weiteren Aspekt Ihrer Wahl.

(เลือกเขียน 3 ข้อจาก 4 ข้อที่โจทย์ กำหนด หรือเขียน 2 หัวข้อจากโจทย์กำหนด และเขียน1 หัวข้ออื่นที่เราคิดเอง)

1. Was Sie erwarten nach der Lektüre der Werbung?

คุณคาดหวังอะไร (จากที่อ่านในโฆษณา)

2. Womit waren Sie unzufrieden? คุณไม่พึงพอใจอะไร

3. Ihre Erfahrungen mit früheren Ferienhäusern

ประสบการณ์ของคุณกับบ้านพักตากอากาศก่อนหน้านี้

4. Was soll die Vermieterin tun? คุณต้องการให้เจ้าของบ้านทำอะไร

Schreiben Sie mindestens 150 Wörter (30 Minuten).

สแกน QRโค้ดเพื่อชมดูวีดีโอการสอนของครูปู ที่อธิบายเพิ่มเติมได้เลยค่ะ

Plettenberg, 27.10.2021

Betreff: Beschwerde über ein Ferienhaus
(เรื่อง: การร้องเรียนเกี่ยวกับบ้านพักตากอากาศ)

Sehr geehrte Frau Jaksch,
aufgrund Ihrer vielversprechenden Werbung entschieden wir uns, Ihr Ferienhaus zu mieten. (เนื่องจากโฆษณาที่**ดูน่าเชื่อถือ**ของคุณ เราจึงตัดสินใจเช่า**บ้านพักตากอากาศ**ของคุณ)

Laut Ihrer Anzeige sollte das Ferienhaus mitten im Wald an einem See liegen, jedoch war dort kein See in der Nähe.
(ตามที่ระบุไว้ในโฆษณา บ้านพักควรตั้งอยู่กลางป่าใกล้ทะเลสาบ แต่ในความเป็นจริงกลับ**ไม่มีทะเลสาบอยู่ใกล้เลย**)

Leider war das Haus auch sehr schmutzig, sodass wir zunächst putzen mussten.
(น่าเสียดายที่บ้านพักยังสกปรกมาก จนเราต้องทำความสะอาดก่อนเป็นอันดับแรก)

So etwas habe ich bei zuvor gemieteten Ferienhäusern noch nie erlebt.
(**ฉันไม่เคยพบเจอ/มีประสบการณ์** อะไรแบบนี้กับบ้านพักตากอากาศที่ฉันเคยเช่ามาก่อน)

Ebenso haben Sie erwähnt, dass innerhalb von 10 Fahrradminuten ein Dorf mit Einkaufsmöglichkeit zu erreichen sei, tatsächlich benötigt man aber ca. 1 Stunde zum nächsten Dorf. (คุณยังกล่าวว่าใช้เวลาเพียง 10 นาทีในการปั่นจักรยานไปยังหมู่บ้านที่มีร้านค้า **แต่ในความเป็นจริง**ต้องใช้เวลาประมาณ 1 ชั่วโมงกว่าจะถึงหมู่บ้านถัดไป)

Sie können sich bestimmt vorstellen, wie enttäuscht wir waren, dass unser Urlaub durch die Mängel nicht erholsam war.
(**คุณคงนึกภาพออกว่า**เราผิดหวังแค่ไหน ที่วันหยุดของเราถูกทำลายเพราะข้อบกพร่องเหล่านี้)

Deshalb erwarte ich von Ihnen, dass Sie uns 50 % der Mietkosten erstatten.
(**ดังนั้น** ฉันคาดหวังว่าคุณจะคืนเงินค่าเช่าให้เรา 50%)

Sollte ich innerhalb von 9 Tagen nichts von Ihnen hören, werde ich die Angelegenheit meinem Anwalt übergeben.
(หากฉันไม่ได้รับการติดต่อจากคุณภายใน 9 วัน ฉันจะส่งเรื่องนี้ให้ทนายความของฉันดำเนินการต่อ)

Ich hoffe jedoch, dass es nicht dazu kommt. (อย่างไรก็ตาม ฉันหวังว่าจะไม่ต้องถึงขั้นนั้น)

Sie können mich entweder unter meiner Telefonnummer 123456789 oder unter der angegebenen E-Mail-Adresse erreichen.
(คุณสามารถติดต่อฉันได้ทางหมายเลขโทรศัพท์ 123456789 หรือทางอีเมลที่ให้ไว้)

In der Hoffnung auf eine schnelle und angemessene Antwort.
(ด้วยความหวังว่าจะได้รับคำตอบอย่างรวดเร็วและเหมาะสม)

Mit freundlichen Grüßen

Chanyanij Danwongsa

9.B2 Zertifikat Beschwerde über den Besuch im Museum (telc Deutsch B2 am 28.06.2025)

Werbung/ Anzeige

Öffnungszeiten täglich von 9 bis 19 Uhr.

Variation von Ausstellungen (Eintrittspreis: 19 € pro Person)

sehr freundliche und informative Mitarbeiter*innen

Sie haben gemeinsam mit Ihren Freunden ein Museum besichtigt.
(คุณได้ไป**เยี่ยมชมพิพิธภัณฑ์**ร่วมกับเพื่อนของคุณ)

Leider waren Sie sehr unzufrieden damit. (น่าเสียดายที่คุณ**รู้สึกไม่พอใจ** มากกับสิ่งนั้น)

Schreiben Sie daher einen Beschwerdebrief an das Museumsmanagement.
(จงเขียนจดหมายร้องเรียนถึง**ฝ่ายบริหาร/ ฝ่ายการจัดการของพิพิธภัณฑ์**)

Behandeln Sie darin entweder

a) drei der folgenden Punkte

oder

b) zwei der folgenden Punkte und einen weiteren Aspekt Ihrer Wahl.

(เลือกเขียน 3 ข้อจาก 4 ข้อที่โจทย์ กำหนด หรือเขียน 2 หัวข้อจากโจทย์กำหนด และเขียน1 หัวข้ออื่นที่เราคิดเอง)

1. Womit waren Sie unzufrieden?

2. Warum haben Sie sich für das Museum entschieden?

3. Ihre Erlebnisse in anderen Museen

4. Nennen Sie Ihre Forderungen, ohne gleich mit dem Anwalt zu drohen.

(Geben Sie Ihre Ansprüche an, ohne sofort mit dem Anwalt in Verbindung zu treten.)

Schreiben Sie mindestens 150 Wörter (30 Minuten).

Plettenberg, 29.06.2025

Betreff: Beschwerde über **den Besuch eines Museums**
(หัวข้อ/เรื่อง: ร้องเรียนเกี่ยวกับ**การเข้าชมพิพิธภัณฑ์แห่งหนึ่ง**)

Sehr geehrte Damen und Herren,
aufgrund Ihrer **überzeugenden Werbung** habe ich mich dazu entschlossen, Ihr Museum mit meinen Freunden zu besuchen.
(จาก**โฆษณาที่โน้มน้าวใจ(ให้น่าเชื่อถือ)** ของคุณ ฉันจึงตัดสินใจไปเยี่ยมชมพิพิธภัณฑ์ของคุณกับเพื่อนๆของฉัน)
Am 19. Juni habe ich mit 9 Freunden das ABC-Museum besucht, **da** wir großes Interesse **an antiker Kunst** haben.
(เมื่อวันที่ 19 มิถุนายน ฉันไปเยี่ยมชมพิพิธภัณฑ์ ABC พร้อมกับเพื่อนๆ 9คน **เพราะว่า**พวกเราสนใจ**ศิลปะแบบโบราณ**เป็นอย่างมาก)

Leider entsprach unser Besuch nicht unseren Erwartungen, weshalb ich mich heute an Sie wende.
(แต่น่าเสียดายที่ประสบการณ์ของเราไม่เป็นไปตามที่คาดหวัง จึงขอแจ้งเรื่องถึงคุณในวันนี้)
In Ihrer Anzeige wurde angegeben, dass die Öffnungszeiten von 9 bis 19 Uhr sind, jedoch wurden wir tatsächlich bereits um 18.15 Uhr gebeten zu gehen.
(**ในโฆษณาของคุณระบุว่า** เวลาเปิดทำการ 09.00-19.00 น. แต่จริงๆ แล้วพวกเรา โดน(เจ้าหน้าที)ขอให้ออกตั้งแต่เวลา 18.15 น.)
Zudem waren mehrere wichtige Ausstellungen, darunter **die Hauptausstellung**, leider nicht zugänglich, ohne dass dies vorab bekannt gegeben wurde.
(นอกจากนี้ นิทรรศการสำคัญหลายรายการ รวมถึง**นิทรรศการหลัก** กลับไม่เปิดให้เข้าชม ซึ่งไม่ได้มีการแจ้งไว้ล่วงหน้า)
Als wir nach Informationen über bestimmte **Kunstwerke** fragten, waren die Mitarbeiter ebenfalls nicht besonders **hilfsbereit und unsympathisch**.
(เมื่อพวกเราถามข้อมูลเกี่ยวกับ**งานศิลปะ**บางชิ้น เจ้าหน้าที่ก็**ไม่ค่อยให้ความช่วยเหลือ และไม่ยิ้มแย้มแจ่มใส/ไม่เป็นมิตร)**
Insgesamt war **der Eintrittspreis** von 19 Euro pro Person daher nicht gerechtfertigt.
(โดยรวมแล้ว **ราคาค่าเข้าชม 19 ยูโร**ต่อคนจึงไม่คุ้มค่ากับบริการที่ได้รับ)
Bislang habe ich noch keine **negativen Erfahrungen** mit anderen Museen gemacht.
(**จนถึงตอนนี้** ฉันไม่เคยมี**ประสบการณ์เชิงลบ/ที่ไม่ดี** กับพิพิธภัณฑ์อื่น ๆมาก่อนเลย)

Ich bitte Sie daher um eine **teilweise Rückerstattung** oder **einen Gutschein** für einen erneuten Besuch, wenn alle Ausstellungen zugänglich sind.
(ฉันจึงใคร่**ขอเงินคืนบางส่วน** หรือ**คูปอง** สำหรับเข้าชมใหม่อีกครั้ง เมื่อทุกนิทรรศการเปิดครบ)

Sie können mich entweder unter meiner Telefonnummer 123456789 oder per der angegebenen

E-Mail **erreichen.** (คุณสามารถ **ติดต่อ**ฉันได้ที่เบอร์โทร 123456789 หรือ อีเมล์ที่ให้ไว้)

Ich warte auf Ihre **angemessene Antwort** und bedanke mich im Voraus.

(ฉันหวังว่า จะได้รับ**คำตอบที่เหมาะสม**จากคุณ และขอขอบคุณล่วงหน้า (สำหรับคำตอบ)

Mit freundlichen Grüßen

Chanyanij Danwongsa

10.B2 Zertifikat Beschwerde über die fehlerhafte Lieferung einer Bestellung (telc Deutsch B2 am 28.06.2025)

Werbung/ Anzeige

Online-Apotheke C&R

Alternative frei verkäufliche Arzneimittel und Pflegeprodukte

Kostenloser und zügiger Versand

Uns ist eine professionelle Verpackung sehr wichtig.

Sie Sie haben bei der Online-Apotheke C&R Medikamente und Gesichtscreme bestellt.
(คุณได้สั่งซื้อ**ยาและครีมทา**หน้าจากร้านขายยาออนไลน์ C&R)

Sie waren nicht zufrieden mit der Bestellung. (คุณไม่พอใจกับการสั่งซื้อ)

Schreiben Sie einen Brief an die Verwaltung des Geschäfts.
(เขียนจดหมายถึง**ฝ่ายบริหารของร้านค้า**)

Behandeln Sie darin entweder

a) drei der folgenden Punkte

oder

b) zwei der folgenden Punkte und einen weiteren Aspekt Ihrer Wahl.

(เลือกเขียน 3 ข้อจาก 4 ข้อที่โจทย์ กำหนด หรือเขียน 2 หัวข้อจากโจทย์กำหนด และเขียน1 หัวข้ออื่นที่เราคิดเอง)

1. **Womit waren Sie unzufrieden?**
2. **Warum haben Sie sich für diese Apotheke entschieden?**
3. **Ihre Erlebnisse in anderen Shops**
4. **Nennen Sie Ihre Forderungen, ohne gleich mit dem Anwalt zu drohen.**

(Geben Sie Ihre Ansprüche an, ohne sofort mit dem Anwalt in Verbindung zu treten.)

Schreiben Sie mindestens 150 Wörter (30 Minuten).

Plettenberg,04.07.2025

Betreff: Beschwerde über **die fehlerhafte Lieferung einer Bestellung**
(หัวข้อ/เรื่อง: ร้องเรียนเกี่ยวกับ**การจัดส่งสินค้าผิดพลาดของการสั่งซื้อ**)

Sehr geehrte Damen und Herren,
aufgrund Ihrer **überzeugenden Werbung** habe ich mich dazu entschlossen, die Produkte von Ihnen zu bestellen.
(จาก**โฆษณาที่โน้มน้าวใจ(ให้น่าเชื่อถือ)** ของคุณ ฉันจึงตัดสินใจสั่งซื้อผลิตภัณฑ์ จากคุณ)

Vor drei Wochen bestellte ich einige Artikel bei Ihrer Online-Apotheke, darunter **rezeptfreie Medikamente** wie Mineralstoffe und Vitamin C und Gesichtspflegeartikel.
(สามสัปดาห์ที่แล้ว ฉันได้สั่งซื้อสินค้าบางรายการจากร้านขายยาออนไลน์ของคุณ ซึ่งรวมถึง**ยาแบบไม่ต้องมีใบสั่งแพทย์** เช่น วิตามิน ซี, เกลือแร่ และผลิตภัณฑ์ดูแลผิวหน้าอื่น ๆ)

Leider ist meine Bestellung bis heute nicht vollständig bei mir eingetroffen.
(แต่น่าเสียดายว่า จนถึงวันนี้ ฉันยังไม่ได้รับสินค้าครบถ้วนตามคำสั่งซื้อ)
Ich habe **eine Regenerationsnachtcreme** bestellt, **jedoch stattdessen** die Tagescreme erhalten. (ฉันสั่งซื้อ**ครีมบำรุงผิวสำหรับใช้ตอนกลางคืน แต่กลับ**ได้รับครีมบำรุงผิวสำหรับใช้กลางวัน**แทน**)

Einige Artikel fehlen, und ein Produkt wurde in der falschen Variante geliefert.
(**มีสินค้าหลายรายการขาดหายไป** และหนึ่งรายการที่ส่งมาก็เป็นรุ่นหรือชนิดที่ไม่ถูกต้อง)

Überdies hatte die Verpackung Schäden, was insbesondere bei empfindlichen Produkten problematisch ist.
(**นอกจากนี้** กล่องพัสดุก็เสียหาย ซึ่งถือเป็นเรื่องสำคัญ โดยเฉพาะหากสินค้าเป็นของที่เปราะบาง/ความบอบบาง)

Ich bitte Sie daher um eine **umgehende Nachlieferung** der fehlenden Artikel sowie um einen **Austausch** des falsch gelieferten Produkts.
(ฉันจึงขอให้คุณ**ดำเนินการส่งสินค้า(ที่ขาด)ตามมาโดยเร็ว** และ**เปลี่ยน**สินค้าที่ส่งมาผิดให้ด้วย)

Außerdem wäre ich Ihnen dankbar, wenn Sie mir bestätigen könnten, dass zukünftige Sendungen sorgfältiger verpackt werden.
(**นอกจากนี้** ฉันจะขอบคุณมากหากคุณสามารถยืนยันว่าการจัดส่งในอนาคตจะมีการบรรจุหีบห่ออย่างรอบคอบยิ่งขึ้น)
Ich habe diesem Brief **eine Kopie meiner Bestellbestätigung** und Bilder der Lieferung hinzugefügt.
(ฉันได้แนบ**สำเนาใบยืนยันคำสั่งซื้อ**และภาพถ่ายของสินค้าที่จัดส่งมาไว้กับจดหมายฉบับนี้แล้ว)

Ich bitte um **eine Rückmeldung** innerhalb der nächsten neun Werktage.
(ฉันขอให้คุณ**ตอบกลับ**ภายใน 9 วันทำการข้างหน้า)

Sie können mich entweder unter meiner Telefonnummer 123456789 oder per der angegebenen

E-Mail **erreichen.**

Ich warte auf Ihre **angemessene Antwort** und bedanke mich im Voraus.

Mit freundlichen Grüßen

Chanyanij Danwongsa

11.telc B2 Zertifikat am 17. August 2023 & 21.08.2024 (Beschwerde über Service des Schwimmbades)

Werbung/ Anzeige

- **das besondere Schwimmbad für Sie** - สระว่ายน้ำสุดพิเศษสำหรับคุณ
- **Vorteile für die Gesundheit** - มีข้อดีต่อสุขภาพ
- **Es gibt einen Speisen- und Getränkeservice.** - มีบริการอาหารและเครื่องดื่ม
- **Moderne Sauna.** - ห้องซาวน่าที่ทันสมัย

Sie waren im Schwimmbad. Es gab Mängel im Service des Schwimmbades.

(คุณไปใช้บริการที่สระว่ายน้ำแห่งหนึ่ง) (มี**ข้อบกพร่อง**ในการให้บริการของสระว่ายน้ำ)

Schreiben Sie eine Beschwerde an die Verwaltung.

(คุณเขียนเรื่องร้องเรียนไปยัง**ฝ่ายบริหาร(ผู้ดูแล))**

Behandeln Sie darin entweder a) drei der folgenden Punkte

oder b) zwei der folgenden Punkte und einen weiteren Aspekt Ihrer Wahl.

(เลือกเขียน 3 ข้อจาก 4 ข้อที่โจทย์ กำหนด หรือเขียน 2 หัวข้อจากโจทย์กำหนด และเขียน1 หัวข้ออื่นที่เราคิดเอง)

1. Warum haben Sie sich für diesen Service im Schwimmbad entschieden?

(ทำไมคุณถึงเลือกบริการที่สระว่ายน้ำแห่งนี้?)

2. Beschreiben Sie die Situation und äußern Sie Ihre Beschwerde.

(อธิบายสถานการณ์และเขียนถึงสิ่งที่คุณร้องเรียน)

3. Unzufriedenheit im Umgang mit dem Mitarbeiter / der Mitarbeiterin

(ความไม่พึงพอใจเกี่ยวกับพนักงาน)

4. Was erwarten Sie von der Verwaltung? (คุณคาดหวังอะไรจากผู้บริหารงาน)

Schreiben Sie mindestens 150 Wörter (30 Minuten)

จดหมายพร้อมแปลภาษาไทย

Plettenberg, 17. August 2023

Betreff: Beschwerde über die mangelhafte Qualität Ihres Services

เรื่อง/อ้างถึง (การร้องเรียนเกี่ยวกับคุณภาพการบริการที่ไม่ดี/บกพร่องของคุณ)

Sehr geehrte Damen und Herren,

ich schreibe Ihnen, weil ich mit Ihrem Service nicht zufrieden war, und möchte mich darüber beschweren.

(ฉันเขียนถึงคุณ, เพราะว่าฉันไม่พึงพอใจกับบริการของคุณ, และต้องการร้องเรียนเกี่ยวกับเรื่องนี้)

Seit einem Jahr habe ich mich für Ihr Schwimmbad entschieden, da ich meine Gesundheit durch die Nutzung von Sauna verbessern möchte.

(เป็นเวลา 1 ปีมาแล้วที่ฉันตัดสินใจใช้ บริการสระว่ายน้ำของคุณ, เพราะว่าฉันต้องการให้สุขภาพของฉันดีขึ้น จากการใช้ ซาวน่า)

Ich war immer zufrieden mit Ihrem Service, leider gab es beim letzten Besuch (am 7. August) einige Mängel.

(ฉันเคยพึงพอใจ ในบริการของคุณมาเสมอ, แต่น่าเสียดาย ในครั้งล่าสุด (ในวันที่ 7 สิงหาคม) มีข้อบกพร่อง)

Eine Mitarbeiterin an der Kasse war sehr unfreundlich und ungeduldig.

(พนักงานผู้หญิงคนนึง ที่จุดจ่ายเงิน ท่าทางไม่เป็นมิตร และขาดความอดทน)

Sie hat alle meine Fragen, die ich habe, **ignoriert.**

(เธอ**เพิกเฉย** กับคำถามทุกๆ คำถามของฉัน(ไม่ยอมตอบคำถาม)

Ferner waren **die Saunabänke sehr schmutzig** und der Boden war mit Haaren und Schmutz bedeckt.

(นอกจากนั้นแล้ว **ม้านั่งในห้องซาวน่า ยังสกปรกมาก**อีกด้วย และบนพื้นก็เต็มไปด้วยผม และสิ่งสกปรก)

Die Schmutzigkeit hat meine Erholung gestört.

(สิ่งสกปรกนี้ รบกวนการพักผ่อน/การผ่อนคลายของฉัน)

Aus diesen Gründen habe ich mich dazu entschlossen, diese Beschwerde zu verfassen.

(ด้วยเหตุผลนี้ ฉันจึงตัดสินใจ, เขียนร้องเรียนนี้)

Bitte trainieren Sie Ihre Mitarbeiter, um einen besseren Service für Besucher zu entwickeln.

(ได้โปรด ฝึกพนักงานของคุณ, ในการที่จะพัฒนาการบริการ ต่อผู้รับบริการให้ดีขึ้น)

Außerdem sollte die Sauberkeit regelmäßig überprüft werden.

(นอกจากนั้น ควรจะตรวจเช็คเรื่องความสะอาดอย่างสม่ำเสมอ)

Ich hoffe, dass Sie meine E-Mail nicht ignorieren und meinen Ratschlägen folgen.

(ฉันหวังว่า คุณคงไม่เพิกเฉย กับอีเมล์ของฉัน และ ปฏิบัติตามคำแนะนำของฉัน)

Sie können mich entweder unter meiner Telefonnummer 123456789 oder per der angegebenen E-Mail erreichen.

Ich warte auf Ihre angemessene Antwort und bedanke mich im Voraus.

Mit freundlichen Grüßen

Chanyanij Danwongsa

12.Beschwerde über den Urlaubsspaß für junge Leute

Schriftlicher Ausdruck, Aufgabe B

In der Zeitung lesen Sie folgende Anzeige:

Jugendcamp Silberstrand
Der Urlaubsspaß für junge Leute
Urlaubsspaß mit internationalem Flair für junge Leute (19–22 Jahre) an einem deutschen Ostseestrand:
Komfortable Wohnstudios
Viel Spaß und Action erwarten
wenig Geld: 380 € pro Woche, alles inklusive.
E-Mail: info@silberstrand.de

Sie haben im Jugendcamp Silberstrand zwei Wochen Urlaub gemacht. Leider waren Sie überhaupt nicht zufrieden.

Schreiben Sie eine Beschwerde an das Camp.

Behandeln Sie darin entweder

a) drei der folgenden Punkte

oder b) zwei der folgenden Punkte und einen weiteren Aspekt Ihrer Wahl.

- **Erklären Sie, was Sie nun vom Veranstalter erwarten.**
- **Beschreiben Sie Ihre Erwartungen nach der Lektüre der Werbeanzeige.**
- **Legen Sie dar, was Sie im Camp erlebt haben.**
- **Beschreiben Sie, was Sie tun, falls Sie keine Antwort bekommen.**

Schreiben Sie mindestens 150 Wörter.

Quelle/Source: telc Deutsch B2 Übungstest 1

https://www.telc.net/sprachpruefungen/zertifikatspruefung/deutsch/telc-deutsch-b2/

Sie haben Sie mit Ihrem Freund im Jugendcamp Silberstrand zwei Wochen Urlaub gemacht. Leider waren Sie überhaupt nicht zufrieden. Schreiben Sie eine Beschwerde an das Camp.

(คุณได้ใช้เวลา 2 สัปดาห์ในแคมป์ สำหรับวัยรุ่น Silberstrand. โชคไม่ดีเลยที่คุณไม่ได้รับความพึงพอใจใดๆเลยจากแคมป์ คุณจึงเขียนร้องเรียนไปที่ แคมป์)

Behandeln Sie darin **entweder** (เลือกว่า จะเขียน)

a) drei der folgenden Punkte **oder**

(เขียน 3 หัวข้อ จากโจทย์ กำหนดไว้)

b) zwei der folgenden Punkte und einen weiteren Aspekt Ihrer Wahl.

(เขียน2 หัวข้อ จากโจทย์กำหนด และ เขียนเอง 1 หัวข้อ)

โจทย์กำหนดให้เขียน มีดังนี้

• Erklären Sie, was Sie nun vom **Veranstalter** erwarten.

(อธิบายว่า คุณคาดหวังอะไรจาก**ผู้จัดงาน**)

• Beschreiben Sie **Ihre Erwartungen** nach der Lektüre der Werbeanzeige.

(อธิบายความ**คาดหวังของคุณ** หลังจากการอ่าน โฆษณา)

• Legen Sie dar, was Sie im Camp **erlebt** haben.

(**ประสบการณ์ที่ได้รับ** ใน ค่าย)

• **Beschreiben** Sie, was Sie tun, falls Sie keine Antwort bekommen.

(**อธิบายว่า** คุณจะทำอย่างไร ถ้าไม่ได้รับคำตอบจากผู้จัดงาน)

Schreiben Sie mindestens 150 Wörter. Sie haben 30 Minuten Zeit, den Brief zu schreiben.

(เขียนอย่างน้อย 150 คำ คุณมีเวลาในการเขียนจดหมาย 30 นาที)

Von: chanya123@web.de.

An:Silberstrand @web.de

Betreff: Beschwerde über den Urlaubsspaß für junge Leute
หัวข้อ: ร้องเรียน เกี่ยวกับ (กิจกรรม วันหยุดที่สนุกสนานสำหรับวัยรุ่น)

Sehr geehrte Damen und Herren,

aufgrund Ihrer vielversprechenden Werbung entschieden wir uns, im Jugendcamp Silberstrand für zwei Wochen Urlaub zu machen.

(เนื่องจากโฆษณาที่น่าเชื่อถือ (สัญญาเป็นมั่นเป็นเหมาะ)ของคุณ เราจึงตัดสินใจใช้เวลาสองสัปดาห์ในค่ายเยาวชน Silberstrand ตามโฆษณาของคุณ)

Laut Ihrer Anzeige wurde ein gemütliches Wohnstudio für zwei Gäste versprochen, jedoch waren wir aber vier Personen in einem winzigen Wohnstudio.

(ในโฆษณา) บอกว่าเราจะได้พัก แบบสะดวกสบาย ในห้องสำหรับสองคน , แต่ในความเป็นจริงแล้ว เราต้องพัก ด้วยกัน 4 คน ในห้องพัก ขนาดเล็กนิดเดียว)

Überdies war der Wohnbereich auch sehr schmutzig, sodass wir zunächst putzen mussten.

(นอกจากนี้แล้ว บริเวณที่พัก (ห้องที่พัก) ก็สกปรกมาก เราต้องได้ทำความสะอาดก่อน)

Das Schlimmste für mich war, dass ich nachts nicht schlafen konnte, weil die Musik sehr laut war. **Sogar der Ohrstöpsel konnte nicht hilfreich sein.**

(สิ่งที่แย่ที่สุดสำหรับฉันคือ, ฉันนอนไม่หลับเลยในตอนกลางคืนเพราะเสียงเพลงดังมาก **แม้แต่ที่อุดหูก็ช่วยไม่ได้)**

Ebenso stand in der Anzeige **„alles inklusive“**, **tatsächlich** mussten wir zusätzlich für Getränke und Sportausrüstungen bezahlen.

(***นอกจากนี้แล้ว*** ในโฆษณาระบุว่า (ราคา)**"รวมทุกอย่างแล้ว"** **แต่ในความเป็นจริง**เราต้องจ่ายค่าเครื่องดื่มและอุปกรณ์กีฬาเพิ่มเติมด้วย)

Beispiel 13: B2 Zertifikat am02. Juni 2023
(Beschwerde über einen Ferienverein.)

Werbung/ Anzeige

- **Gebühr 10 € pro Person/Monat** ค่าธรรมเนียม 10 ยูโร ต่อคนต่อเดือน
- **2 Aktivitäten pro Woche** มี 2 กิจกรรมต่อสัปดาห์
- **Alter der Teilnehmer*rinnen 25–80 Jahre alt** อายุของผู้เข้าร่วม อายุ 25-80 ปี
- **Treffpunkt bei gleichen Interessant** จุดนัดพบสำหรับผู้ที่มีความสนใจ ในสิ่งเดียวกัน

Sie ist eine Teilnehmerin in einem Ferienverein.

(คุณเป็นสมาชิกในชมรม/สโมสร สำหรับวันหยุดพักผ่อน)

Sie war unzufrieden damit.

(คุณไม่พอใจในชมรม)

Schreiben Sie eine Beschwerde an die Verwaltung des Ferienvereines.

(คุณเขียนเรื่องร้องเรียนไปยัง**ฝ่ายบริหาร(ผู้ดูแล))ของชมรม**

Behandeln Sie darin entweder a) drei der folgenden Punkte

oder

b) zwei der folgenden Punkte und einen weiteren Aspekt Ihrer Wahl.

(เลือกเขียน 3 ข้อจาก 4 ข้อที่โจทย์ กำหนด หรือเขียน 2 หัวข้อจากโจทย์กำหนด และเขียน1 หัวข้ออื่นที่เราคิดเอง)

1. Warum waren Sie unzufrieden?

(ทำไมคุณถึงไม่พอใจ?)

2. Geben Sie Ratschläge

(คุณให้คำแนะนำหรือข้อเสนอแนะ)

3. Was sollte das Ferienverein verbessern

(สิ่งที่ควรปรับปรุงในชมรม สำหรับวันหยุดพักผ่อน)

4. Was möchten Sie machen, wenn es nicht ändern?

(คุณจะทำอะไรหากไม่มีการเปลี่ยนแปลง?)

Schreiben Sie mindestens 150 Wörter (30 Minuten)

จดหมายพร้อมแปลภาษาไทย

Plettenberg, 17. August 2023

Betreff: Beschwerde über einen Ferienverein

เรื่อง/อ้างถึง (การร้องเรียนเกี่ยวกับ ชมรม/สโมสร วันหยุดพักผ่อน แห่งหนึ่ง)

Sehr geehrte Damen und Herren,

ich schreibe Ihnen, da ich mit Ihrem Verein **nicht zufrieden** bin und möchte mich darüber beschweren.

(ฉันเขียนถึงคุณ,เพราะว่าฉัน**ไม่พึงพอใจ**กับชมรมวันหยุดพักผ่อนของคุณและต้องการจะร้องเรียนเกี่ยวกับเรื่องนี้)

Seit drei Monaten bin ich im Ferienverein und war bei jedem Treffen **sehr enttäuscht.**

(**เป็นเวลา 3 เดือนมาแล้ว**ที่ฉัน อยู่ในชมรม และรู้สึก**ผิดหวัง**ทุกครั้งที่มีการนัดหมาย(นัดพบ) กัน)

In Ihrer Anzeige haben Sie erwähnt, dass die Gebühr 10 EUR pro Person im Monat kostet.

(ในประกาศ(โฆษณาของคุณ) คุณบอกว่า, ค่าธรรมเนียมการเป็นสมาชิก 10€ ต่อคนต่อเดือน)

Tatsächlich musste ich jeden Monat 19 EUR bezahlen und das war zu teuer.

(ในความเป็นจริงแล้ว ฉันต้องจ่าย 19 ยูโรทุกเดือน ซึ่งถือว่าแพงมากเกินไป)

Zudem sollten die Teilnehmer **mindestens zwei Aktivitäten** pro Woche haben.

(นอกเหนือจากนั้นแล้ว ควรจะมีกิจกรรม สำหรับสมาชิกชมรม **อย่างน้อย 2 กิจกรรมใน**หนึ่งสัปดาห์)

Es gab jedoch **am Treffpunkt** und bei den Terminen immer nichts zu tun.

(แต่ว่า ทุกครั้ง**ที่พบกัน** ไม่มีอะไรให้ สมาชิกชมรม ทำเลย)

Wir waren einfach **gelangweilt.**

(พวกเราจึง **รู้สึกเบื่อหน่าย**)

Aus diesen Gründen habe ich mich dazu entschlossen, diese Beschwerde zu verfassen.

(**ด้วยเหตุผลเหล่านี้** ฉันจึงตัดสินใจเขียนเรื่องร้องเรียนนี้)

Ich würde Ihnen gerne einige Ratschläge geben, dass Sie mehr **kreative Aktivitäten** und Programme für die Mitglieder durchzuführen sollten.

(ฉันอยากจะขอเสนอแนะว่า, คุณควรจะมี**กิจกรรมที่สร้างสรรค์** และกิจกรรม(หลายๆกิจกรรม เพื่อที่สมาชิกชมรมจะได้ ทำร่วมกัน)

Die Gebühr sollte entsprechend angepasst werden.

(**ค่าธรรมเนียม** ควรถูกปรับให้เหมาะสม)

Wenn das Problem nicht gelöst werden kann, werde ich mich vom Verein abmelden.

(ถ้าปัญหานี้ไม่สามารถถูกแก้ไขได้, ฉันจะลาออกจากการเป็นสมาชิกชมรม)

Ich hoffe, dass Sie meine E-Mail **nicht ignorieren** und meinen Ratschlägen folgen.

(ฉันหวังว่า คุณคง**ไม่เพิกเฉย**ต่ออีเมล์ของฉัน และปฏิบัติตาม ข้อเสนอแนะ/ คำแนะนำ ของฉัน)

Sie können mich entweder unter meiner Telefonnummer 123456789 oder per der angegebenen E-Mail **erreichen.**

(คุณสามารถ **ติดต่อ**ฉันได้ที่เบอร์โทร 123456789 หรือ อีเมล์ที่ให้ไว้)

Ich warte auf Ihre **angemessene Antwort** und bedanke mich im Voraus.

(ฉันหวังว่า จะได้รับ**คำตอบที่เหมาะสม**จากคุณ และขอขอบคุณล่วงหน้า (สำหรับคำตอบ)

Mit freundlichen Grüßen

Chanyanij Danwongsa

Beispiel 14: Beschwerde über einen Bewerbungstrainingskurs
(telc Deutsch B2 am 27.04.2024)

Werbung/ Anzeige

Wir bieten einen Bewerbungstrainingskurs an.

Freundliche, erfahrene und professionelle Kursleiter stehen für alle Fragen zur Verfügung.

Individuelle Rückmeldungen/ Feedbacks der Kursleiter

kleine Teilnehmergruppe (maximal 4 Personen)

Sie haben an einem **Bewerbungstrainingskurs** mit Trainer bei ABC Firma teilgenommen.
(คุณได้เข้าเรียน **คอร์สฝึกเพื่อสมัครงาน** ที่มีครูฝึก กับ บริษัท ABC)

Sie waren **unzufrieden** damit. (คุณ**มีความไม่พึงพอใจ** (กับคอร์สที่เรียน)

Schreiben Sie eine **Beschwerde** an die Firma. (เขียน**ร้องเรียน**ไปที่ บริษัท)

Behandeln Sie darin **entweder**.

a) drei der folgenden Punkte **oder**

b) zwei der folgenden Punkte und einen weiteren Aspekt Ihrer Wahl.

(เลือกเขียน 3 ข้อจาก 4 ข้อที่โจทย์ กำหนด หรือเขียน 2 หัวข้อจากโจทย์กำหนด และเขียน1 หัวข้ออื่นที่เราคิดเอง)

1. Warum Sie **interessieren sich für das Angebot**? ทำไมคุณ**สนใจ ข้อเสนอ**
2. **Wie haben die Lehrer reagiert? ครูผู้สอน มีปฏิกริยา เป็นยังไง บ้างคะ**
3. Warum waren Sie **unzufrieden**? Beschreiben Sie **detailliert** die Probleme. (ทำไมคุณถึง**ไม่พอใจ**? อธิบายปัญหา**โดยละเอียด**)
4. **Erklären** Sie, was Sie nun von der Firma **erwarten**. (**อธิบายว่า** คุณ**คาดหวัง**อะไรจากจากบริษัท)

Schreiben Sie mindestens 150 Wörter (30 Minuten)

Plettenberg, 27.04.2024

Betreff: Beschwerde über einen Bewerbungstrainingskurs

Sehr geehrte Damen und Herren,
aufgrund Ihrer **bezeugenden Werbung** entschied ich mich letzten Monat, bei Ihnen **an einem Bewerbungstrainingskurs** teilzunehmen.
(จากโฆษณาที่โน้มน้าวใจ(ให้น่าเชื่อถือ) ของคุณ ฉันจึงตัดสินใจ เรียนคอร์สเพื่อฝึกในการสมัครงาน กับคุณ)

Ich habe an Ihrem Kurs teilgenommen, um Bewerbungsschreiben und einen guten **Lebenslauf zu erstellen**. (ฉันเข้าร่วมคอร์ส, เพื่อที่จะได้เขียนจดหมายสมัครงานและ**ทำ CV** ได้)

Leider gab es auch **einige Mängel**. (แต่น่าเสียดาย ก็ยังมี**ข้อบกพร่องบางประการ**)

In Ihrer Anzeige haben Sie erwähnt, dass ich in einer kleinen Gruppe in einem angenehmen Raum mit kompetenten Kursleitern lernen und von den Kursleitern individuelle **Rückmeldungen** erhalten werde.
(**ในโฆษณาของคุณ คุณบอกว่า,** ฉันจะได้เรียนเป็นกลุ่มเล็กๆ ในห้องเรียนแบบ สบายๆ(เหมาะสม) กับครูฝึกที่มีความสามารถ และจะได้รับ **การตอบกลับ/ข้อเสนอแนะ** เป็นรายบุคคลจากครูผู้สอน)

Tatsächlich waren 25 Teilnehmer im Raum anwesend und es herrschte eine große Lautstärke. (**ในความเป็นจริงแล้ว** มีผู้ร่วมชั้นถึง 25 คน และในห้องเรียน และเสียงดังมากๆ)
Ich war nicht in der Lage, mich auf das Training zu **konzentrieren**.
(ฉันจึงไม่อยู่ในสถานะ, ที่จะ**มีสมาธิ**ในการเรียนเลย)
Zudem haben die Kursleiter keine Zeit, **um Feedback zu geben.**
. (**นอกจากนี้แล้ว** ครูผู้สอนไม่มีเวลา, **ให้คำแนะนำ**)

Ich bin auch davon ausgegangen, dass einige Kursleiter **unerfahren und nicht professionell** sind, da sie meine Fragen über die Bewerbung überhaupt nicht beantworten konnten. (**ฉันเดา ว่า**, ผู้สอน/ ครูบางคน**ไม่มีประสบการณ์และไม่เป็นมืออาชีพ**เพราะพวกเขาไม่สามารถตอบคำถามของฉันเกี่ยวกับการสมัครงานได้เลย)

Sie könnten sich bestimmt vorstellen, wie **enttäuscht** ich war.
(คุณคงจินตนาการ(นึกภาพออก) นะ.ว่าฉันรู้สึก**ผิดหวัง**แค่ไหน)

Da Ihr Kurs meinen **Erwartungen nicht entspricht**, erwarte ich von Ihnen eine Erstattung von 40 % der Kurskosten.
(เนื่องจาก คอร์สนี้ **ไม่เป็นไปตามความคาดหวัง**ของฉัน, ฉันจึงขอเรียกเงินชดเชย 40% จากค่าคอร์สเรียน)

Sie können mich entweder unter meiner Telefonnummer 123456789 oder per der E-Mail chanya@web.de erreichen.

In der Hoffnung auf eine schnelle und angemessene Antwort.

Mit freundlichen Grüßen
Chanyanij Danwongsa

Beispiel 15: Beschwerde über einen Kurs zur Modernisierung (telc Deutsch B2 am 17.03.2024)

Werbung/ Anzeige

Wir bieten einen Modernisierungskurs für die Wohnung an.

Malerei lernen

Selbst gestaltende Möbel (Selbstdesign-Möbel)

zum Tapezieren lernen

Sie haben an einem **Kurs zur Modernisierung** der Wohnung mit Trainer bei ABC Firma teilgenommen.

(คุณได้เข้าเรียน **คอร์สปรับปรุงห้องพักให้ทันสมัย** ที่มีครูฝึก กับบริษัท ABC)

Sie waren **unzufrieden** damit. (คุณ**มีความไม่พึงพอใจ** (กับคอร์สที่เรียน)

Schreiben Sie eine **Beschwerde** an die Firma. (เขียน**ร้องเรียน**ไปที่ บริษัท)

Behandeln Sie darin **entweder**.

a) drei der folgenden Punkte

oder

b) zwei der folgenden Punkte und einen weiteren Aspekt Ihrer Wahl.

(เลือกเขียน 3 ข้อจาก 4 ข้อที่โจทย์ กำหนด หรือเขียน 2 หัวข้อจากโจทย์กำหนด และเขียน1 หัวข้ออื่นที่เราคิดเอง)

4. **Welchen Raum möchten Sie renovieren?** **คุณต้องการปรับปรุงห้องไหน?**
5. **Was haben Sie vom Kurs gefallen?** **มีอะไรจากคอร์สบ้าง ที่คุณชอบ?**
6. **Warum waren Sie unzufrieden? Beschreiben Sie detailliert die Probleme.**

   (ทำไมคุณถึงไม่พอใจ? อธิบายปัญหาโดยละเอียด)

4. Erklären Sie, was Sie nun von der Firma erwarten.

(อธิบายว่า คุณคาดหวังอะไรจากจากบริษัท)

Schreiben Sie mindestens 150 Wörter (30 Minuten

Plettenberg, 19.03.2024

Betreff: Beschwerde über einen Modernisierungskurs

Sehr geehrte Damen und Herren,

aufgrund Ihrer bezeugenden Werbung entschied ich mich letzten Monat, bei Ihnen **an einem Modernisierungskurs** teilzunehmen.
(เนื่องจากคุณโฆษณาที่น่าเชื่อถือ ฉันจึงตัดสินใจเข้าร่วมหลักสูตรการปรับปรุงให้ทันสมัยกับคุณเมื่อเดือนที่แล้ว)

Ich habe vor, im September meine Küche und mein Esszimmer in modernem Stil **zu renovieren. (ฉันวางแผนว่า,** ในเดือนกันยายน จะ**ปรับปรุง**ห้องครัวและห้องรับประทานอาหารในสไตล์ที่ทันสมัย)

Daher bin ich für diesen Kurs angemeldet worden.
(นั่นเป็นเหตุผลที่ฉันลงทะเบียนสำหรับหลักสูตรนี้)

Ich bin beeindruckt von **der angenehmen Atmosphäre** im Lernraum und den sympathischen Teilnehmern. **(ฉันรู้สึกประทับใจ**กับ**บรรยากาศที่น่ารื่นรมย์**ภายในห้องเรียนและเพื่อนร่วมชั้นเรียน ที่ใจดีมาก)

Leider gab es auch **einige Mängel**. (แต่น่าเสียดาย ก็ยังมี**ข้อบกพร่องบางประการ**)

In Ihrer Anzeige haben Sie erwähnt, dass ich lernen werde, wie man die Wohnung modern gestaltet und wie man die modernen **Möbel selbst entwerfen** kann.
(ในโฆษณาของคุณ คุณบอกว่า, ฉันจะได้เรียนรู้วิธีการออกแบบอพาร์ทเมนท์ในรูปแบบที่ทันสมัย และวิธี**ออกแบบเฟอร์นิเจอร์ที่**ทันสมัย**ด้วยตัวเอง**)

Tatsächlich ging es in den **Lektionen** um Informationen über Räume im ***altmodischen Stil*** zum Lernen. Ferner gab es in der Klasse nichts zu dem Thema Möbel-Selbstentwerfen.

(ในความเป็นจริงแล้ว บทเรียนเป็นเรื่องเกี่ยวกับข้อมูลเกี่ยวกับห้องการเรียนรู้***แบบโบราณ*** นอกจากนี้ ในชั้นเรียนไม่มีหัวข้อการออกแบบเฟอร์นิเจอร์ ด้วยตัวเองเลย)

Sie könnten sich bestimmt vorstellen, wie **enttäuscht** ich war.
(คุณคงจินตนาการ(นึกภาพออก) นะ.ว่าฉันรู้สึก**ผิดหวัง**แค่ไหน)

Da Ihr Kurs meinen **Erwartungen nicht entspricht**, erwarte ich von Ihnen eine Erstattung von 40 % der Kurskosten.
(เนื่องจาก คอร์สนี้ **ไม่เป็นไปตามความคาดหวัง**ของฉัน, ฉันจึงขอเรียกเงินชดเชย 40% จากค่าคอร์สเรียน)

Sie können mich entweder unter meiner Telefonnummer 123456789 oder per der E-Mail chanya@web.de erreichen.

In der Hoffnung auf eine schnelle und angemessene Antwort.

Mit freundlichen Grüßen
Chanyanij Danwongsa

Beispiel 16: telc B2 Zertifikat am 23.03.2024
(Beschwerde über ein Elektrogerät)

Werbung/ Anzeige

- **Elektrogeräte: Top-Zustand!**	**– เครื่องใช้ไฟฟ้า: สภาพดีมาก!**
- **Keine Mängel, geringe Kratzer**	**- ไม่มีตำหนิ มีรอยขีดข่วนน้อยมาก**
- **Funktioniert einwandfrei**	**- ยังทำงานได้ดี(ไม่มีที่ติ)**
- **Alle Produkt-Lieferpreise inklusive**	**- ราคารวมค่าจัดส่งสินค้าแล้ว**

In einem **Elektro-Gebrauchtwarengeschäft** haben Sie etwas erworben.

(คุณซื้อของจาก**ร้านขายอุปกรณ์อิเล็กทรอนิกส์มือสอง**)

Es gab ein Problem, mit dem Sie **nicht zufrieden** waren.

(เกิดปัญหาบางอย่าง คุณ**ไม่พอใจ**กับบริการนี้)

Schreiben Sie eine Beschwerde an die Verwaltung.

(คุณเขียนเรื่องร้องเรียนไปยัง**ฝ่ายบริหาร(ผู้ดูแล))**

Behandeln Sie darin entweder a) drei der folgenden Punkte

oder b) zwei der folgenden Punkte und einen weiteren Aspekt Ihrer Wahl.

(เลือกเขียน 3 ข้อจาก 4 ข้อที่โจทย์ กำหนด หรือเขียน 2 หัวข้อจากโจทย์กำหนด และเขียน1 หัวข้ออื่นที่เราคิดเอง)

1. Warum haben Sie **sich entschieden**, in diesem Shop einzukaufen?

   (ทำไมคุณถึง**ตัดสินใจ**ซื้อจากร้านนี้?)

2. Welche Produkte haben Sie **erworben**?

   (คุณ**ซื้อ**อะไรมา?)

3. Warum waren Sie damit **unzufrieden**?

   (ทำไมคุณถึง**ไม่พอใจ**?)

4. **Ihre Erfahrungen** mit einem Mitarbeiter dieser Firma.

(ประสบการณ์ของคุณกับพนักงานจากบริษัทนี้)

Schreiben Sie mindestens 150 Wörter (30 Minuten)

Plettenberg, 23.03.2024

Betreff: Beschwerde über ein Elektrogerät (การร้องเรียนเกี่ยวกับเครื่องใช้ไฟฟ้า)

Sehr geehrte Damen und Herren,

aufgrund Ihrer überzeugenden Werbung habe ich mich dazu entschlossen, vor einer Woche bei Ihnen einen Fernseher zu **erwerben.**

(เนื่องจากโฆษณาที่น่าเชื่อถือ (โน้มน้าวใจให้น่าเชื่อถือ)ของคุณ, ฉันเลยตัดสินใจ สัปดาห์ที่แล้วฉัน**ซื้อ**โทรทัศน์ มาจากคุณ)

Leider **funktioniert** er **nicht** mehr. (แต่โชคร้ายตอนนี้เครื่อง**ไม่ทำงาน**อีกต่อไป)

Nach nur drei Tagen **Nutzung** hat der Fernseher weder Bild noch Ton.

(หลังจากการ**ใช้งาน**เพียงสามวัน ทีวีไม่มีภาพและเสียง)

Gestern habe ich bei Ihnen angerufen, **aber leider** Eine Mitarbeiterin des Kundenservices war sehr unfreundlich und ungeduldig am Telefon. (**เมื่อวาน ฉัน**ได้ โทรหาคุณ, **แต่ น่าเสียดาย** (พนักงานฝ่ายลูกค้าสัมพันธ์(ฝ่าย) บริการลูกค้าไม่เป็นมิตรมากและไม่มีความอดทน ตอนคุยทางโทรศัพท์)

Sie hat alle meine Fragen, die ich habe, **ignoriert** **und legte sofort auf.**

(เธอ**เพิกเฉย** กับคำถามทุกๆ คำถามของฉัน(ไม่ยอมตอบคำถามและ**วางสายไปทันที**)

Aus diesen Gründen habe ich mich **dazu entschlossen**, diese Beschwerde zu verfassen.

(ด้วยเหตุผลนี้ **ฉันจึงตัดสินใจ**, เขียนร้องเรียนนี้)

Für den gebrauchten Kühlschrank inklusive **Lieferservice** habe ich 74 EUR bezahlt und erwarte von Ihnen eine **Erstattung von 74 %** der Gesamtkosten.

(สำหรับตู้เย็นมือสอง ฉันจ่ายเงินไป 99 ยูโรรวม**ค่าบริการจัดส่ง** ดังนั้นจึงคาดหวัง**เงินคืน 74%** ของราคาทั้งหมดจากคุณ)

Ferner sollten Sie Ihre **Angestellten** trainieren, um den Kundenservice zu **verbessern**. **(นอกจากนี้แล้ว** ได้โปรด ฝึก**พนักงาน**ของคุณ, เพื่อที่จะปรับปรุงการบริการลูกค้าให้**ดีขึ้น**)

Ich hoffe, dass Sie meine E-Mail nicht **ignorieren** und meinen Ratschlägen folgen.

(ฉันหวังว่า, คุณคงไม่**เพิกเฉย** กับอีเมล์ของฉัน และ ปฏิบัติตามคำแนะนำของฉัน)

Sie können mich entweder unter meiner Telefonnummer 123456789 oder per der E-Mail chanya@web.de erreichen.

Ich warte auf Ihre angemessene Antwort und bedanke mich im Voraus.

Mit freundlichen Grüßen

Chanyanij Danwongsa

Beispiel 17: telc Deutsch B2 am 22. Juni 2024
(Beschwerde über ein Magazin.)

Werbung/ Anzeige

„Natur, Wissen und Erde“ Magazin Abo: (Kündigung jederzeit möglich.)

- **3 Ausgaben nur 8 €**
- **Akteule Hoteltipps sowie Reisetippsin jeder Ausgabe**
- **Mit bequemer Hauszustellung**
- **Abo Geschenk Kosmetik GRATIS**
- **zum 1-Jahres-Abo der Print-Ausgabe um 89€**

Sie ist **ein Abonnent** eines Magazins. (คุณ**เป็นสมาชิก**เป็นสมาชิกนิตยสาร ฉบับนึง)

Sie war **unzufrieden** damit. (คุณ**ไม่พึงพอใจ**)

Schreiben Sie **eine Beschwerde** an ***die Verwaltung des Magazins.***

(คุณเขียน**เรื่องร้องเรียน**ไปยัง***ฝ่ายบริหาร(ผู้ดูแล))ของนิตยสาร***

Behandeln Sie darin entweder a) drei der folgenden Punkte

oder

b) zwei der folgenden Punkte und einen weiteren Aspekt Ihrer Wahl.

(เลือกเขียน 3 ข้อจาก 4 ข้อที่โจทย์ กำหนด หรือเขียน 2 หัวข้อจากโจทย์กำหนด และเขียน1 หัวข้ออื่นที่เราคิดเอง)

1. **Warum waren Sie unzufrieden,** möchten den Abonnenten das Magazin zu kündigen?
   (เหตุใดคุณจึงไม่พอใจ, และต้องการให้สมาชิกยกเลิกนิตยสาร?
2. Warum haben Sie sich dazu **entschlossen,** ein Abonnement zu erwerben?
   (ทำไมคุณถึง**ตัดสินใจ**สมัครเป็นสมาชิก)
3. Welche **Schwierigkeiten** hatten Sie bei der Abbestellung des Magazins?
   (คุณประสบ**ปัญหา/ความยากลำบาก** อะไรบ้างเมื่อยกเลิกการสมัครรับนิตยสาร?)
4. Was **erwarten** Sie von dem Service?
   (คุณ**คาดหวัง**อะไรจากบริการนี้)

Schreiben Sie mindestens 150 Wörter (30 Minuten)

จดหมายพร้อมแปลภาษาไทย

Plettenberg, 22. Juni 2024

Betreff: Beschwerde über **die Qualität** eines Magazins
(**เรื่อง/อ้างถึง** (การร้องเรียนเกี่ยวกับ **คุณภาพ**ของนิตยสาร)

aufgrund Ihrer überzeugenden Werbung entschied ich mich, Ihr Magazin zu abonnieren.
(เนื่องจากโฆษณาที่น่าเชื่อถือ (สัญญาเป็นมั่นเป็นเหมาะ โน้มน้าวใจให้น่าเชื่อถือ)ของคุณ, ฉันเลยตัดสินใจ จองทริปเดินทางโดยรถบัสของคุณ)

Das als **Abo-Prämie** angebotene **Kosmetikgeschenk** war zwar optimal, **jedoch** entsprachen weder die Magazin-Ausgaben noch der Kundenservice den beworbenen Leistungen.

(**ของขวัญเครื่องสำอาง**ที่เสนอเป็น**โบนัสการสมัครสมาชิก**นั้นเหมาะอย่างยิ่ง **แต่**ทั้งนิตยสารและการบริการลูกค้าไม่สอดคล้องกับ/ ไม่เป็นไปตาม ที่โฆษณา)

In Ihrer Anzeige haben Sie erwähnt, dass es **zahlreiche Reisetipps** gibt.
(ในประกาศ(โฆษณาของคุณ) คุณบอกว่า, มีคำแนะนำในการเดินทางมากมาย)

Tatsächlich war ich enttäuscht, dass die versprochenen Reisetipps in Magazinen fehlen und **stattdessen überwiegend Stellenanzeigen** enthalten sind.
(**แต่ในความเป็นจริงแล้ว** ฉันรู้สึกผิดหวังที่คำแนะนำเรื่องการเดินทางได้หายไป(ไม่มี)จากนิตยสาร และกลับ**มีแต่โฆษณารับสมัครงานแทน**)

Weiterhin waren die drei zum Sonderpreis angebotenen Ausgaben der Zeitschrift **identisch.**
(**นอกจากนี้** นิตยสารทั้ง 3 ฉบับที่นำเสนอในราคาพิเศษยัง(เนื้อหา)**เหมือนกัน**อีกด้วย)

Überfall war ich von der **unfreundlichen und uninformierten Beratung** durch Ihren Kundenservice sehr **enttäuscht.**
(ฉัน**รู้สึกผิดหวังอย่างมาก**กับการให้**คำแนะนำที่ไม่เป็นมิตรและขาดข้อมูล** จากฝ่ายบริการลูกค้าของคุณ)

Aus diesen angegebenen Gründen erwarte ich von Ihnen **eine schriftliche Bestätigung meiner Abonnementkündigung** und eine ***Erstattung von 50 %*** der Gesamtkosten innerhalb von 9 Tagen.

(**ด้วยเหตุผลเหล่านี้** ฉันคาดหวังว่า จะได้รับ**การยืนยันอย่างเป็นลายลักษณ์อักษรเกี่ยวกับการยกเลิกการสมัครสมาชิกของฉัน**จากคุณ และจะ***คืนเงิน 50 %*** ของราคาทั้งหมดภายใน 9 วัน)

Da Ihre Anzeige nicht der Realität entspricht, möchte ich Ihnen auch empfehlen, Ihre Anzeige anzupassen.

(**เนื่องจากโฆษณาของคุณไม่สอดคล้องกับความเป็นจริง** ฉันจึงอยากแนะนำให้คุณปรับเปลี่ยนโฆษณาของคุณให้เหมาะสมด้วย)

Sie können mich entweder unter meiner Telefonnummer 123456789 oder per der angegebenen E-Mail **erreichen.**

(คุณสามารถ **ติดต่อ**ฉันได้ที่เบอร์โทร 123456789 หรือ อีเมล์ที่ให้ไว้)

Ich warte auf Ihre **angemessene Antwort** und bedanke mich im Voraus.

(ฉันหวังว่า จะได้รับ**คำตอบที่เหมาะสม**จากคุณ และขอขอบคุณล่วงหน้า (สำหรับคำตอบ)

Mit freundlichen Grüßen

Chanyanij Danwongsa

Beispiel 18: telc Deutsch B2 im Mai 2022
(Beschwerde über einen Online-Fitnesskurs.)

Werbung/ Anzeige

- Wir bieten ein Fitnessstudio für zu Hause an.
- Freundliche, erfahrene und professionelle Trainer stehen täglich von 8 Uhr bis 17 Uhr telefonisch für alle Fragen zur Verfügung.
- Lernmaterial wird in **1- 3 Werktagen** geliefert
- 3 mal pro Woche mit erfahrenen Trainern trainieren

E-Mail: ABC@web.de

Tel.:123456789

Sie haben an einem Online-Fitnesskurs bei ABC Firma teilgenommen.
Sie waren unzufrieden damit. Schreiben Sie eine Beschwerde an die Firma.

Behandeln Sie darin **entweder**..

a) drei der folgenden Punkte

oder

b) zwei der folgenden Punkte und einen weiteren Aspekt Ihrer Wahl.

(เลือกเขียน 3 ข้อจาก 4 ข้อที่โจทย์ กำหนด หรือเขียน 2 หัวข้อจากโจทย์กำหนด และเขียน1 หัวข้ออื่นที่เราคิดเอง)

1. **Welcher Fitnesskurs?** **ฟิตเนส คอร์สไหน / คอร์สอะไร?**
2. **Was haben Sie gefallen?** **มีอะไรจากคอร์สบ้าง ที่คุณชอบ?**
3. **Warum waren Sie unzufrieden? Beschreiben Sie detailliert die Probleme.**

   (ทำไมคุณถึงไม่พอใจ? อธิบายปัญหาโดยละเอียด)

4. **Erklären Sie, was Sie nun von der Firma erwarten.**

   (อธิบายว่า คุณคาดหวังอะไรจากจากบริษัท)

Schreiben Sie mindestens 150 Wörter (30 Minuten

Von: chanya@web.de.

An: ABC@web.de

Plettenberg, 22.11.2021

Betreff: Beschwerde über einen Online-Fitnesskurs

Sehr geehrte Damen und Herren,

aufgrund Ihrer vielversprechenden Werbung entschied ich mich letzten Monat, bei Ihnen **an einem Online-Yogakurs** teilzunehmen.
(เนื่องจากโฆษณาที่น่าเชื่อถือ (สัญญาเป็นมั่นเป็นเหมาะ โน้มน้าวใจให้น่าเชื่อถือ)ของคุณ, เมื่อเดือนที่แล้ว ฉันเลยตัดสินใจ ลงเรียน**คอร์ส โยคะออนไลน์** กับคุณ)

Ich habe Ihren Online-Kurs gekauft, weil es sehr angenehm ist, dass ich zu Hause trainieren kann. (ฉันได้ซื้อคอร์ส ออนไลน์, เพราะคิดว่ามันสะดวกดีที่จะได้ฝึกที่บ้าน)

Zudem war ich von Ihnen beeindruckt, dass mir das Lernmaterial nach nur drei Tagen meiner Zahlung geliefert wurde.
(นอกจากนั้น ฉันยังประทับใจมากๆ ที่อุปกรณ์การสอน ส่งมาถึงฉันเพียงแค่ 3 วัน หลังจากการจ่ายเงิน)

Leider gab es auch einige Mängel. (แต่**น่าเสียดาย** ที่ยังมีข้อบกพร่อง บางอย่าง)

In Ihrer Anzeige haben Sie erwähnt, dass ich mich montags, mittwochs und freitags dreimal pro Woche über Zoom mit zugewiesenen Trainern treffen würde, aber **tatsächlich** haben wir uns nur einmal pro Woche getroffen, da die Trainer nicht verfügbar waren.
(ในโฆษณา คุณบอกว่า, ฉันจะได้ฝึก สัปดาห์ละสามครั้ง กับผู้ฝึกที่ได้รับมอบหมาย ผ่านทางโปรแกรม Zoom, **แต่ในความเป็นจริงแล้ว** เราได้เรียน แค่ สัปดาห์ละครั้ง เพราะครูผู้ฝึกไม่ว่าง)

Ich bin auch davon ausgegangen, dass einige Trainer unerfahren und nicht professionell sind, da sie meine Fragen über den Yoga-Kurs überhaupt nicht beantworten konnten.
(ฉันยังสันนิษฐานว่า, ผู้ฝึกสอนบางคนไม่มีประสบการณ์และไม่ใช่มืออาชีพ เนื่องจากพวกเขาไม่สามารถตอบคำถามของฉันเกี่ยวกับชั้นเรียนโยคะได้เลย)

Auch wenn **die Lösung benötigt** wurde, habe ich oft versucht, Sie anzurufen, leider konnte ich niemanden erreichen.
(นอกจากนั้น เวลาที่ฉัน**ต้องการให้คุณแก้ไขปัญหา**, ฉันพยายามโทรหาบ่อยๆ แต่ก็ไม่สามารถ ติดต่อใครได้เลย)

Sie könnten sich bestimmt vorstellen, wie enttäuscht ich war.

(คุณคงเดาออก (จินตนาการ) ได้ว่า, ฉันรู้สึกผิดหวังแค่ไหน)

Aus diesen Gründen erwarte ich von Ihnen eine Erstattung von 40 % der Kurskosten.

(**ด้วยเหตุผลเหล่านี้** ฉันคาดหวังให้คุณชดใช้ 40% ของค่าเล่าเรียน)

Sie können mich entweder unter meiner Telefonnummer 123456789 oder per der angegebenen E-Mail erreichen.

(คุณสามารถติดต่อฉันได้ที่หมายเลขโทรศัพท์ 123456789 หรือทางอีเมลที่ให้ไว้)

In der Hoffnung auf eine schnelle und **angemessene** Antwort.

(หวังว่าจะได้รับการตอบจากคุณที่รวดเร็วและ**เหมาะสม**)

Mit freundlichen Grüßen

Chanyanij Danwongsa

Beispiel 19: Beschwerde über die Straßenbahn/die U-Bahn (telc Deutsch B2 am 26.10.2022)

เป็น จดหมาย ร้องเรียน ว่า รถไฟฟ้า (die Bahn/ die Straßenbahn) มาสายตลอด

Plettenberg, 05.05.2018

Betreff: Beschwerde über die Verspätung der Straßenbahn

Sehr geehrte Damen und Herren,

ich schreibe Ihnen diesen Brief, weil ich mich über die **Verspätung** der Straßenbahn in ......ชื่อเมือง............. beschweren möchte (ฉันเขียนจดหมายฉบับนี้ถึงคุณ, เพราะว่าฉันต้องการต้องการร้องเรียนเกี่ยวกับ**ความล่าช้า**ของรถราง/ รถไฟในเมือง...../

(หรือ , weil ich mich über das Verkehrsmittel beschweren möchte.)
เนื่องจากฉันต้องการร้องเรียนเกี่ยวกับการจราจร

Ich fahre jeden Morgen mit der Linie 5. zur Arbeit und seit einiger Zeit hat die Bahn immer 10–15 Minuten **Verspätung**. (ฉันไปทำงานทุกเช้าโดยรถไฟสายที่ 5 และรถราง **ล่าช้า**ประมาณ 10–15 นาทีอยู่เสมอ)

Dieses Problem **verursacht** große **Unannehmlichkeiten** für Menschen und mich, die ihr Büro nicht rechtzeitig erreichen können oder die Straßenbahn am Abend verpassen, wenn sie von ihrem Büro nach Hause zurückkommen.
(ปัญหานี้**ทำให้เกิดความไม่สะดวก**อย่างยิ่งสำหรับฉัน และสำหรับผู้ที่ไม่สามารถไปทำงานได้ทันเวลาหรือพลาดรถรางในตอนเย็นเมื่อเดินทางกลับจากที่ทำงาน)

Gibt es Möglichkeiten, dass dies **verbessert** wird? (มีวิธีการ**ปรับปรุงนี้ให้ดีกว่า**หรือไม่?)

Ich möchte Ihre **Aufmerksamkeit** darauf lenken, dieses Problem zu lösen.
(ฉันต้องการกระตุ้น**ความสนใจ**ของคุณเพื่อให้แก้ไขปัญหานี้)

Könnten Sie bitte die Leistung überprüfen und das Problem sofort beheben?
(คุณช่วยการจัดการและแก้ไขปัญหาทันทีได้หรือไม่?)

Ich warte noch eine Woche, wenn dann das Problem nicht gelöst ist, (ฉันจะรออีกสัปดาห์ถ้าปัญหาไม่ได้รับแก้ไข,

werde ich mich an die **Verbraucherzentrale** wenden. (ฉันจะไปร้องเรียนที่**ศูนย์คุ้มครองผู้บริโภค)**

Ich hoffe, dass Sie umgehend auf meinen Brief **reagieren**, und ich warte auf Ihre baldige Antwort.
(ฉันหวังว่า, คุณจะมี**ปฏิกิริยาตอบกลับ**จดหมายของฉันทันที, และฉันรอการตอบกลับโดยด่วนจากคุณ)

Mit freundlichen Grüßen

Chanyanij Danwongsa

Beispiel 20: telc Deutsch B2 am 04.06.2022 / 15.04.2024
(Beschwerde über eine Busreise in Straßburg)

Werbung/ Anzeige

3.-6. August (จุดนี้สำคัญมาก เพราะวันที่ที่เราเขียนจดหมาย ต้องเป็นวันที่หลังจากวันที่ **6** สิงหาคม แล้วเท่านั้น)

362 Euro/Person

- 4-Sterne Bus
- 3 Übernachtung
- Hotel Halbpension
- Erfahrung Reiseleiterin
- Eintrittskarte schon organisiert

Sie haben eine Busreise beim Reisebüro ABC gebucht. Leider waren Sie mit dieser Reise nicht zufrieden.
(คุณได้ จองการเดินทางโดยรถบัส กับบริษัท (ขายตั๋ว)การท่องเที่ยว ABC . และคุณไม่พึงพอใจกับการเดินทาง)

Schreiben Sie eine Beschwerde an das Reisebüro. เขียนร้องเรียน ถึง บริษัท (ขายตั๋ว)การท่องเที่ยว

Behandeln Sie darin **entweder**

a) drei der folgenden Punkte

oder

b) zwei der folgenden Punkte und einen weiteren Aspekt Ihrer Wahl.

(เลือกเขียน 3 ข้อจาก 4 ข้อที่โจทย์ กำหนด หรือเขียน 2 หัวข้อจากโจทย์กำหนด และเขียน1 หัวข้ออื่นที่เราคิดเอง)

5. **Was ist der Mangel? Warum waren zu unzufrieden?**
   (อะไรคือข้อบกพร่อง/ ทำไมคุณถึงไม่พึงพอใจ)
6. **Was hatten Sie gefallen? (มีอะไรบ้าง ที่คุณชอบ (จากทริปนี้)**
7. **Was Erwartung von Unternehmen? / Was erwarten Sie vom Reisebüro?**
8. **Was Meinung von anderen Teilnehmern?**

Schreiben Sie mindestens 150 Wörter (30 Minuten)

Von: chanya@web.de.

An: Reisebüro ABC

19.08.2022

Betreff: Beschwerde über eine Busreise

Sehr geehrte Damen und Herren,

aufgrund Ihrer überzeugenden Werbung entschied ich mich, bei Ihnen eine Busreise in Straßburg für eine Person zu buchen. **(เนื่องจากโฆษณาที่น่าเชื่อถือ (สัญญาเป็นมั่นเป็นเหมาะ โน้มน้าวใจให้น่าเชื่อถือ)**ของคุณ, ฉันเลยตัดสินใจ จองทริปเดินทางโดยรถบัสของคุณ)

Obwohl der Bus sehr optimal war, musste ich trotzdem während der Reise feststellen, dass weder das Hotelzimmer noch die verschiedenen Angebote der Reisebestätigung entsprachen.

(แม้ว่ารถบัสจะดีมาก แต่ฉันตระหนักได้ว่าระหว่างการเดินทาง ทั้งห้องพักในโรงแรมและข้อเสนอต่างๆ ไม่สอดคล้องกับที่คุณแจ้งไว้ (ยืนยัน) ในการเดินทาง)

In Ihrer Anzeige haben Sie erwähnt, dass die Busreise drei Übernachtungen in einem Halbpensionshotel mit einer Eintrittskarte für den Museumsbesuch beinhaltet.

(ในโฆษณาของคุณ คุณระบุว่าการเดินทางโดยรถบัสรวมที่พักสามคืนในโรงแรมแบบรวมอาหาร 2 มื้อ พร้อมตั๋วเข้าชมพิพิธภัณฑ์)

Tatsächlich war das Hotelzimmer nur für 2 Nächte geeignet und in der dritten Nacht musste ich ein neues Hotel finden und für das Hotelzimmer extra bezahlen.

(ในความเป็นจริงแล้ว ห้องพักจัดเตรียมไว้เพียงแค่ 2 คืนเท่านั้น และในคืนที่ 3 ฉันต้องหาโรงแรมใหม่และจ่ายเพิ่มสำหรับห้องพักในโรงแรม)

Überdies musste ich beim Besuch des Museums auch die Eintrittskosten extra bezahlen.

(นอกจากนั้น เวลาฉันไปเยี่ยมชมพิพิธภัณฑ์ ฉันยังต้องเสียค่าเข้าชมเพิ่มเติมอีกด้วย)

Aufgrund dieser Mängel waren viele Teilnehmer dieser Reise so **verärgert und beklagt,** dass diese Reise niemals weiterempfohlen werden wird.
(จากข้อบกพร่องเหล่านี้ คนที่ร่วมทริปหลายคน **โกรธมากและบ่น**ว่าจะไม่แนะนำว่าการท่องเที่ยวครั้งนี้บริษัทนี้ ให้ใครอีกเลย)

Sie könnten sich bestimmt vorstellen, wie enttäuscht wir waren.

(ฉันแน่ใจว่าคุณสามารถจินตนาการว่า, พวกเราผิดหวังแค่ไหน)

Aus diesen angegebenen Gründen erwarte ich von Ihnen **eine Erstattung** von 40 % des gesamten Reisepaketpreises.
(ด้วยเหตุผลเหล่านี้ ฉันคาดหวังว่า คุณจะ**คืนเงิน** 40 % ของราคาแพ็คเกจการเดินทางทั้งหมดให้ฉัน)

Sie können mich entweder unter meiner Telefonnummer 123456789 oder per der angegebenen E-Mail **erreichen.**

(คุณสามารถ**ติดต่อ**ฉันได้ที่หมายเลขโทรศัพท์ 123456789 หรือทางอีเมลที่ให้ไว้)

In der **Hoffnung** auf eine schnelle und angemessene Antwort.
(ด้วย**ความหวัง**ว่าจะได้รับการตอบจากคุณที่รวดเร็วและเหมาะสม)

Mit freundlichen Grüßen

Chanyanij Danwongsa

Beispiel 21: Beschwerde über einen Kopfhörer (telc Deutsch B2 am 30.09.2022/ 07.09.2023)

Werbung/ Anzeige

Wireless Kabellose Kopfhörer

Kopfhörer mit Mikrofon, Bluetooth, Wasserdicht

HiFi Stereo & Wireless Headset

Sie haben die Kopfhörer von der Firma ABC gekauft. (คุณซื้อหูฟังจากบริษัท ABC)
Leider waren Sie nicht zufrieden mit den Kopfhörern. (น่าเสียดายที่คุณไม่พอใจกับหูฟัง)
Schreiben Sie eine E-Mail an die Firma ABC. (เขียนอีเมลถึงบริษัท ABC)

Behandeln Sie darin **entweder**..

a) drei der folgenden Punkte

oder

b) zwei der folgenden Punkte und einen weiteren Aspekt Ihrer Wahl.

*(address either **a) three of the following points** **or** b) two of the following points and one other aspect of your choice.)*

- **Warum haben Sie die Kopfhörer gekauft?**

(ทำไมคุณถึงซื้อหูฟัง?)

- ***Warum waren Sie unzufrieden damit ?***

(ทำไมคุณถึงไม่พอใจกับมัน?)

- **Was fordern Sie von dem Unternehmen?**

(คุณต้องการอะไรจากบริษัท?)

- **Was sind zusätzliche Eigenschaften des Kopfhörers, die Sie sich wünschen?**

(คุณสมบัติเพิ่มเติมใดที่คุณต้องการให้หูฟังมี)

Schreiben Sie mindestens 150 Wörter (30 Minuten

จดหมายร้องเรียน พร้อมคำแปลภาษาไทย

Von: chanya123@web.de.

An: Firma ABC @web.de

Betreff: Beschwerde über einen Kopfhörer

Sehr geehrte Damen und Herren,

vor einer Woche habe ich **die Kopfhörer** bei Ihnen als Geburtstagsgeschenk für meine Tochter gekauft. (สัปดาห์ที่แล้ว ฉันซื้อ**หูฟัง**จากคุณเพื่อเป็นของขวัญวันเกิดให้ลูกสาวของฉัน)

Leider haben sie **nach nur 3 Tagen normaler Nutzung eine Fehlfunktion.**

Die Kopfhörer funktionieren nicht mehr richtig und **die Lautstärke lässt sich nicht mehr verstellen.**

(แต่น่าเสียดายที่**หลังจากใช้งานปกติเพียง 3 วัน เครื่องกลับทำงานผิดปกติ หูฟังใช้งานไม่ได้และปรับระดับเสียงไม่ได้อีกต่อไป.)**

Auch **die Verbindung zum drahtlosen Internet** funktioniert nicht mehr.

(**การเชื่อมต่ออินเตอร์เน็ตไร้สาย**ก็ใช้งานไม่ได้อีกต่อไป)

Gestern habe ich mehrmals versucht, **den Kundendienst zu kontaktieren**, aber es war niemand zu erreichen.

(เมื่อวานพยายาม**ติดต่อฝ่ายบริการลูกค้า**หลายครั้ง ไม่สามารถติดต่อใครได้เลย)

Ich war noch nie so **enttäuscht von einem solchen Service.**

(ฉันไม่เคย**ผิดหวังกับบริการแบบนี้มาก่อน**)

Aus den genannten Gründen sehe ich mich gezwungen, diese Beschwerde zu verfassen.

(ด้วยเหตุผลข้างต้น ฉันจำเป็น, ต้องเขียนร้องเรียนนี้).

Ich fordere Sie daher auf, **die aufgeführten Mängel** innerhalb der nächsten zwei Wochen zu beheben. (ฉันขอ (เรียกร้อง), ให้คุณแก้ไข**ข้อบกพร่องที่ระบุไว้**ภายในสองสัปดาห์ถัดไป)

Sollte eine Reparatur oder Austausch nicht möglich sein, erwarte ich von Ihnen die Erstattung meines **Kaufpreises**.

(หากไม่สามารถซ่อมแซมหรือเปลี่ยนทดแทนได้, ฉันคาดหวังให้คุณคืนเงินฉัน**ตามราคาที่ซื้อ**)

Sollte ich innerhalb von 9 Tagen nichts von Ihnen hören, **werde ich die Verbraucherzentrale informieren und eine negative Bewertung im Internet abgeben.**

(หากฉันไม่ได้ยินจากคุณภายใน9 วัน, **ฉันจะแจ้งศูนย์คุ้มครองผู้บริโภคและโพสต์รีวิวเชิงลบบนอินเทอร์เน็ต)**

Sie können mich entweder unter meiner Telefonnummer 123456789 oder per **der angegebenen E-Mail** erreichen.

(คุณสามารถติดต่อฉันได้ที่หมายเลขโทรศัพท์ 123456789 หรือทาง**อีเมลที่ให้ไว้**)

Ich warte auf Ihre baldige Antwort und bedanke mich im Voraus.

(ฉันหวังว่าจะได้รับคำตอบอย่างรวดเร็วจากคุณ และขอขอบคุณล่วงหน้า)

Mit freundlichen Grüßen

Chanyanij Danwongsa

Beispiel 22: telc Deutsch B2 am 2. Juli 2022
(Beschwerde über einen Spielplatz ABC.)

Werbung/ Anzeige

9 Euro / Person

-riesiger Spielplatz für Kinder und Familie -สนามเด็กเล่นขนาดใหญ่สำหรับเด็กและครอบครัว

-Viele Spielgeräte und Spielzeug -อุปกรณ์เล่นและของเล่นมากมาย

-Outdoor Möglichkeiten z.B. Trampolin Rutschen und Geisterbahn etc.

-เล่นกลางแจ้งให้เลือกมากมาย ยกตัวอย่าง แทรมโพลีน สไลด์ และ รถไฟผี ฯลฯ

- verschiedene Imbiss- und Eiswagen - ร้านอาหารเล็กๆ หลายร้าน และ รถขายไอศครีม หลากหลายประเภท

Sie haben mit Ihren Neffen an einem Spielplatz teilgenommen.
Sie waren unzufrieden damit. Schreiben Sie eine Beschwerde an die Veranstaltung.

Behandeln Sie darin **entweder**.

a) drei der folgenden Punkte

oder

b) zwei der folgenden Punkte und einen weiteren Aspekt Ihrer Wahl.

(เลือกเขียน 3 ข้อจาก 4 ข้อที่โจทย์ กำหนด หรือเขียน 2 หัวข้อจากโจทย์กำหนด และเขียน1 หัวข้ออื่นที่เราคิดเอง)

- **Beschreiben Sie Ihre Erwartungen nach der Lektüre der Werbeanzeige.**

(อธิบายความคาดหวังของคุณ หลังจากการอ่าน โฆษณา)

- **Warum waren zu unzufrieden?** ทำไมคุณจึงไม่พึงพอใจ?
- **Wie haben Ihre Neffen reagiert?**

(หลานชายของคุณมีปฏิกิริยา (โต้ตอบ)อย่างไร)

- **Vorschläge zur Verbesserung** • คำแนะนำสำหรับการปรับปรุง

Schreiben Sie mindestens 150 Wörter (30 Minuten

Von: chanya@web.de.

An: Reisebüro ABC

Plettenberg, 09.07.2022

Betreff: Beschwerde über einen Spielplatz

Sehr geehrte Damen und Herren,

aufgrund Ihrer vielversprechenden Werbung entschieden meine beiden Neffen und ich am letzten Samstag, bei Ihnen an einem Spielplatz teilzunehmen.

เนื่องจากโฆษณาที่มีแนวโน้มของคุณ หลานชายสองคนของฉันและฉันตัดสินใจเมื่อวันเสาร์ที่แล้วที่จะเข้าร่วมสนามเด็กเล่นที่บ้านของคุณ.

Wir erwarteten, unsere Wochenende-Zeit mit viel Spaß zu verbringen. Das erhofften wir uns nicht nur, sondern hofften auch, nach dem Spielen **die Gelegenheit zu haben, leckere Speisen und Eis aus verschiedenen Angeboten zu probieren.**

(**เราคาดว่า**จะใช้เวลาช่วงสุดสัปดาห์อย่างสนุกสนาน ไม่ใช่เพียงแค่ แต่พวกเรายังหวังว่า**จะมีโอกาสได้ลิ้มลองอาหารอร่อยและไอศกรีมจากหลายๆเจ้า หลังเล่นเสร็จ)**

Es gab dort **viele riesige Trampoline**, aber nur mit einem konnte man spielen, weil andere **beschädigt** wurden.

(**มีแทรมโพลีนขนาดใหญ่มากมาย**ที่นั่น แต่มีเพียงแทรมโพลีนอันเดียว ที่คุณสามารถเล่นได้ เพราะว่าตัวอื่นมัน**ชำรุด**)

Außerdem gab es nur einen kleinen Imbiss auf dem Spielplatz und es gab nicht viele Möglichkeiten für Kinder. Das Schlimmste für Kinder war, dass es überhaupt keine Eiswagen gab. (**นอกจากนี้**ยังมีร้านอาหารเล็ก แค่หนึ่งร้าน ที่สนามเด็กเล่น และไม่มีเมนูอาหารมากมายให้เด็กๆได้เลือก สิ่งที่แย่ที่สุดสำหรับเด็กคือไม่มีรถบรรทุกไอศกรีมเลย)

Meine beiden Neffen waren so **verärgert und haben geschrien und gestöhnt.**

(หลานชายสองคนของฉัน**อารมณ์เสียมาก พวกเขา ร้องและโวยวาย**)

Sie könnten sich bestimmt vorstellen, wie **enttäuscht** wir waren.

(ฉันแน่ใจว่าคุณสามารถจินตนาการว่าพวกเรา**ผิดหวัง**แค่ไหน)

Aufgrund dieser Mängel empfehle ich Ihnen, Ihre Spielgeräte schnellstmöglich zu reparieren und regelmäßig überprüfen zu lassen. **Da Ihre Anzeige nicht der Realität entspricht,** möchte ich Ihnen auch empfehlen, Ihre Anzeige anzupassen.

(**เนื่องจากข้อบกพร่องเหล่านี้** ฉันขอแนะนำให้คุณซ่อมแซมอุปกรณ์สนามเด็กเล่นโดยเร็วที่สุด และทำการตรวจสอบอย่างสม่ำเสมอ **เนื่องจากโฆษณาของคุณไม่สอดคล้องกับความเป็นจริง** ฉันจึงอยากแนะนำให้คุณปรับเปลี่ยนโฆษณาของคุณให้เหมาะสมด้วย)

Sie können mich entweder unter meiner Telefonnummer 123456789 oder per der angegebenen E-Mail erreichen.
(คุณสามารถติดต่อฉันได้ที่หมายเลขโทรศัพท์ 123456789 หรือทางอีเมลที่ให้ไว้)

In der Hoffnung auf eine schnelle und **angemessene** Antwort.
(ฉันหวังว่าจะได้รับการตอบสนองที่รวดเร็วและ**เหมาะสม**)

Mit freundlichen Grüßen

Chanyanij Danwongsa

ตัวอย่าง จดหมายเรียกร้องให้ค่าชดเชย/จดหมายร้องเรียน เพื่อฝึกเขียนเพิ่มเติมอื่นๆ

Beispiel: 23

Plettenberg, 02.07.2025

Betreff: Beschwerde über **Mitgliedschaft** im Fitnessstudio
(**เรื่อง:** ร้องเรียนเกี่ยวกับ**การเป็นสมาชิก**และอุปกรณ์ในฟิตเนสที่ไม่ได้มาตรฐาน)

Sehr geehrte Damen und Herren,

ich bin seit April dieses Jahres **Mitglied** in Ihrem Fitnessstudio und war zunächst sehr zufrieden mit dem Angebot.
(ฉันเป็น**สมาชิก**ของฟิตเนสของคุณมาตั้งแต่เดือนเมษายนปีนี้ และตอนแรกก็พอใจกับบริการมาก)
Leider hat sich die Situation in den letzten Monaten deutlich **verschlechtert**.
(แต่น่าเสียดายที่สถานการณ์เปลี่ยนไปในทาง**แย่ลง**อย่างชัดเจนในช่วงหลายเดือนที่ผ่านมา)

Zum Beispiel sind **Rückentrainer, Bauchtrainer** und **Butterfly-Maschine** nur teilweise funktionsfähig oder beschädigt.
(ตัวอย่างเช่น **เครื่องฝึกหลัง เครื่องฝึกหน้าท้อง** และ**เครื่องฝึกกล้ามเนื้อ**หน้าอก/ช่วงอก ใช้งานได้เพียงบางส่วนหรือเสียหายเท่านั้น)
Trotz mehrfacher Hinweise an das Personal wurden die Probleme bisher nicht **behoben**.
(ถึงแม้จะแจ้งพนักงานหลายครั้งแล้ว แต่ปัญหาเหล่านี้ก็ยังไม่ได้รับการ**แก้ไข**เลย)

Aus diesem Grund habe ich **Anfang Juni** fristgerecht gekündigt, doch meine Kündigung wurde bisher nicht bestätigt.
(**ด้วยเหตุนี้** ดิฉันจึงได้แจ้งยกเลิกสมาชิกตามกำหนดเวลาใน**ต้นเดือนมิถุนายน** แต่จนถึงตอนนี้ยังไม่ได้รับการยืนยันการยกเลิกเลย)

Deshalb würde ich Sie darum bitten, meine **Kündigung unverzüglich zu bestätigen** und dafür zu sorgen, dass keine weiteren Beiträge eingezogen werden.
(ดังนั้น ฉันจึงขอให้คุณ**ยืนยันการยกเลิกสมาชิกทันที** และเพื่อให้แน่ใจว่าจะไม่มีการเรียกเก็บเงินเพิ่มเติมอีกต่อไป)

Sollte ich innerhalb von 9 Tagen nichts von Ihnen hören, **werde ich die Verbraucherzentrale informieren und eine negative Bewertung im Internet abgeben.**

(หากฉันไม่ได้ยินจากคุณภายใน9 วัน, **ฉันจะแจ้งศูนย์คุ้มครองผู้บริโภคและโพสต์รีวิวเชิงลบบนอินเทอร์เน็ต)**

Sie können mich entweder unter meiner Telefonnummer 123456789 oder per der angegebenen E-Mail erreichen.

In der Hoffnung auf eine schnelle und **angemessene** Antwort.

Mit freundlichen Grüßen

Chanyanij Danwongsa

Beispiel: 24

Plettenberg, 02.07.2025

Betreff: Beschwerde über ein Fotoalbum
(เรื่อง: ร้องเรียนเกี่ยวกับอัลบั้มรูป)

Sehr geehrte Damen und Herren,
vor einer Woche habe ich bei Ihnen **ein individuell gestaltetes Fotoalbum** als Geschenk zum Hochzeitstag für meinen Ehemann bestellt.
(เมื่อสัปดาห์ที่แล้ว ฉัน**สั่งทำอัลบั้มภาพส่วนตัว**จากคุณเพื่อเป็นของขวัญครบรอบวันแต่งงานให้กับสามีของฉัน)
Leider entspricht das gelieferte Produkt nicht meinen **Erwartungen.**
(น่าเสียดายที่ผลิตภัณฑ์ที่ส่งมาไม่ตรงตาม**ความคาดหวัง**ของฉัน)

Die Farben der Bilder sind deutlich blasser als auf den digitalen Vorlagen, und einige Seiten wurden **in der falschen Reihenfolge** gedruckt.
(สีของภาพในอัลบั้มซีดกว่าต้นฉบับดิจิทัลอย่างชัดเจน และบางหน้าถูกพิมพ์**ผิดลำดับ**)

Zudem fehlt der vorgesehene Bezug mit **unserem Namen und in lila Herzform**, obwohl dies in der Bestätigung deutlich vermerkt war.
(นอกจากนี้ หน้าปกที่ควรมี**ชื่อของพวกเราในรูปหัวใจสีม่วง** ที่ต้องจะใส่ แม้ว่าจะระบุไว้ชัดเจนแล้วในใบยืนยันก็ไม่มี)

Ich bitte Sie daher, das Problem **so schnell wie möglich** zu prüfen und mir entweder ein korrektes Album zu liefern oder den Kaufpreis zu erstatten.
(จึงขอให้คุณตรวจสอบปัญหานี้**โดยเร็วที่สุดเท่าที่จะเร็วได้** และกรุณาจัดส่งอัลบั้มที่ถูกต้องให้ใหม่ หรือคืนเงินค่าสินค้าให้ฉัน)
Fotos des gelieferten Albums sowie eine Kopie meiner Bestellung finden Sie im Anhang.
(ฉันได้แนบรูปถ่ายของอัลบั้มที่ได้รับ และสำเนาใบสั่งซื้อไว้ในไฟล์แนบ)

Sollte ich innerhalb von 9 Tagen nichts von Ihnen hören, **werde ich die Verbraucherzentrale informieren und eine negative Bewertung im Internet abgeben.**

(หากฉันไม่ได้ยินจากคุณภายใน9 วัน, **ฉันจะแจ้งศูนย์คุ้มครองผู้บริโภคและโพสต์รีวิวเชิงลบบนอินเทอร์เน็ต)**

Sie können mich entweder unter meiner Telefonnummer 123456789 oder per der angegebenen E-Mail erreichen.

In der Hoffnung auf eine schnelle und **angemessene** Antwort.

Mit freundlichen Grüßen

Chanyanij Danwongsa

Beispiel: 25

Plettenberg, 02.07.2025

Betreff: **Beschwerde** über **eine Lieferung von Blumen**

(เรื่อง: **ร้องเรียน**เกี่ยวกับ**การจัดส่งดอกไม้**)

Sehr geehrte Damen und Herren,

am 9. Februar habe ich bei Ihnen einen Blumenstrauß für den Valentinstag für meine Frau bestellt und **eine pünktliche Lieferung** für den 14. Februar zugesichert bekommen.

(เมื่อวันที่ 9. กุมภาพันธ์ ฉัน/ผมได้สั่งช่อดอกไม้สำหรับวันวาเลนไทน์ เพื่อให้ภรรยาของฉัน/ของผม จากร้านของคุณ และได้รับการยืนยันว่าจะ**จัดส่งตรงเวลา**ในวันที่ 14 กุมภาพันธ์)

Leider war weder die Lieferung pünktlich noch entsprach der Strauß meiner Bestellung.
(**น่าเสียดาย**ที่ทั้งการจัดส่งไม่ตรงเวลา และช่อดอกไม้ก็ไม่ตรงตามที่ฉันสั่งไว้)

Der Blumenstrauß kam erst einen Tag später an, was **die Gelegenheit völlig verwöhnte**.
(**ช่อดอกไม้**จัดส่งมาช้ากว่าหนึ่งวัน ซึ่งทำให้**โอกาสพิเศษนั้นหมดความหมายไป/เสียไป**เลย)

Die versprochenen neun lila Rosen fehlten außerdem, und der Strauß enthielt Blumen in Farben, die meiner Frau nicht gefallen.
(**ดอกกุหลาบสีม่วง 9 ดอก ตามที่แจ้งไว้ก็ไม่มี** มีแต่ดอกไม้ในสีอื่น ที่ภรรยาของผมไม่ชอบ)

Da ich diesen Blumenstrauß extra im Voraus bestellt und bezahlt habe, erwarte ich eine **angemessene Entschädigung**.
(**เนื่องจากฉัน**ได้สั่งจองและชำระเงินล่วงหน้าสำหรับช่อนี้โดยเฉพาะ ฉันจึงขอเรียกร้อง**ค่าชดเชยที่เหมาะสม**)

Bitte geben Sie mir innerhalb **der kommenden neun Tage** eine Antwort.
(ฉันขอให้คุณตอบกลับ**ภายใน 9 วันถัดจากนี้**)

Sollte ich innerhalb von 9 Tagen nichts von Ihnen hören, **werde ich die Verbraucherzentrale informieren und eine negative Bewertung im Internet abgeben.**

(หากฉันไม่ได้ยินจากคุณภายใน9 วัน, **ฉันจะแจ้งศูนย์คุ้มครองผู้บริโภคและโพสต์รีวิวเชิงลบบนอินเทอร์เน็ต)**

In der Hoffnung auf eine schnelle und **angemessene** Antwort.

(หวังว่าจะได้รับการตอบกลับอย่างรวดเร็วและ**เหมาะสม**)

Mit freundlichen Grüßen

Mit freundlichen Grüßen

R. Thomas Jaksch

ดูหัวข้อ การพูด Diskussion เพิ่มเติม

Beispiel 15-33 จากหน้า 148-179 นะคะ

Beispiel 15: Thema „Fernsehen macht Kinder dumm"

(telc Deutsch B2 am 30.09.2023)

Das Thema des Textes ist, Fernsehen macht Kinder dumm.
(หัวข้อของบทความ/เนื้อหา คือ, การดูทีวี ทำให้เด็กโง่)

Im Text steht, neue Studien zeigen, dass **Fernsehkonsum schädliche Auswirkungen** auf ***die Bildung*** von Kindern hat.

(ในข้อความบอกว่า/ระบุว่า จากการศึกษาใหม่ๆ แสดงให้เห็นว่า **การดูโทรทัศน์ส่งผลเสีย** ต่อ***การศึกษา***ของเด็ก)

Kinder, die vor dem Fernseher sitzen, **haben weniger Lernfähigkeiten.**

(เด็กที่นั่งหน้าจอโทรทัศน์ทำให้**, มีความสามารถในการเรียนรู้ได้น้อยลง)**

Experten ***meinen***, dass zu frühes und häufiges Fernsehen die Gesundheit von Kindern **negativ beeinflusst.**

(ผู้เชี่ยวชาญทั้งหลาย ***เชื่อว่า/คิดเห็นว่า*** การดูทีวี(ในวัยที่ยังเด็กเกินไป)/เร็วและบ่อยเกินไป**ส่งผลเสีย**ต่อสุขภาพของเด็ก)

Weil es sie **zu körperlicher Inaktivität** ***verleitet.***

(เนื่องจากเป็นการกระตุ้นให้พวกเขา ***ไม่มี/สูญเสีย*** **การเคลื่อนไหวของร่างกาย/ออกกำลังกาย**)

Kinder, die fernsehen, werden früher mit **Alkohol**, ***Tabak*** und anderen **Drogen** in Kontakt gebracht.

(เด็กที่ดูโทรทัศน์, นำไปสู่**แอลกอฮอล์** ***บุหรี่*** และ**ยาเสพติด**อื่นๆ ตั้งแต่อายุยังน้อย)

Unabhängig von IQ und sozioökonomischen Bedingungen, die meisten Kinder, die am **häufigsten** vor dem Fernseher saßen, hatten später keinen Schulabschluss.

(ทั้งนี้ไม่คำนึงถึง IQ และสภาวะทางเศรษฐกิจและสังคม,เด็ก**ส่วนใหญ่**ที่ดูโทรทัศน์,ส่วนมาก เรียนไม่จบ/ไม่ได้รับใบประกาศจากทางโรงเรียน)

Die wenigsten **Fernsehkonsumenten** hatten später die größten Chancen, einen Hochschulabschluss zu **erlangen.**

(ผู้ที่**ดูโทรทัศน์น้อย**ที่สุด จะมีโอกาส**ได้รับ/ เรียนจบ ระดับ**ปริญญา ในอนาคตมากที่สุด)

Es wird **empfohlen**, dass Kinder Filme oder Computerspiele nicht mehr als eine Stunde täglich **konsumieren** sollten.

(มี**ข้อแนะนำ**ว่าเด็กๆ ไม่ควร**ดู/บริโภค (ในประโยคนี้มีคามหมายว่าดู(ทีวี)**ภาพยนตร์หรือเกมคอมพิวเตอร์เกินหนึ่งชั่วโมงต่อวัน)

Ich stimme dieser Aussage teilweise **zu.**

(ฉันเห็นด้วยกับบทความนี้เป็นบางส่วน**)**

Ich stimme zu, dass zu viel Fernsehen bei Kindern ihre **Lernfähigkeit** ***beeinträchtigen*** kann.

(ฉันเห็นด้วยที่ว่าการดูโทรทัศน์มากเกินไปสำหรับเด็กอาจ***ส่งผลกระทบ/ลด***ต่อความสามารถในการเรียนรู้ของพวกเขา)

Zudem ist es für Kinder nicht gut, wenn Kinder zu viel fernsehen, da sie ihre **Kreativität verlieren** können. (***นอกจากนี้แล้ว***มันไม่ดีสำหรับเด็ก, ถ้าพวกเขาดูทีวีมากเกินไป, เพราะจะทำให้**ความคิดริเริ่มสร้างสรรค์**ของพวกเขา**สูญหายไป**ได้)

Meiner Meinung nach macht Fernsehen Kinder jedoch nicht dumm. Ich bin überzeugt, dass Fernsehen nützlich ist und Kinder können durch Fernseher **profitieren** und **entspannen.**

(ในความคิดเห็นของฉัน, การดูทีวีมีประโยชน์, เด็กๆ สามารถจะ**ได้รับผลประโยชน์**จากการดูทีวี และยังเป็นการ**ผ่อนคลาย**ด้วย)

Lediglich die Sehzeiten und Sendungen sollten von den Eltern streng kontrolliert werden.

Was ist deine Meinung dazu?	คุณคิดเห็นยังไง
Wie ist die aktuelle Situation in deiner Heimat?	สถานการณ์ในประเทศบ้านเกิดของคุณเป็นอย่างไร

- **In Thailand** sehen viele Kinder fern. Normalerweise schauen sie sich **Zeichentrickfilme** oder **Comics** an.

Einige Eltern verwenden Fernsehprogramme, um **die Sprachkenntnisse** der Kinder zu verbessern.

(ผู้ปกครองบางส่วน ก็ใช้โปรแกรมในทีวี เพื่อพัฒนา**ทักษะทางภาษา**ของเด็กให้ดีขึ้น)

telc Deutsch B2 am 14.02.2025

Beispiel 16: Thema „Gesund durch das Lachen."

telc Deutsch B2 am 17.02.2024 (สุขภาพดีด้วยการหัวเราะ)

Das Thema des Textes ist „Gesund durch das Lachen".
หัวข้อของข้อความคือ "สุขภาพดีจากเสียงหัวเราะ"

Im Text steht: **Die Lachforscher** haben **herausgefunden**, dass Kinder oft mehr als Erwachsene lachen. (**นักวิจัยด้านเสียงหัวเราะพบว่า**เด็กๆ มักจะหัวเราะมากกว่าผู้ใหญ่)

Kinderkrankenhäuser nutzen Lachen **in der Therapie**.

(**โรงพยาบาลเด็ก**ใช้เสียงหัวเราะ**ในการบำบัด**)

Wer lacht, ist weniger **nervös, verkrampft** und hat dadurch weniger Schmerzen.

(ใครก็ตามที่หัวเราะจะ**กังวลน้อยลง, ตึงเครียด** และเจ็บปวดน้อยลง)

Lachen kann **entspannend** sein und **das Immunsystem stärken**.

(การหัวเราะสามารถผ่อนคลายและเสริมสร้างระบบภูมิคุ้มกันได้)

Nicht alle Menschen lachen **in allen Kulturen** gleich oft. Und nicht immer zu den gleichen Zeiten.

ไม่ใช่ทุกคนที่จะหัวเราะได้บ่อยเท่าๆ กันในทุกวัฒนธรรม และไม่ในเวลาเดียวกันเสมอไป

Lachen ist nicht immer und nicht für jeden **lustig**. (เสียงหัวเราะไม่ใช่**เรื่องตลก**สำหรับทุกคนเสมอไป)

Es fördert **die Gemeinschaft** und **das Zusammengehörigkeitsgefühl** innerhalb der Gruppe.

(มันส่งเสริมชุมชนและความรู้สึกเป็นส่วนหนึ่งของกลุ่ม)

Aber es wirkt auch auf diejenigen, die nicht zur Gruppe gehören. Sie können leicht zu **Opfern** werden, wenn man über sie ***gelacht wird***.

(แต่ยังส่งผลต่อผู้ที่ไม่ได้เป็นส่วนหนึ่งของกลุ่มด้วย พวกเขาอาจตกเป็น**เหยื่อ**ได้ง่ายหากพวกเขา***ถูกหัวเราะเยาะ***)

Meiner Meinung nach hat das Lachen mehr **Vorteile als Nachteile**.

(**ในความคิดของฉัน** การหัวเราะมีข้อดีมากกว่าข้อเสีย)

Lachen **fördert** nicht nur **die Entspannung**, sondern auch **das Immunsystem**.

(การหัวเราะไม่เพียงแต่**ส่งเสริม/ช่วยให้การผ่อนคลาย** แต่ยัง**ส่งเสริมระบบภูมิคุ้มกัน**ด้วย)

Trotzdem ist es wichtig, am richtigen Ort, mit der richtigen Person und dem passenden **Anlass** zu lachen. (**อย่างไรก็ตาม สิ่งสำคัญ**,คือต้องหัวเราะในสถานที่ที่เหมาะสม กับคนที่เหมาะสม และใน**โอกาส**ที่เหมาะสม)

(**Thailänder** sagen, dass das Lachen jeden Tag **die Emotionen** frisch hält.)
(**คนไทย**พูดกัน, ว่าการหัวเราะทุกวันทำให้**อารมณ์**แจ่มใส/หัวเราะวันละนิดจิตแจ่มใส)

Beispiel 17: Thema „Der Ruf nach mehr direkter Demokratie“.

(การเรียกร้องให้มีประชาธิปไตยทางตรงมากขึ้น)

(การที่ประชาชน ได้มีสิทธ์ ร่วมในการตัดสินใจใน การทำโครงการที่สำคัญต่างๆ)

telc Deutsch B2 am 21.10.2023

Das Thema des Textes ist „Der Ruf nach mehr direkter Demokratie“.

Im Text steht:

Sollen die Menschen in politische Entscheidungsprozesse eingebunden werden?

ควรให้ประชาชนมีส่วนร่วมในกระบวนการตัดสินใจทางการเมืองหรือไม่?

Denn **die direkte Demokratie** birgt ***Risiken***.

(เพราะว่า**ประชาธิปไตยทางตรง**ก็มี***ความเสี่ยง***)

Medienpräsente können Meinungen **beeinflussen**.

(การปรากฏตัวของสื่อสามารถมี**อิทธิพล**ต่อความคิดเห็นได้)

Das Volk würde weniger von **politischen Interessen** beeinflusst.

(ประชาชนจะได้รับอิทธิพล ให้**ความสนใจในทางการเมือง**น้อยลง)

Es ist wichtig, politische Entscheidungen zu treffen, **die nicht unumstritten sind**.

(สิ่งสำคัญคือ, ต้องตัดสินใจทางการเมืองโดย**ปราศจากความขัดแย้ง**)

Ferner sind die Methoden der direkten Demokratie langwierig, was **die rasche Handlungsfähigkeit** der Politik beeinträchtigt.

(นอกจากนี้ วิธีการประชาธิปไตยทางตรงยังใช้เวลานานมาก ซึ่งทำให้นักการเมืองส่งผลให้นักการเมืองไม่มี **ความสามารถที่จะทำงานอย่างรวดเร็ว**ได้)

Es scheint, als wären **die Methoden der Bürgerbeteiligung** ***effektiver und einfacher*** zu handhaben.

(ดูเหมือนว่า, วิธีการมีส่วนร่วมของประชาชน ***มีประสิทธิภาพ***และนำไปใช้ได้***ง่ายกว่า***)

Meiner Meinung nach hat die Direktdemokratie **sowohl** Vorteile **als auch** Nachteile.

(ในความคิดของฉัน ประชาธิปไตยทางตรงมีทั้งข้อดีและข้อเสีย)

Deswegen sollten wir die Forderung nach mehr direkter Demokratie kritisch **hinterfragen**.

(นั่นคือเหตุผลที่เราควร**ตั้งคำถาม**อย่างมีวิจารณญาณถึงข้อเรียกร้องประชาธิปไตยทางตรงมากขึ้น)

Es gilt, die Vor- und Nachteile **abzuwägen** und bestehende demokratische Strukturen zu respektieren. (สิ่งสำคัญคือต้องมี**การชั่งน้ำหนัก**ของข้อดีและข้อเสีย และก็ควรเคารพโครงสร้างประชาธิปไตยที่มีอยู่)

Vielleicht liegt die Lösung in einer **Mischung** aus direkter und repräsentativer Demokratie, die Bürgerbeteiligung stärkt und **Stabilität** schafft.

(บางทีวิธีแก้ปัญหาก็อาจอยู่ที่**การผสมผสาน**ระหว่างประชาธิปไตยโดยตรงและแบบตัวแทนที่เสริมสร้างการมีส่วนร่วมของประชาชนและสร้าง**เสถียรภาพ**)

Normalerweise bin ich nicht an politischen Themen interessiert, deshalb kenne ich die Politik von Thailand nicht genau.

(โดยปกติแล้ว ฉันไม่ค่อยสนใจเรื่องการเมือง, ด้วยเหตุนี้ ฉันจึงไม่รู้จักการเมืองไทยว่าจริงๆแล้วเป็นอย่างไร)

Ich denke jedoch, die thailändische Demokratiebewegung steht vor Herausforderungen, da sie sich noch immer zwischen ***direkter Beteiligung*** und ***repräsentativer Demokratie*** **bewegt.**

(**แต่ ฉันคิดว่า**, **ขบวนการประชาธิปไตยของไทยเป็น**เรื่องของความท้าทาย เนื่องจากยังคง**เปลี่ยนแปลง (เคลื่อนไหว)** ระหว่างการ***มีส่วนร่วมโดยตรง***และ***ประชาธิปไตยแบบตัวแทน***

Beispiel 18: Thema „Tiere - eine gute Geschenkidee".

(การให้สัตว์เป็นของขวัญ เป็นความคิดที่ดีมั้ย)

telc Deutsch B2 am 21.10.2023

Das Thema des Textes ist „Tiere - eine gute Geschenkidee".

Im Text steht:

Was liegt näher, als ein Tier zu Weihnachten oder zu einem großen **Familienfest** zu **schenken**?

(จะมีอะไร ที่ดีกว่า (เหมาะกว่า) การ**ให้ของขวัญ**ด้วยสัตว์เลี้ยง ช่วง คริสมาสต์ หรือ**ช่วงเทศกาลเฉลิมฉลองในครอบครัว**)

Aber das ist auch **die Schattenseite** dieses Geschenks.

(แต่ก็มี **ข้อเสีย**เหมือนกัน กับการให้สัตว์ เป็นของขวัญ)

Hat der **Beschenkte** das Tier wirklich gewünscht?

(**ผู้รับของขวัญ** ต้องการ จะมีสัตว์เลี้ยงจริงๆรึเปล่า)

Tiere sind Lebewesen und keine **Ware**, die man nach Weihnachten einfach umtauschen kann.

(สัตว์เป็นสิ่งมีชีวิต และไม่ใช่**สิ่งของ**, ที่เราจะเอาไปเปลี่ยน พอหลังช่วงคริสมาสต์)

Kinder verlieren schnell das Interesse an die Tiere.

(เด็กๆ ก็หมดความสนใจ ในสัตว์เลี้ยงได้เร็ว (เบื่อง่าย)

Einerseits lernen Kinder, **Verantwortung** für ihr Haustier zu übernehmen, was für Kinder einen pädagogischen Wert hat.

(ในอีกแง่นึง (หรือในทางกลับกัน, เด็กๆจะได้เรียนรู้ที่จะมี**ความรับผิดชอบ** ก็ถือเป็น ความรู้ที่มีคุณค่า)

Ein Hund, mit dem man jeden Tag **spazieren gehen** muss, kann älteren Menschen ein Stück Gesundheit schenken.

(**การเดินเล่น** กับสุนัขทุกวัน ก็ช่วยให้ ผู้สูงวัยมีสุขภาพแข็งแรงได้)

Meiner Meinung nach ist die Verwendung von Tieren oder Haustieren als Geschenk absolut **nicht** zu **empfehlen.** (ในความคิดของฉัน **ไม่แนะนำ**ให้ใช้สัตว์หรือสัตว์เลี้ยงในบ้านเป็นของขวัญเด็ดขาด)

Es ist keine gute Idee, **ein Tier zu verschenken**. (มันไม่ใช่ความคิดที่ดี ที่จะ**ให้สัตว์เป็นของขวัญ**)

Ich stimme zu, dass es **eine langfristige Verantwortung** ist, einem Tier ein Zuhause zu versorgen.

(ฉันเห็นด้วยที่ว่า, การให้มีสัตว์เลี้ยงในบ้าน เป็น**ภาระ(ความรับผิดชอบ)ระยะยาว**)

Es gibt viele **wichtige Fragen**, die man nachdenken muss. (มี**คำถามสำคัญมากมาย**ที่ต้องคำนึงถึง)

Hat der Beschenkte das Tier **tatsächlich** gewollt? (ผู้รับของขวัญต้องการสัตว์จ**ริงๆ** หรือไม่?)

Was passiert, wenn Mensch und Tier **nicht miteinander klarkommen**?

(จะเกิดอะไรขึ้นเมื่อคนและสัตว์**เข้ากันไม่ได้**?)

Ist **der Beschenkte** in der Lage, das Tier **ausreichend zu versorgen**?

(**ผู้รับของขวัญ** จะสามารถ**ดูแลสัตว์ได้อย่างดีพอ**หรือไม่?)

Ich persönlich denke, die Entscheidung, **ein Tier zu besitzen**, sollte nicht von einer anderen Person getroffen werden, sondern von jedem selbst.

(ฉันคิดว่า. การตัดสินใจที่**จะเลี้ยงสัตว์**ควรเป็นการตัดสินใจด้วยตัวเอง ไม่ใช่โดยบุคคลอื่นจัดหาให้เป็นของขวัญ)

Aus meiner Erfahrung ist es in Thailand ***nicht üblich***, Tiere als Geschenk zu schenken.

(จากประสบการณ์ของฉัน ในประเทศไทยการให้สัตว์เป็นของขวัญ ***ไม่ใช่เรื่องที่มีให้เห็นทั่วไป (ไม่ค่อยมี)***

Beispiel 19: Thema „Wie lange dürfen Jugendliche abends ausgehen?“.

(เด็กหนุ่มสาวควร ได้รับอนุญาตให้ออกไปข้างนอกในตอนเย็นได้นานแค่ไหน (ถึงกี่โมง)?

Quelle: แหล่งที่มา: https://www.familie.de/schulkind/jugendschutzgesetz-wie-lange-darf-mein-kind-ausgehen/

telc Deutsch B2 am 17.02.2024

Das Thema des Textes ist „Tiere - eine gute Geschenkidee“.

Im Text steht:

Die meisten Eltern erwarten von ihren **minderjährigen Kindern**, dass sie spätestens um 22:00 Uhr zu Hause sein werden. Sie stützen sich dabei auf **die Autorität des Jugendschutzgesetzes**.

(ผู้ปกครองส่วนใหญ่คาดหวังให้**ลูกหลานที่ยังไม่บรรลุนิติภาวะ**ของตนกลับบ้านภายในเวลา 22.00 น. เป็นอย่างช้าที่สุด พวกเขายึดถือตาม**อำนาจ**ตาม**พระราชบัญญัติคุ้มครองเยาวชน**)

Grundsätzlich bleibt es den Eltern überlassen, wie lange sie ihren Kindern erlauben, nach draußen zu gehen. (**โดยหลักการแล้ว** ขึ้นอยู่กับผู้ปกครองว่าจะอนุญาตให้ลูกออกไปข้างนอกได้นานแค่ไหน)

Die Jugendlichen **argumentieren** damit, dass ihre Eltern ihnen erlauben, bis 23 oder 24 Uhr Ausgang zu haben. (คนหนุ่มสาว**แย้ง**ว่าพ่อแม่อนุญาตให้อยู่นอกบ้านได้จนถึง 4 ทุ่มหรือเที่ยงคืน)

Eltern wollen ihre Kinder früh zu Hause sehen, weil sie Angst haben, ihre **Aufsichtspflicht** zu verletzen.

(ที่พ่อแม่/ผู้ปกครองอยากเห็นลูกๆ กลับบ้านเร็วเพราะกลัวจะฝ่าฝืน**หน้าที่การดูแล**)

Sie möchten Jugendliche vor **schlechten Einflüssen** und Gefahren **schützen**.

(พวกเขาต้องการ**ปกป้อง**คนหนุ่มสาวจาก**อิทธิพลที่ไม่ดี** และอันตราย)

Andererseits sollten Eltern natürlich auch **die Fähigkeit** ihrer Kinder fördern, **selbst Verantwortung** für sich zu übernehmen.

(ในทางตรงกันข้าม พ่อแม่ควรสนับสนุน**ความสามารถ**ในการ ให้ลูกมี**ความรับผิดชอบต่อตนเอง**ด้วย)

Wenn Eltern ihre Kinder länger weggeben wollen, müssen sie auf sie **vertrauen** können.

(หากพ่อแม่ต้องการปล่อยลูกๆไปนานๆ(ดึกๆ) ก็ต้อง**ไว้วางใจหรือเชื่อใจ** พวกเขาได้)

Meiner Meinung nach ist die Autorität des Jugendschutzgesetzes angemessen, deshalb sollten Eltern sich auf das Gesetz verlassen.

(**ในความคิดเห็นของฉัน,** กฎการคุ้มครองวัยรุ่น เป็นสิ่งที่สมเหตุสมผล, เพราะฉะนั้น ผู้ปกครองควรจะปฏิบัติตามกฎ)

Allerdings, wenn sie ihre Kinder für eine lange Zeit abgeben möchten.

(**อย่างไรก็ตาม,** ถ้าผู้ปกครอง (คุณพ่อคุณแม่) ต้องการปล่อยให้ลูกๆ ไปข้างนอกนาน (หรือดึกกว่า)

Es ist notwendig, dass die Kinder den Eltern mitteilen, an welchem Ort und zu welchem Zeitpunkt sie sich aufhalten.

(**สิ่งสำคัญคือ,** เด็กๆ หรือลูกๆ ควรแจ้ง คุณพ่อคุณแม่ ให้ทราบว่า เราอยู่ที่ไหน เมื่อไหร่)

(Ein hohes Maß an **Vertrauen** ist **unerlässlich**, um eine angemessene Balance zwischen persönlicher Verantwortung und Schutz zu finden.)

(**ความเชื่อใจ/ ความไว้วางใจ**อย่างมาก **เป็นสิ่งสำคัญ**ในการที่จะหาสมดุลระหว่างการมีความรับผิดชอบต่อตนเองและการคุ้มครอง)

Ich gehe davon aus, dass die Jugendlichen im Sommer spätestens um 22 Uhr ausgehen sollten.

(**ฉันมีความคิดเห็นว่า**, เด็กวัยรุ่น ควรกลับบ้าน ไม่เกิน 4 ทุ่ม ในช่วงฤดูร้อน)

Jedoch sollte es im Winter früher sein, und ich würde gerne vorschlagen, dass es nicht länger als 18 Uhr ist.

(**แต่ยังไงก็ตาม**ในช่วงฤดูหนาว ควรกลับบ้าน (ไม่ออกนอกบ้าน) เร็วกว่า, และขอเสนอว่า ไม่ควรออกนอกบ้านเกิน 6 โมงเย็น)

Ich bin mir nicht sicher, ob es in Thailand auch ein **Jugendgesetz** gibt.

(**ฉันไม่แน่ใจว่า,** ในเมืองไทย มี**กฎการคุ้มครองเด็ก**รึเปล่า)

In der Regel schlage ich vor, spätestens um 18 Uhr zu gehen.

(**แต่โดยทั่วไปแล้ว** ฉันแนะนำว่า ดึกสุดไม่ควรเกิน 6 โมงเย็น)

Beispiel N20: Tierversuch: Vor- und Nachteile

(การใช้สัตว์ในการทดลอง (ทางวิทยาศาสตร์ หรือทางการแพทย์): Pro ข้อดีและ Kontra ข้อเสีย?

Quelle: แหล่งที่มา: 1. https://www.tierversuche-verstehen.de/erfolge-durch-tierversuche/

2: https://www.ardalpha.de/wissen/natur/tiere/tierversuche-kosmetik-deutschland-ethik-alternativen-pro-contra-100.html

3: https://www.peta.de/themen/warum-werden-tierversuche-durchgefuehrt/

telc Deutsch B2 am 21.03.2024

Das Thema des Textes ist „Tierversuche: Vor- und Nachteile".

Im Text steht:

Tierversuche sind Lebensretter für Menschen.

(**การใช้สัตว์ในการทดลอง** เป็นการช่วยเหลือชีวิต ของมนุษย์(คนเรา)

Die Erforschung von **Tuberkulose**, **Diabetes und Krebs** könnte nur durch Tierversuche erfolgen, um ***Medikamente oder Chemikalien*** an einzelnen Zellen im Reagenzglas zu testen, um zu wissen, welche ***Auswirkungen*** sie auf einen lebenden Organismus haben.

(**การวิจัย**เกี่ยวกับ**โรควัณโรค** **เบาหวาน และมะเร็ง**สามารถทำได้โดยการทดสอบในสัตว์ทดลองเท่านั้น เพื่อทดสอบ***ยาหรือสารเคมี***ในแต่ละเซลล์ในหลอดทดลอง เพื่อทราบว่าสิ่งเหล่านี้มี***ผลกระทบ***ต่อสิ่งมีชีวิตอย่างไร)

Andererseits leiden **die Tiere an den Schmerzen**.

(**แต่ในอีกด้านนึง** การทดลอง **สัตว์ก็จะได้รับความเจ็บปวดและทนทุกข์ทรมาน**)

Nachdem die Tiere erforscht wurden, können sie Schmerzen und Leid **verursachen**.

(**หลังจากที่สัตว์ได้รับการวิจัย(ทดลอง)แล้ว,** ถูก**ทำให้เกิด/ เป็นสาเหตุ**ความเจ็บปวดและความทุกข์ทรมานได้)

Die Tiere werden nach **Ende der Versuche** meist **getötet.**

(สัตว์เหล่านี้ส่วนใหญ่มักจะ**ถูกฆ่า**เมื่อ**สิ้นสุดการทดลอง**)

Es ist für viele nicht vertretbar, Tiere für das Wohlergehen des Menschen zu töten.

(**สำหรับคนอีกหลายๆคนเป็นสิ่งที่ยอมรับไม่ได้**, การฆ่าสัตว์เพื่อสุขภาพของมนุษย์)

Obwohl die Ähnlichkeit zwischen Ratten und Menschen riesengroß ist, sind viele **Erkenntnisse** nicht auf den Menschen übertragbar.

(**แม้ว่า**หนูกับมนุษย์จะมี**ความคล้ายคลึงกัน**มาก แต่**การค้นพบ**หลายอย่างไม่สามารถถ่ายโอนไปยังมนุษย์ได้)

Die Forschung hat jetzt einen Punkt erreicht, an dem **künstliche Organe gezüchtet** werden können. Experimente sollten nur mit Computern gemacht werden.

(ปัจจุบันมี**การวิจัย**ถึงจุดที่สามารถ**ปลูกอวัยวะเทียม**ได้แล้ว การทดลองควรทำด้วยคอมพิวเตอร์เท่านั้น)

Meiner Meinung nach sind Tierversuche kein Unsinn, denn mit ihnen können viele **wirksame Medikamente** gegen tödliche Krankheiten wie ***Tuberkulose und Krebs*** gefunden werden.

(**ในความคิดของฉัน** การทดลองในสัตว์ไม่ใช่เรื่องไร้สาระ(สมเหตุสมผล) เพราะสามารถใช้เพื่อค้นหา**ยาที่มีประสิทธิภาพ**ในการรักษาโรคร้ายแรง เช่น ***วัณโรคและมะเร็ง***)

Computersimulationen können nur genutzt werden, wenn man alle Funktionen des Körpers kennt.

(**การจำลองด้วยคอมพิวเตอร์**สามารถใช้ได้เฉพาะเมื่อทราบการทำงานทั้งหมดของร่างกายเท่านั้น)

Nichtsdestotrotz ist es wichtig, die Diskussion fortzusetzen und nach alternativen Methoden zu suchen, um den Erkenntnisgewinn zu fördern und **unnötiges Tierleid** zu ***vermeiden***.

(**อย่างไรก็ตาม** การอภิปรายหรือ โต้แย้ง และมองหาวิธีการอื่นเพื่อที่จะเพิ่มความรู้และ***หลีกเลี่ยง*** **ความทุกข์ทรมานสัตว์โดยไม่จำเป็น**เป็นสิ่งสำคัญ)

Tiere dürfen nicht nur aus **Spaß** oder **Unsinn** gefoltert und getötet werden.

(สัตว์ไม่ควรถูกทรมานและฆ่าเพียงเพื่อ**ความสนุกสนาน**หรือ**เรื่องไร้สาระ(ไม่สมเหตุสมผล)**

Ich habe **keine direkten Erfahrungen** mit diesem Thema, jedoch sehe ich in Thailand in einigen Medizinfabriken, dass bei **der Herstellung von Medikamenten** Tierversuche wie Mäuse und Kaninchen eingesetzt werden.

(ฉัน**ไม่มีประสบการณ์โดยตรง**กับหัวข้อนี้ แต่ฉันเคยเห็นในเมืองไทย **โรงงานผลิตยา**บางแห่งใช้สัตว์ เช่น หนูและกระต่ายในการทดลอง ในการผลิตยา)

Beispiel N21: Die Ganztagsschule. (โรงเรียนที่เปิดตลอดทั้งวัน)

Quelle: แหล่งที่มา: https://www.bertelsmann-stiftung.de/fileadmin/files/BSt/Publikationen/GrauePublikationen/GP_Ganztagsschulen_in_Deutschland.pdf

telc Deutsch B2 am 17.02.2024

Das Thema des Textes ist „Die Ganztagsschule".

Im Text steht: Im Jahr 2016 nahm die Zahl **der Ganztagsschüler** erneut zu und erreichte 42,5 %.

(**ข้อความระบุว่า:** ในปี 2016 จำนวน**นักเรียนแบบเต็มวัน**เพิ่มขึ้นอีกครั้ง ถึง 42.5%)

Laut einer aktuellen **Umfrage** aus dem Jahr 2019 sind 78 % der **Befragten** bereit, das System der Ganztagsschulen auszubauen.
(จาก**การสำรวจ**ล่าสุดในปี 2019 พบว่า 78% ของ**ผู้ตอบแบบสอบถาม**พร้อมที่จะขยายระบบการเรียนแบบทั้งวัน)

Grundsätzlich gibt es die Ganztagsschule für jede Schulform.
(**โดยหลักการแล้ว** โรงเรียนทุกประเภทจะมีโรงเรียนแบบเปิดทั้งวัน ทุกโรงเรียนอยู่แล้ว)

Aber die Ganztagsschule ist nicht **verfügbar**. (แต่โรงเรียนแบบเต็มวัน **หาไม่ได้ง่าย(ไม่มีจัดให้)**

Laut der deutschen **Kultusministerkonferenz** ist eine Ganztagsschule eine Schule, **die mindestens** drei Tage pro Woche Ganztagsunterricht anbietet.
(จากข้อมูลของ**การประชุมรัฐมนตรีกระทรวงศึกษาธิการและวัฒนธรรมแห่งเยอรมนี** โรงเรียนที่เปิดทั้งวันคือ (หมายถึง) โรงเรียนที่เปิดสอนเต็มเวลา**อย่างน้อย**สามวันต่อสัปดาห์)

Da jedes Bundesland seine eigene Ganztagsschulpolitik verfolgt, unterscheiden sich die Unterrichtsformen, Betreuungskonzepte und auch die Kosten für die Eltern.
(**เนื่องจาก**แต่ละรัฐมีนโยบายโรงเรียนเปิดทั้งวันของตนเองที่แตกต่างกันออกไปทั้ง ประเภทของการสอน แนวคิดการดูแล และค่าใช้จ่ายสำหรับผู้ปกครองจึงแตกต่างกัน)

Es ist unklar, ob Schüler in einer Ganztagsschule besser oder schlechter sind als diejenigen in einer Halbtagsschule. (**ยังไม่เป็นที่ชัดเจนว่า,** นักเรียนในโรงเรียนเต็มวันจะดีกว่าหรือแย่กว่านักเรียนในโรงเรียนแบบครึ่งวัน)

Die Entscheidung für oder gegen eine Ganztagsschule hängt von individuellen **Ansichten und Bedürfnissen** des Schülers und seiner Eltern ab.
(**การตัดสินใจ**เลือกหรือคัดค้านการเรียนแบบทั้งวันขึ้นอยู่กับ**มุมมองและความต้องการ**ของนักเรียนและผู้ปกครองแต่ละคน)

<u>Meiner Meinung nach</u> bietet die Ganztagsschule für einige **Berufstätige** Vorteile, wie die Eltern, die den ganzen Tag arbeiten müssen.
<u>(ในความคิดของฉัน</u> โรงเรียนแบบทั้งวันมีข้อดีสำหรับ**คนทำงาน**บางคน เช่น พ่อแม่ที่ต้องทำงานทั้งวัน)

Eine Ganztagsschule in Deutschland und anderen Ländern ist oft eine Chance, die Bildungschancen zu verbessern und die Vereinbarkeit von Beruf und Familie zu erleichtern.

(โรงเรียนที่เปิดทั้งวันในเยอรมนีและประเทศอื่นๆ มักจะนำมาซึ่งโอกาส ที่จะใช้ในการปรับปรุงโอกาสทางการศึกษา และทำให้ง่ายต่อการรวมเรื่องงานและครอบครัวเข้าด้วยกัน)

Diese bieten den Schülern mehr Zeit für **die individuelle Betreuung** und ermöglichen ein breites Spektrum an Aktivitäten.
(สิ่งเหล่านี้จะช่วยให้นักเรียนมีเวลามากขึ้นในเรื่อง**การดูแล หรือสนับสนุน รายบุคคล** และสามารถทำกิจกรรมอันหลากหลายได้)

<u>Allerdings</u> sind die Ansichten zu diesem Thema breit gefächert und hängen von **individuellen Erfahrungen und Ansichten** ab.
<u>(อย่างไรก็ตาม</u> มุมมองในหัวข้อนี้เป็นมุมมองที่กว้างๆ และขึ้นอยู่กับ**ประสบการณ์และมุมมองของแต่ละบุคคล**)

Es gibt sowohl **staatliche als auch private** Ganztagsschulen **in Thailand**.

(ใน ประเทศไทยมีโรงเรียนแบบเต็มวันทั้งโรงเรียน**ภาครัฐบาลและเอกชน**)

Die staatlichen Schulen sind meistens kostenlos und folgen dem Lehrplan von der **Regierung**.
Private Schulen müssen oft Geld bezahlen. Sie können auch spezielle Programme anbieten.

(**โรงเรียนของรัฐส่วน**ใหญ่เปิดสอนฟรีและเป็นไปตามหลักสูตรของ**รัฐบาล**โรงเรียนเอกชนมักจะต้องเสียเงิน ซึ่งโรงเรียนเอกชนเหล่านี้ มีการ จัดให้มีโปรแกรมพิเศษอีกด้วย)

Quelle: <u>https://www.thailand-spezialisten.com/thailand-informationen/land-leute/bildungssystem-in-thailand/</u>

Beispiel N22: Trinkgeld geben

(การให้ทิป (กับพนักงานที่บริการเรา): Pro ข้อดีและ Kontra ข้อเสีย?

Quelleแหล่งที่มา:: https://www.merkur.de/leben/geld/gaeste-servicekraefte-geld-rechnung-kellner-freundlichkeit-trinkgeld-restaurant-kriterien-zr-92580676.html

telc Deutsch B2 am 21.03.2024

Das Thema des Textes ist „Trinkgeld geben: Vor- und Nachteile".

Im Text steht:

Trinkgelder sind eine Anerkennung für den freundlichen oder **kompetenten** Service.

(การให้**ทิป**ถือเป็น ได้รับการยอมรับว่าแสดงถึงความเป็นมิตรหรือ**มีความสามารถ**ในการบริการ)

Manche sehen darin auch einen **Anreiz** zur Bevorzugung oder gar **Bestechung.**

(บางคนมองว่านี่เป็น**สิ่งกระตุ้น**ให้เกิดการเล่นพรรคเล่นพวกหรือแม้แต่ถือว่าเป็น**การติดสินบน**)

Es ist manchmal schwierig **nachzuvollziehen**, wer eigentlich Trinkgeld erhält: Die Kellnerin hat Anspruch darauf, aber **die Stewardess im Flugzeug** nicht.

(บางครั้งเป็นเรื่องยากที่จะ**เข้าใจ**ว่าใครควรเป็นผู้ได้รับทิป: พนักงานเสิร์ฟมีสิทธิ์ได้รับทิป แต่**แอร์โฮสเตสบนเครื่องบิน**กลับไม่ได้รับทิป)

Trinkgelder sind in manchen Berufen **essenziell** und das Gehalt ist daher oft **niedrig.**

(ทิปถือเป็นสิ่ง**สำคัญ**ในบางอาชีพ ซึ่งเงินเดือนได้รับมักจะ**ต่ำ/น้อย**กว่าปกติ)

Wer **das Gefühl** hat, schlecht oder unfreundlich **bedient** zu werden, hat das Recht, kein Trinkgeld zu geben. (ใครก็ตามที่**รู้สึก**ว่าตน**ได้รับบริการ**ไม่ดีหรือไม่เป็นมิตรก็มีสิทธิ์ที่จะไม่ให้ทิปก็ได้)

Über **die Höhe des Trinkgeldes** besteht oft Unsicherheit.

(มักจะมีความไม่แน่นอนเกี่ยวกับ**จำนวนเงินของทิป**)

Trinkgeld ist in manchen Ländern **nicht üblich**.
(การให้ทิป**ไม่ใช่เรื่องปกติ/ไม่ค่อยมีให้เห็น** ในบางประเทศ)

Meiner Meinung nach ist Trinkgeld eine Wertschätzung für Dankbarkeit und Freundlichkeit. Immer wieder zahle ich Angestellten, Kellnern, Friseuren und Servicekräften Trinkgeld.

(ในความคิดของฉัน การให้ทิปคือการแสดงความขอบคุณและความเมตตา (มีน้ำใจ) ฉันมักจะจ่ายทิปให้กับพนักงาน พนักงานเสิร์ฟ ช่างทำผม และพนักงานบริการเสมอ)

Die Höhe des Trinkgelds hängt davon ab, wie viel Geld ich habe.

(จำนวนทิปขึ้นอยู่กับจำนวนเงินที่ฉันมี)

Allerdings bin ich **der Meinung**, dass Trinkgeld in einigen Ländern nicht üblich ist.

(**อย่างไรก็ตาม** ฉันเชื่อว่า/มี**ความเห็น**ว่า การให้ทิปไม่ใช่เรื่องปกติในบางประเทศ)

(Als ich in Japan war, **wurde mir mitgeteilt**, dass Kellnern kein Trinkgeld geben sollten.)

(ตอนฉันไปญี่ปุ่น **มีคนบอกฉันว่า** เราไม่ควรให้ทิปกับพนักงานในร้านอาหาร)

Vor der Reise ist es wichtig, sich über **die Gewohnheiten** oder die Kultur der Menschen am Zielort zu informieren.

(ก่อนการเดินทาง สิ่งสำคัญคือต้องมีข้อมูลเกี่ยวกับ **นิสัย/ความคุ้นเคย**หรือวัฒนธรรมของผู้คนที่จุดหมายปลายทางของคุณที่จะไป)

Viele Restaurants in Thailand **berechnen** 10 % **des Essenspreises** als Trinkgeld.

(ร้านอาหารหลายแห่งในประเทศไทย**คิดเงิน/เรียกเก็บเงิน** 10% **ของราคาอาหาร** เพื่อเป็นค่าทิป)

Neben der Kasse des Imbisses gibt es **zahlreiche Trinkgeldboxen** und man kann sich **entscheiden**, ob er Trinkgeld geben möchte oder nicht.

(ข้างๆ ของร้านอาหาร หรือ สแน็คบาร์ ตรงที่จ่ายเงิน มี**กล่องทิปมากมาย** และคนเราสามารถ**ตัดสินใจ**ได้ว่าจะให้ทิปหรือไม่ก็ได้)

Beispiel N23: Alkoholmissbrauch

(การดื่ม(หรือใช้)แอลกอฮอล์ (สุรา, เครื่องดื่มที่มีแอลกอฮอล์)แบบผิดกฎหมาย หรือทำให้เกิดโทษ)

Quelle: แหล่งที่มา:

https://www.welt.de/politik/article838538/Innenminister-wollen-Flatrate-Partys-verbieten.html

telc Deutsch B2 am 21.03.2024

Das Thema des Textes ist „Alkoholmissbrauch".

Im Text steht:

Die Innenminister der Union wollen **Flatrate-Partys** verbieten, bei denen man **unbegrenzt** Alkohol trinken kann.

(รัฐมนตรีมหาดไทยของสหภาพต้องการห้ามการ**จัดปาร์ตี้แบบเหมาจ่าย**ที่คุณสามารถดื่มแอลกอฮอล์ได้**ไม่จำกัด**)

Sie sind überzeugt, dass ein bundesweites Verbot **notwendig** ist.

(พวกเขาเชื่อว่าว่า**จำเป็น**ต้องสั่งห้ามทั่วประเทศ)

Das kleine Bundesland wird es durch **die Gaststätten** recht **verwirklichen**.

(สหพันธรัฐเล็กๆ **ดำเนินการ**กับเรื่องนี้เริ่มจากผ่านทาง**ร้านอาหาร**)

Einige Politiker **fordern**, dass bestehende Bestimmungen im Jugendschutz und **Gaststättengesetz** strenger umgesetzt werden müssen.

(นักการเมืองบางคน**เรียกร้อง**ให้มีการนำบทบัญญัติที่มีอยู่ในการคุ้มครองเยาวชนและ**กฎหมายร้านอาหาร**มาบังคับใช้อย่างเข้มงวดมากขึ้น)

In Deutschland darf man Bier, Wein und Sekt nicht an Jugendliche unter 16 Jahren geben.

(ในเยอรมนี ไม่อนุญาตให้เบียร์ ไวน์ และสปาร์กลิ้งไวน์แก่เยาวชนที่มีอายุต่ำกว่า 16 ปี)

Auch **Alkohol** darf man nicht an Kinder unter 18 Jahren geben.

(ไม่อนุญาตให้ **เครื่องดื่มแอลกอฮอล์/สุรา**แก่เด็กอายุต่ำกว่า 18 ปี)

Es ist nicht erlaubt, Alkohol an Leute zu geben, die **betrunken** sind.

ไม่อนุญาตให้มอบเครื่องดื่มแอลกอฮอล์แก่ผู้ที่**เมา**แล้ว)

Laut der **Fachstelle für Suchtprävention** in Berlin nimmt der **Alkoholkonsum** unter Kindern stark zu. (จากข้อมูลของสำนักงาน**ผู้เชี่ยวชาญเพื่อป้องกันการติดยาเสพติด**ในเบอร์ลิน **การบริโภคเครื่องดื่มแอลกอฮอล์**ในเด็กเพิ่มขึ้นอย่างรวดเร็ว)

Von 2000 bis 2005 hat sich die Anzahl der 15- bis 19-Jährigen, die Alkohol getrunken haben, **verdoppelt.** (ตั้งแต่ปี 2000 ถึง 2005 จำนวนเด็กอายุ 15 ถึง 19 ปีที่ดื่มแอลกอฮอล์**เพิ่มขึ้นสองเท่า**)

Meiner Meinung nach hat Alkoholkonsum sowohl Nachteile als auch Vorteile und führt zu **Alkoholmissbrauch.**

(ในความคิดของฉัน การบริโภคเครื่องดื่มแอลกอฮอล์มีทั้งข้อเสียและข้อดี และนำไปสู่การ**ใช้แอลกอฮอล์ในทางที่ผิด**)

Daher stimme ich zu, dass **Pauschalpartys** untersagt werden sollten.

(ดังนั้นฉันจึงเห็นด้วยว่าควรแบน**ปาร์ตี้แบบแพ็คเกจ/แบบเหมาจ่าย**)

Zudem bin ich **überzeugt,** dass Alkoholkonsum nicht nur für Jugendliche unter 16, sondern auch für Jugendliche unter 18 Jahren **verboten** sein sollte.

(นอกจากนี้แล้ว ฉัน**เชื่อมั่นว่า**ควร**ห้าม**ดื่มแอลกอฮอล์ไม่เพียงแต่สำหรับเยาวชนอายุต่ำกว่า 16 ปีเท่านั้น แต่ยังรวมถึงเยาวชนอายุต่ำกว่า 18 ปีด้วย นอกจากนี้ ไม่ควรเสิร์ฟหรือเสนอเครื่องดื่มแอลกอฮอล์ให้กับผู้ใหญ่ที่เมาแล้ว)

(Allerdings nehme ich keine alkoholischen Getränke zu mir.) (แต่ฉันไม่ดื่มเครื่องดื่มแอลกอฮอล์)

In Thailand gelten **spezielle Gesetze,** die den Konsum und den Verkauf von Alkohol regeln, um die öffentliche Ordnung und **Sicherheit** zu gewährleisten.

(ในประเทศไทยมี**กฎหมายพิเศษ**ควบคุมการบริโภคและการขายเครื่องดื่มแอลกอฮอล์เพื่อให้เกิดความสงบเรียบร้อยและ**ความปลอดภัย**ของประชาชน

Beispielsweise:ตัวอย่างเช่น:

Alkoholische Getränke **dürfen** nur zwischen 11 und 14 Uhr und ab 17 Uhr bis Mitternacht **verkauft** werden.

(เครื่องดื่มแอลกอฮอล์**อนุญาตให้ขาย**ได้เฉพาะระหว่างเวลา 11.00 น. ถึง 14.00 น. และตั้งแต่ 17.00 น. ถึงเที่ยงคืนเท่านั้น)

Der Verkauf von Alkohol an Jugendliche unter 18 Jahren ist verboten.

(ห้ามขายเครื่องดื่มแอลกอฮอล์ให้กับเยาวชนที่มีอายุต่ำกว่า 18 ปี)

Weiterhin ist es in den Hotels und Restaurants **im Schulbereich** untersagt, Alkohol zu verkaufen.

(นอกจากนี้แล้ว ยังห้ามขายเครื่องดื่มแอลกอฮอล์ในโรงแรมและร้านอาหารที่ตั้งใน**เขตที่ใกล้โรงเรียน**ด้วย)

Beispiel N24: Einkaufen mit elektronischem Personalausweis

(การช้อปปิ้ง โดยใช้บัตรประจำตัวประชาชนแบบ อิเล็คทรอนิค)

Quelle: แหล่งที่มา: https://www.verbraucherzentrale.de/wissen/digitale-welt/onlinedienste/onlineausweisfunktion-so-nutzen-sie-die-vorteile-des-epersonalausweises-98801

telc Deutsch B2 am 17.02.2024

Das Thema des Textes ist „Einkaufen mit elektronischem Personalausweis".

Im Text steht:

Der elektronische Personalausweis (E-Perso) soll alles besser machen.

(บัตรประจำตัวอิเล็กทรอนิกส์ (E-Perso) ควรจะ ทำให้ทุกอย่างดีขึ้น)

Mit einem **Lesegerät** und einer PC-Software namens **Ausweis App** kann man sich online im Internet ausweisen.

(โดยใช้**เครื่องอ่าน**และซอฟต์แวร์คอมพิวเตอร์ที่เรียกว่า**แอปบัตรประจำตัว** คุณสามารถระบุตัวเองทางออนไลน์บนอินเทอร์เน็ต)

Viele Bürger fürchten, **ihre Daten und Identität** zu verlieren, wenn sie ihren Ausweis dafür verwenden.

(ประชาชนจำนวนมากกลัวที่จะสูญเสีย**ข้อมูล(การบ่งชี้ตัวตน),** หากพวกเขา ใช้บัตรประจำตัวประชาชนเพื่อจุดประสงค์นี้)

Der Erfolg des E-Perso ist wahrscheinlich darauf zurückzuführen, dass der E-Perso teurer geworden ist. (ความสำเร็จของ E-Perso อาจเนื่องมาจากการที่ E-Perso มีราคาแพงด้วย)

Wer den E Perso bestellt, muss etwa 30 EUR zahlen.

(ใครก็ตามที่สั่ง E Perso ต้องจ่ายประมาณ 30 ยูโร)

Damit die Online-Funktionen genutzt werden können, muss die digitale Identifizierung aktiviert werden. (หากต้องการใช้ฟังก์ชันออนไลน์ จะต้องเปิดใช้งานการระบุตัวตนแบบดิจิทัล)

Der Nutzer muss auch ein Lesegerät kaufen, um den Ausweis online verwenden zu können.

(ผู้ใช้จะต้องซื้อเครื่องอ่านเพื่อใช้บัตรประจำตัวทางออนไลน์ด้วย)

Ferner ist die Zahl der Firmen, die Dienstleistungen mit E-Perso anbieten, relativ gering.

(นอกจากนี้ จำนวนบริษัทที่ให้บริการกับ E-Perso ยังมีค่อนข้างน้อย)

Trotzdem sind Experten der Meinung, dass der E-Perso in Zukunft mehr Anwendung finden wird. อย่างไรก็ตามผู้เชี่ยวชาญมีความเห็นว่า E-Perso จะมีการใช้งานมากขึ้นในอนาคต

Aktuell sind lediglich 13,5 Millionen neue Ausweise im Umlaut und lediglich 3,8 Millionen neue Ausweise aktiviert worden.

(ปัจจุบันมีบัตรประจำตัวใหม่ในระบบเครื่องหมาย เพียง 13.5 ล้านใบ และบัตรประชาชนเปิดใช้งานใหม่ แล้วเพียงแค่ 3.8 ล้านใบ)

<u>Meiner Meinung nach</u> bietet das Einkaufen mit dem elektronischen Personalausweis einige Vorteile. (ในความคิดของฉัน การช้อปปิ้งด้วยบัตรประจำตัวอิเล็กทรอนิกส์มีข้อดีหลายประการ)

Die Anwendung ist jedoch mit hohen Kosten verbunden.

(อย่างไรก็ตามแอปพลิเคชันนี้ยังมีค่าใช้จ่ายที่สูง)

Es gibt derzeit **nur wenige Unternehmen**, die verfügbar sind.

(ปัจจุบันมี**เพียงไม่กี่บริษัท**เท่านั้น)

Zudem nutzen **die meisten Deutschen** diese E-Person nicht gerne, weil sie fürchten, ihre **Identität** zu verlieren.

(นอกจากนี้ **คนเยอรมันส่วนใหญ่**ไม่ชอบใช้ e-person นี้เพราะพวกเขากลัวที่จะสูญเสีย**ข้อมูลส่วนบุคคล**)

Ich nutze E-Perso auch nicht, weil ich befürchte, dass meine persönlichen Daten nicht mehr sicher sind.

(ฉันไม่ได้ใช้ E-Perso เพราะฉันกลัวว่าข้อมูลส่วนตัวของฉันจะไม่ปลอดภัยอีกต่อไป)

Aus diesen Gründen bin ich überzeugt, dass der elektronische Personalausweis wieder **abgeschafft** wird.

(ด้วยเหตุผลเหล่านี้ ฉันจึงเชื่อว่าบัตรประจำตัวอิเล็กทรอนิกส์จะถูกยกเลิกอีกครั้ง)

Ich bin mir nicht sicher, ob es einen elektronischen Personalausweis (ePA) gibt, der für Einkäufe in Thailand verwendet werden kann.

(ฉันไม่แน่ใจว่ามีบัตรประจำตัวอิเล็กทรอนิกส์ (ePA) ที่สามารถใช้ในการซื้อสินค้าในประเทศไทยได้หรือไม่)

Beispiel N25: Selbst gekocht schmeckt es am besten

(อาหารรสชาติดีที่สุดเมื่อปรุงด้วยตัวเอง(ทำอาหารเอง))

Quelle: https://eatsmarter.de/ernaehrung/gesund-ernaehren/selbst-gekocht-schmeckt-am-besten

telc Deutsch B2 am 17.02.2024

Das Thema des Textes ist „Selbst gekocht schmeckt es am besten".

Im Text steht: Selbst gekocht schmeckt es am besten. (อาหาร**รสชาติดี/อร่อย ที่สุด**เมื่อปรุงด้วยตัวเอง (ทำอาหารเอง)

Eine **Befragung** der Gesellschaft für **Konsumforschung** (GfK) ergab, dass 84 Prozent der Deutschen dieser Meinung sind. (**การสำรวจ**โดยสมาคม**วิจัยผู้บริโภค** (GfK) พบว่าคนเยอรมัน 84 เปอร์เซ็นต์มีความคิดเห็นนี้)

Die Schnelligkeit des Essens führt häufig zu Einbußen in Geschmack und Qualität.
(ความเร็วในการรับประทานมักทำให้สูญเสียรสชาติและคุณภาพ)

Die Vorteile des Selbstkochens sind **vielfältig**. (**ข้อดี/ประโยชน์** ของการทำอาหารเองมี**มากมาย**)
Man weiß, was in der **Nahrung** enthalten ist. (คุณรู้ว่ามีอะไรอยู่ใน**อาหาร**ของคุณ)
Selbst gekochtes ist eine natürliche Kost mit einem **Minimum** an **unerwünschten** Stoffen.
(อาหารปรุงเองที่บ้านเป็นอาหารธรรมชาติที่มีสารที่**ไม่พึงประสงค์น้อยที่สุด**)
Menschen mit **Nahrungsmittelallergie** oder **Unverträglichkeit** können Lebensmittel meiden, die sie nicht mögen.
(ผู้ที่**แพ้อาหารหรือทานไม่ได้** สามารถหลีกเลี่ยงอาหารที่พวกเขาไม่ชอบได้)

Meiner Meinung nach hat Selbstkochen viele Vorteile.
(**ในความคิดของฉัน** การทำอาหารเองก็มีข้อดีหลายประการ)
Zum Beispiel man weiß, was in seinem Essen enthalten ist. Menschen mit **Nahrungsmittelallergien** können Lebensmittel **meiden**, die sie nicht mögen.
(ตัวอย่างเช่น คุณรู้ว่ามีอะไรอยู่ในอาหารของคุณ ผู้ที่**แพ้อาหาร** สามารถ**หลีกเลี่ยง**อาหารที่พวกเขาไม่ชอบได้)
Ich bin mir jedoch nicht sicher, dass Selbstkochen am besten schmeckt und eine **bessere Qualität** hat, da ich nicht gut kochen kann und selten koche.
(**อย่างไรก็ตาม ฉันไม่แน่ใจว่า**การทำอาหารเองจะมีรสชาติดีที่สุดและมี**คุณภาพดีกว่า**หรือไม่ เนื่องจากฉันทำอาหารไม่เก่งและไม่ค่อยทำอาหาร)

Ich bin überzeugt, dass man im Restaurant leckeres Essen mit hohem Nährwert und guter Qualität genießen kann.

(ฉันเชื่อว่า คนเรา สามารถที่จะเพลิดเพลินกับอาหารที่รสชาติอร่อยๆ ที่มีคุณค่าทางโภชนาการสูงและคุณภาพดีได้ ใน ร้านอาหาร)

In Thailand ist es **nicht üblich**, dass junge Leute selbst kochen, da es dort viele gute Fast-Food-Läden und Restaurants gibt.

(ในประเทศไทย**ไม่ใช่เรื่องปกติ/ไม่ค่อยมีให้เห็น** ที่คนหนุ่มสาวจะทำอาหารเอง เนื่องจากมีร้านอาหารฟาสต์ฟู้ดดีๆ และร้านอาหารมากมาย)

Ich denke, liebt es nur **die ältere Generation**, selbst zu kochen.
(ฉันคิดว่า, มีแต่**คนรุ่นเก่า**เท่านั้นที่ชอบทำอาหารทานเอง)

Beispiel 26: Thema „Ist gutes Verhalten altmodisch?“

(การมีมารยาทดี/พฤติกรรมที่ดีล้าสมัยหรือไม่)

Das Verhalten kann viel über uns selbst aussagen.
(พฤติกรรมสามารถบอกอะไรได้มากมายเกี่ยวกับตัวเรา)

Schlechtes Verhalten führt zu schlechten Gefühlen und schlechter Stimmung.
(พฤติกรรมที่ไม่ดีนำไปสู่ความรู้สึกที่ไม่ดีและบรรยากาศที่แย่)

Gutes Verhalten ist, sich selbst und andere zu respektieren, anderen zu helfen, freundlich und zuvorkommend zu sein.
(พฤติกรรมที่ดีคือการเคารพตนเองและผู้อื่น ช่วยเหลือผู้อื่น มีความสุภาพและเอื้อเฟื้อ)

Meiner Meinung nach sollte ein gutes Verhalten in jeder Generation als gutes Vorbild dienen und nicht als altmodisch angesehen werden.
(**ในความเห็นของฉัน** พฤติกรรมที่ดีควรเป็นแบบอย่างที่ดีในทุกยุคทุกสมัย และไม่ควรถูกมองว่าเป็นเรื่องล้าสมัย))

Beispiel 27: Thema „Bio oder konventionell? Ist Bio wirklich gesünder?“

Das Thema des Textes ist „Bio oder konventionell? Ist Bio wirklich gesünder?“
(หัวข้อของข้อความคือ “อาหารออร์แกนิกหรืออาหารทั่วไป? ออร์แกนิกดีต่อสุขภาพจริงหรือ?”)

Im Text steht, dass ... (ในข้อความกล่าวว่า...)

– Bio-Lebensmittel sind wahrscheinlich gesünder, weil sie weniger Pestizide enthalten.
(อาหารออร์แกนิก**น่าจะดีต่อสุขภาพมากกว่า** เพราะมีสารเคมีตกค้างน้อยกว่า)

– Einige konventionelle Lebensmittel sind leicht kontaminiert, während andere ziemlich hoch sind. (อาหารทั่วไปบางชนิดมี**การปนเปื้อน**ในระดับต่ำ ขณะที่บางชนิดมีระดับที่ค่อนข้างสูง)

Ich stimme dieser Aussage zu. (ฉัน**เห็นด้วย**กับข้อความนี้)

Meiner Meinung ist Bio wirklich gesünder. (ในความเห็นของฉัน อาหารออร์แกนิกดีต่อสุขภาพจริง)

Vorteile gibt es z. B.: Bio kann das Krankheitsrisiko senken, z. B. Krebs, Karzinome.
(ข้อดี เช่น ออร์แกนิกสามารถ**ลดความเสี่ยงของโรค** เช่น มะเร็งและเนื้องอก)

Andererseits gibt es auch den Nachteil, z. B.: Bio ist teurer als konventionell, denn biologischer Anbau ist aufwendiger.
(**ในทางกลับกัน**ก็มี**ข้อเสีย** เช่น ออร์แกนิกมีราคาสูงกว่าอาหารทั่วไป เพราะการเพาะปลูกแบบออร์แกนิกมีความยุ่งยากมากกว่า)

Beispiel 28. Thema „Vegetarier " (มังสวิรัติ)

Meiner Meinung nach ist vegetarische Ernährung ungesund.
(ในความเห็นของฉัน การกินมังสวิรัติไม่ดีต่อสุขภาพ)

Man soll eine Kombination aus Fleisch und Gemüse konsumieren.
(เราควรบริโภคทั้งเนื้อสัตว์และผักควบคู่กัน)

z. B. Wir brauchen Eiweiß aus Fleisch und Vitamine aus Gemüse und Obst.
(เช่น เราต้องการโปรตีนจากเนื้อสัตว์ และวิตามินจากผักและผลไม้)

Es gibt Nachteile: Es gibt einige Probleme, Vegetarier zu sein.
(มีข้อเสียบางประการในการเป็นมังสวิรัติ)

z. B. Der Körper bekommt nicht genug Vitamine. (เช่น ร่างกายอาจได้รับวิตามินไม่เพียงพอ)

Wenn Frauen sich längere Zeit vegetarisch ernähren, kann dies zu einem Eisenmangel führen, der bei Frauen zu „Amenorrhoe" führt.
(หากรับประทานอาหารมังสวิรัติเป็นเวลานาน อาจทำให้เกิดภาวะขาดธาตุเหล็ก ซึ่งในผู้หญิงอาจนำไปสู่ภาวะขาดประจำเดือน)

Beispiel 29: Sparkonto für Kinder telc Deutsch B2 am 17.02.2024

Quelle: https://www.derstandard.at/consent/tcf/story/1381370257583/eine-kleine-geschichte-des-sparens

Das Thema des Textes ist „Sparkonto für Kinder". (บัญชีออมทรัพย์สำหรับเด็ก)

Im Text steht: Es gab früher Geld, das einmal im Jahr auf das Sparbuch wanderte oder einen Banksparplan, der monatliche Einzahlungen enthielt. **Derzeit ist beides nicht mehr sinnvoll**, wenn man für seine Kinder, Enkel oder Patenkind Geld sparen möchte. Das Magazin „Finanztest" untersucht rund 150 Banken für Kinder. Es ist **nicht einfach, eine zufriedenstellende Rendite zu erzielen**, aber es ist möglich.

Viele Banken und Sparkassen bieten spezielle Guthabenkonten für Minderjährige an, die meist besser verzinst sind als normale Konten.

Ein ETF-Sparplan für monatliche Einzahlungen ermöglicht, deutlich mehr Rendite zu erzielen.

Meiner Meinung nach ist das Sparkonto für Kinder eine sinnvolle Investition.

Kindersparkonten bieten im Vergleich zu anderen Anlageformen häufig niedrigere Zinssätze.

Ferner ist das Geld auf dem Sparkonto in der Regel für einen bestimmten Zeitraum gebunden.

Jedoch besteht bei einem Kindersparkonto im Vergleich zu einem ETF-Sparplan kein Risiko, dass man sein gesamtes Erspartes verlieren wird.

Als ich Kind war, hatte ich immer fünf Baht in der Schweinespardose gespart. (1 EUR entspricht etwa 39 Baht.) Wenn die Dose voll ist, öffnen meine Eltern und ich die Dose und bezahlen das Geld auf mein Sparkonto bei der Bank.

In Thailand ist es üblich, dass Kinder am Kindertag zur Bank gehen, um ein Bankkonto zu eröffnen, weil die Bank jedem Kind immer eine Schweinespardose als Kindestagesgeschenk schenkt.

Was ist deine Meinung dazu? Wie ist die aktuelle Situation in deinem Heimatland?

(สแกน QRโค้ดเพื่อชมดูวีดีโอการสอนของครูปู ที่อธิบายเพิ่มเติมได้เลยค่ะ

Das Thema des Textes ist „Sparkonto für Kinder".
(หัวข้อของข้อความคือ "บัญชีออมทรัพย์สำหรับเด็ก")

Im Text steht: Es gab früher Geld, das einmal im Jahr auf das Sparbuch wanderte oder einen Banksparplan, der monatliche Einzahlungen enthielt.
(ข้อความกล่าวว่าในอดีต ผู้คนมักฝากเงินเข้าสมุดบัญชีออมทรัพย์ปีละครั้ง หรือใช้แผนการออมของธนาคารที่มีการฝากเงินรายเดือน)
Derzeit ist beides nicht mehr sinnvoll, wenn man für seine Kinder, Enkel oder Patenkind Geld sparen möchte.
(ปัจจุบัน วิธีเหล่านี้ไม่ค่อยเหมาะสมหากต้องการออมเงินให้ลูก หลาน หรือเด็กในความดูแล)
Das Magazin „Finanztest" untersucht rund 150 Banken für Kinder.
(นิตยสาร "Finanztest" ได้ทำการสำรวจธนาคารประมาณ 150 แห่งที่มีบริการสำหรับเด็ก)
Es ist nicht einfach, eine zufriedenstellende Rendite zu erzielen, aber es ist möglich.
(การได้รับผลตอบแทนที่น่าพอใจไม่ใช่เรื่องง่าย แต่ก็เป็นไปได้)

Viele Banken und Sparkassen bieten spezielle Guthabenkonten für Minderjährige an, die meist besser verzinst sind als normale Konten. (ธนาคารและธนาคารออมสินหลายแห่งมีบัญชีเงินฝากพิเศษสำหรับผู้เยาว์ ซึ่งมักให้ดอกเบี้ยสูงกว่าบัญชีทั่วไป)

Ein ETF-Sparplan für monatliche Einzahlungen ermöglicht, deutlich mehr Rendite zu erzielen. (แผนการออมแบบ ETF ที่ฝากเงินรายเดือนสามารถให้ผลตอบแทนสูงกว่าอย่างชัดเจน)

Meiner Meinung nach ist das Sparkonto für Kinder eine sinnvolle Investition.
(**ในความเห็นของฉัน** บัญชีออมทรัพย์สำหรับเด็กเป็นการลงทุนที่มีเหตุผล)

Kindersparkonten bieten im Vergleich zu anderen Anlageformen häufig niedrigere Zinssätze. (บัญชีออมทรัพย์สำหรับเด็กมักให้ดอกเบี้ยน้อยกว่าการลงทุนรูปแบบอื่น)

Ferner ist das Geld auf dem Sparkonto in der Regel für einen bestimmten Zeitraum gebunden. (นอกจากนี้ เงินในบัญชีออมทรัพย์มักจะถูกผูกไว้ในระยะเวลาหนึ่ง)

Jedoch besteht bei einem Kindersparkonto im Vergleich zu einem ETF-Sparplan kein Risiko, dass man sein gesamtes Erspartes verlieren wird. (อย่างไรก็ตาม บัญชีออมทรัพย์สำหรับเด็กไม่มีความเสี่ยงที่จะสูญเสียเงินออมทั้งหมดเหมือนกับแผน ETF)

Als ich Kind war, hatte ich immer fünf Baht in der Schweinespardose gespart. (1 EUR entspricht etwa 39 Baht.) (ตอนที่ฉันยังเป็นเด็ก ฉันมักจะหยอดกระปุกออมสินรูปหมูวันละห้าบาทเสมอ (1 ยูโรเท่ากับประมาณ 39 บาท))

Wenn die Dose voll ist, öffnen meine Eltern und ich die Dose und bezahlen das Geld auf mein Sparkonto bei der Bank.
(เมื่อกระปุกเต็ม คุณพ่อคุณแม่และฉันจะเปิดกระปุกและนำเงินไปฝากเข้า**บัญชีธนาคาร**ของฉัน)

In Thailand ist es üblich, dass Kinder am Kindertag zur Bank gehen, um ein Bankkonto zu eröffnen, weil die Bank jedem Kind immer eine Schweinespardose als <u>Kindestagesgeschenk</u> schenkt. (**ในประเทศไทย** เด็ก ๆ มักจะไปธนาคารในวันเด็กเพื่อเปิดบัญชี เพราะธนาคารจะแจกกระปุกออมสินเป็น**<u>ของขวัญวันเด็ก</u>**ให้กับเด็กทุกคน)

Beispiel N30: Mehrsprachige Erziehung (การเลี้ยงดู/การศึกษา/การฝึก แบบหลายภาษา)

telc Deutsch B2 am 16.04.2024

Das Thema des Textes ist „Mehrsprachige Erziehung".

Im Text steht: Psychologen und Erzieher warnen vor zu viel Ehrgeiz, Sprachstress kann später zu Lernproblemen führen.

Die Eltern sehen, dass **Fremdsprachenkenntnisse eine wichtige Voraussetzung für eine erfolgreiche Karriere sind.**

Die Mehrsprachigkeit im Kindesalter bietet aus entwicklungspsychologischer Sicht einige Vorteile. **Die Kinder, die multilingual erzogen wurden, lernen später auch andere Sprachen leichter.**

Die kommunikative Kompetenz von mehrsprachig erzogenen Kindern ist in der Regel stärker ausgeprägt.

Die Anforderungen der Eltern führen zu einem regelrechten Lernstress, den das Kind hat.

Die Expertin warnt, dass negative Erfahrungen mit Fremdsprachen später zu Lernproblemen führen können.

Meiner Meinung nach bietet **Mehrsprachigkeit im Kindesalter zahlreiche Vorteile und erleichtert das Erlernen anderer Sprachen.** Dadurch **wird die kommunikative Kompetenz der Kinder stärker ausgeprägt.** (Diese Kinder haben die Möglichkeit, einen neuen Blickwinkel auf Themen zu entwickeln und kreativ auf ihren Alltag zu reagieren.)

Es ist jedoch ratsam, die Kinder nicht unter Druck zu setzen, sondern ihnen Freude am Lernen zu vermitteln. Ich habe keine direkten Erfahrungen mit diesem Thema.

Es gibt jedoch viele Kindergärten in Thailand, die mindestens zwei Sprachen wie Englisch und Chinesisch für Kinder anbieten.

Was ist deine Meinung dazu? Hast du Erfahrung damit?

สแกน QRโค้ดเพื่อชมดูวีดีโอการสอนของครูปู ที่อธิบายเพิ่มเติมได้เลยค่ะ

Das Thema des Textes ist „Mehrsprachige Erziehung".
(หัวข้อของข้อความคือ "**การเลี้ยงดูแบบหลายภาษา**")

Im Text steht: Psychologen und Erzieher warnen vor zu viel Ehrgeiz, Sprachstress kann später zu Lernproblemen führen. (ในข้อความกล่าวว่า **นักจิตวิทยาและครู(ผู้ดูแลเด็ก)เตือน**ว่าความทะเยอทะยานมากเกินไปอาจทำให้เด็กเครียดเรื่องภาษา และนำไปสู่ปัญหาการเรียนรู้ในภายหลัง)

Die Eltern sehen, dass Fremdsprachenkenntnisse eine wichtige Voraussetzung für eine erfolgreiche Karriere sind.
(ผู้ปกครองมองว่าความสามารถด้านภาษาต่างประเทศเป็นเงื่อนไขสำคัญสำหรับ**ความสำเร็จในอาชีพ**)

Die Mehrsprachigkeit im Kindesalter bietet aus entwicklungspsychologischer Sicht einige Vorteile. (การพูดได้หลายภาษาตั้งแต่วัยเด็กมีข้อดีหลายประการใน**มุมมองของจิตวิทยาพัฒนาการ**)

Die Kinder, die multilingual erzogen wurden, lernen später auch andere Sprachen leichter. (**เด็กที่เติบโต**มาในสภาพแวดล้อม**หลายภาษา**จะเรียนรู้ภาษาอื่นได้ง่ายขึ้นในภายหลัง)

Die kommunikative Kompetenz von mehrsprachig erzogenen Kindern ist in der Regel stärker ausgeprägt. (**ทักษะการสื่อสาร**ของเด็กที่เติบโตมาในสภาพแวดล้อมหลายภาษามักจะเด่นชัดกว่า)

Die Anforderungen der Eltern führen zu einem regelrechten Lernstress, den das Kind hat.
(ความต้องการของผู้ปกครองอาจทำให้เด็กเกิด**ความเครียดในการเรียนรู้**)

Die Expertin warnt, dass negative Erfahrungen mit Fremdsprachen später zu Lernproblemen führen können.
(ผู้เชี่ยวชาญเตือนว่าประสบการณ์เชิงลบกับภาษาต่างประเทศอาจ**นำไปสู่ปัญหาการเรียนรู้**ในอนาคต)

Meiner Meinung nach bietet Mehrsprachigkeit im Kindesalter zahlreiche Vorteile und erleichtert das Erlernen anderer Sprachen.
(**ในความเห็นของฉัน** การพูดได้หลายภาษาตั้งแต่วัยเด็กมีข้อดีมากมาย และช่วยให้เรียนรู้ภาษาอื่นได้ง่ายขึ้น)

Dadurch wird die kommunikative Kompetenz der Kinder stärker ausgeprägt.
(สิ่งนี้ช่วยเสริมสร้างทักษะการสื่อสารของเด็กให้**เด่นชัด**ยิ่งขึ้น)

(Diese Kinder haben die Möglichkeit, einen neuen Blickwinkel auf Themen zu entwickeln und kreativ auf ihren Alltag zu reagieren.) (เด็กเหล่านี้มีโอกาสมองเห็นสิ่งต่าง ๆ จาก**มุมมองใหม่** และ**ตอบสนอง**ต่อชีวิตประจำวันอย่างสร้างสรรค์)

Es ist jedoch ratsam, die Kinder nicht unter Druck zu setzen, sondern ihnen Freude am Lernen zu vermitteln. (อย่างไรก็ตาม ควรหลีกเลี่ยงการกดดันเด็ก และควร**ปลูกฝัง/ให้ความสุขในการเรียนรู้**แทน)

Ich habe keine direkten Erfahrungen mit diesem Thema. (ฉันไม่มี**ประสบการณ์**ตรงเกี่ยวกับเรื่องนี้)

Es gibt jedoch viele Kindergärten in Thailand, die mindestens zwei Sprachen wie Englisch und Chinesisch für Kinder anbieten.
(อย่างไรก็ตาม ในประเทศไทยมีโรงเรียนอนุบาลหลายแห่งที่สอน**อย่างน้อย**สองภาษา เช่น ภาษาอังกฤษและภาษาจีน)

Beispiel N31: Englisch als weltweite Unternehmenssprache

(ภาษาอังกฤษเป็นภาษาในองค์กร(ในบริษัท)ระดับโลก)

Quelle: https://languagekitchen.ch/2024/10/28/englisch-als-unternehmenssprache/

telc Deutsch B2 am 15.04.2024

Das Thema des Textes ist „Englisch als weltweite Unternehmenssprache".

Im Text steht: Unternehmen, die international tätig sind, verwenden auch Englisch in anderen lokalen Märkten.

Man kann über die Vor- und Nachteile diskutieren und es ist unbestritten, dass Englisch die Sprache der Wirtschaft und Wissenschaft geworden ist.
Die Befürworter argumentieren, dass Englisch für nahezu jede globale Firma eine wichtige Sprache geworden ist. Dadurch spart man Geld für Dolmetscher und Übersetzungen.

Unternehmen haben oft Angst, dass ihre Mitarbeiter in ihren Fähigkeiten eingeschränkt sind. Eine unterschiedliche Denkweise könnte **dazu führen, dass die Organisation das Potenzial, die Ideen und Perspektiven ihrer Mitarbeiter nicht nutzen kann.**

Meiner Meinung nach erleichtert eine gemeinsame Sprache die Kommunikation und Teamarbeit. Es ist von Vorteil, eine Sprache zu haben, mit der man mit jedem und überall auf der Welt kommunizieren kann. **Ich bin davon überzeugt, dass Englisch sowohl in der Wirtschaft als auch in der Wissenschaft immer eine wichtige Rolle spielen wird.**

Es ist jedoch ratsam, lokale Sprachen und Dialekte zu etablieren und zu fördern.

Als ich in Japan studierte, gab es 14 Studenten aus sieben Nationen.

Um Missverständnisse zu vermeiden, verwendeten wir im Unterricht ausschließlich Englisch, was wiederum zu Harmonie und Zusammengehörigkeit im Team führte.

Was ist deine Meinung dazu? Hast du Erfahrung damit?

(สแกน QRโค้ดเพื่อชมดูวีดีโอการสอนของครูปู ที่อธิบายเพิ่มเติมได้เลยค่ะ)

Das Thema des Textes ist „Englisch als weltweite Unternehmenssprache".
(หัวข้อของข้อความคือ "**ภาษาอังกฤษในฐานะภาษาสากลขององค์กรธุรกิจ**")

Im Text steht: Unternehmen, die international tätig sind, verwenden auch Englisch in anderen lokalen Märkten.
(ในข้อความกล่าวว่า บริษัทที่ดำเนินธุรกิจในระดับสากลมักใช้ภาษาอังกฤษแม้ในตลาดท้องถิ่นอื่น ๆ)

Man kann über die Vor- und Nachteile diskutieren und es ist unbestritten, dass Englisch die Sprache der Wirtschaft und Wissenschaft geworden ist. (สามารถถกเถียงกันได้ทั้งข้อดีและข้อเสีย แต่ไม่มีข้อโต้แย้งว่า ภาษาอังกฤษได้กลายเป็นภาษาหลักของเศรษฐกิจและวิทยาศาสตร์)

Die Befürworter argumentieren, dass Englisch für nahezu jede globale Firma eine wichtige Sprache geworden ist.
(ผู้ที่สนับสนุนให้เหตุผลว่า ภาษาอังกฤษเป็นภาษาที่สำคัญสำหรับเกือบทุกบริษัทระดับโลก)

Dadurch spart man Geld für Dolmetscher und Übersetzungen.
(สิ่งนี้ช่วยประหยัดค่าใช้จ่ายในการ**จ้างล่ามและแปลเอกสาร**)

Unternehmen haben oft Angst, dass ihre Mitarbeiter in ihren Fähigkeiten eingeschränkt sind. (บริษัทมักกังวลว่าพนักงานของตนอาจมี**ข้อจำกัดด้านทักษะ**ภาษา)

Eine unterschiedliche Denkweise könnte dazu führen, dass die Organisation das Potenzial, die Ideen und Perspektiven ihrer Mitarbeiter nicht nutzen kann.
(**ความแตกต่างทางความคิด**อาจทำให้องค์กรไม่สามารถใช้ศักยภาพ ความคิด และมุมมองของพนักงานได้อย่างเต็มที่)

Meiner Meinung nach erleichtert eine gemeinsame Sprache die Kommunikation und Teamarbeit.
(ในความเห็นของฉัน การมีภาษาร่วมกัน**ช่วยให้**การสื่อสารและการทำงานเป็นทีม**ง่ายขึ้น**)

Es ist von Vorteil, eine Sprache zu haben, mit der man mit jedem und überall auf der Welt kommunizieren kann. (การมีภาษาที่สามารถใช้สื่อสารกับทุกคนทั่วโลกได้ถือเป็นข้อได้เปรียบ)

Ich bin davon überzeugt, dass Englisch sowohl in der Wirtschaft als auch in der Wissenschaft immer eine wichtige Rolle spielen wird.
(ฉันเชื่อมั่นว่า ภาษาอังกฤษจะยังคงมีบทบาทสำคัญทั้งใน**ด้านเศรษฐกิจและวิทยาศาสตร์**)

Es ist jedoch ratsam, lokale Sprachen und Dialekte zu etablieren und zu fördern.
(อย่างไรก็ตาม ควรส่งเสริมและรักษา**ภาษาท้องถิ่นและภาษาถิ่น/ภาษาพื้นเมือง**ไว้ด้วย)

Als ich in Japan studierte, gab es 14 Studenten aus sieben Nationen.
(ตอนที่ฉันเรียนที่ญี่ปุ่น **มีนักเรียน 14 คนจาก 7 ประเทศ**)

Um Missverständnisse zu vermeiden, verwendeten wir im Unterricht ausschließlich Englisch, was wiederum zu Harmonie und Zusammengehörigkeit im Team führte.
(เพื่อ**หลีกเลี่ยงความเข้าใจผิด** เราใช้ภาษาอังกฤษในการเรียนการสอนเท่านั้น ซึ่งช่วยสร้างความสามัคคีและความรู้สึกเป็นหนึ่งเดียวในทีม)

Beispiel 32: Thema „Reich sein." (หัวข้อ "การเป็นคนรวย")

Meiner Meinung nach gibt es keinen Nachteil, reich zu sein.
(**ในความ คิดเห็นของฉัน** การเป็นคนรวยไม่มีข้อเสียเลย)

Da ich normalerweise gerne Menschen helfe und gerne spende, um anderen Menschen zu helfen, obwohl ich nicht reich bin.
(เนื่องจากโดยปกติฉันชอบช่วยเหลือผู้อื่นและชอบบริจาคเพื่อช่วยเหลือผู้คน แม้ว่าฉันจะไม่ใช่คนรวยก็ตาม)

Deshalb denke ich, wenn ich reich wäre, kann ich mehr Menschen helfen und mehr spenden. (**ดังนั้น**ฉันคิดว่า ถ้าฉันรวย ฉันจะสามารถช่วยเหลือผู้คนได้มากขึ้นและบริจาคได้มากขึ้น)

Beispiel 33: Thema „Tattoo Schmuck für die Ewigkeit“

(Thema „Tattoo Schmuck für die Ewigkeit“)

Quelle: แหล่งที่มา: https://www.zeitjung.de/sind-tattoos-schoen-studie-offenbart-schwindende-faszination/

Das Thema des Textes ist „Tattoo, Schmuck für die Ewigkeit“.
(หัวข้อของข้อความคือ “**รอยสัก: เครื่องประดับถาวร/ตลอดกาล**”)

Im Text steht, Tattoos sind mittlerweile salonfähig, und die Zahl der Studios wächst.
(**ในข้อความกล่าวว่า** ปัจจุบันรอยสักได้รับการยอมรับในสังคมมากขึ้น และจำนวนร้านสักก็เพิ่มขึ้นเรื่อย ๆ)

Eine Entscheidung für ein Tattoo sollte gut überlegt sein – sowohl die Körperstelle als auch das Motiv spielen eine wichtige Rolle.
(**การตัดสินใจ**สักควรพิจารณาอย่างรอบคอบ ทั้งตำแหน่งบนร่างกายและลวดลายมีความสำคัญ)

Während eine Laserbehandlung Tattoos entfernen kann, ist sie oft teuer und schmerzhaft. (แม้ว่าการ**ลบรอยสักด้วยเลเซอร์**จะเป็นไปได้ แต่มักมีค่าใช้จ่ายสูงและเจ็บปวด)

Eine aktuelle Studie zeigt, dass jüngere Menschen Tattoos positiver bewerten als ältere.
(การศึกษาล่าสุดแสดงให้เห็นว่าคนรุ่นใหม่**มอง**รอยสัก**ในแง่บวก**มากกว่าคนรุ่นเก่า)

Meiner Meinung nach ist ein Tattoo nicht nur teuer, sondern auch schmerzhaft.
(ในความ คิดเห็นของฉัน รอยสักไม่เพียงแต่มีราคาแพง แต่ยังเจ็บปวดด้วย)

Obwohl ich weder für noch gegen das Tätowieren bin, denke ich, dass es mehr Nachteile als Vorteile hat. (แม้ว่าฉันจะไม่ได้เห็นด้วยหรือคัดค้านการสัก แต่ฉันคิดว่ามี**ข้อเสียมากกว่าข้อดี**)

Es ist möglich, dass man anstelle eines dauerhaften Tattoos viele kreative Möglichkeiten ausprobiert, um seinen Körper zu dekorieren.
(อาจจะดีกว่าหากลองใช้**วิธีตกแต่งร่างกายแบบสร้างสรรค์อื่น** ๆ แทนการสักถาวร)

Ein Tattoo, das man nicht mehr mag, kann zu einem Albtraum werden.
(รอยสักที่เราไม่ชอบอีกต่อไปอาจกลายเป็น**ฝันร้าย**ได้)

In Thailand gibt es eine besondere Art von Tattoos, die Sak Yant genannt werden.
(ในประเทศไทยมีรอยสักประเภทพิเศษ**ที่เรียกว่า** “สักยันต์”)

Diese Tattoos dienen der Stärkung des Trägers und verleihen ihm Schutz, Reichtum oder Glück. (รอยสักเหล่านี้มีไว้เพื่อเสริมพลังให้ผู้สัก และมอบ**การปกป้อง ความมั่งคั่ง หรือโชคลาภ**)

Viele Thais und Touristen tragen mittlerweile ein magisches Sak Yant Tattoo, um ein glückliches, gesegnetes Leben zu erlangen.
(คนไทยและนัก**ท่องเที่ยว**จำนวนมากนิยมสักยันต์เพื่อให้มีชีวิตที่มีความสุขและได้รับพร)

3. Quelle: https://4everthailand.com/sak-yant-tattoo-thailands-magische-tattoos/

Beispiel 34: Thema „Wie lange dürfen Jugendliche abends ausgehen?".

(How long are young people allowed to go out in the evening?)

telc Deutsch B2 am 17.02.2024

Quelle: แหล่งที่มา: https://www.familie.de/schulkind/jugendschutzgesetz-wie-lange-darf-mein-kind-ausgehen/

Das Thema des Textes ist „Wie lange dürfen Jugendliche abends ausgehen?".
(หัวข้อของข้อความคือ "**วัยรุ่นควรออกไปข้างนอกตอนเย็นได้นานแค่ไหน**")

Im Text steht: Eltern erwarten oft, dass ihre minderjährigen Kinder spätestens um 22:00 Uhr zu Hause sind, gestützt auf das Jugendschutzgesetz.
(ในข้อความกล่าวว่า ผู้ปกครองมักคาดหวังให้**ลูก/หลานที่ยังไม่บรรลุนิติภาวะ**กลับถึงบ้านไม่เกิน 22.00 น. ตามกฎหมายคุ้มครองเยาวชน)

Jugendliche hingegen argumentieren, dass ihre Eltern ihnen längere Ausgangszeiten erlauben. (ในทางกลับกัน วัยรุ่นให้เหตุผลว่าผู้ปกครองควรอนุญาตให้**ออกไปข้างนอก**ได้นานกว่านี้)

Eltern sorgen sich um ihre Aufsichtspflicht und möchten ihre Kinder vor schlechten Einflüssen und Gefahren schützen.
(ผู้ปกครองกังวลเกี่ยวกับ**หน้าที่ในการดูแล** และต้องการปกป้องลูกจากอิทธิพลที่ไม่ดีและอันตราย)

Ich gehe davon aus, dass die Jugendlichen im Sommer spätestens um 22 Uhr ausgehen sollten. (ฉันคิดว่าในช่วงฤดูร้อน วัยรุ่นควรกลับบ้าน**ไม่เกิน 22.00 น.**)

Jedoch sollte es im Winter früher sein, und ich würde gerne vorschlagen, dass es nicht länger als 18 Uhr ist. (แต่ในฤดูหนาวควรกลับบ้านเร็วกว่านั้น และฉันขอแนะนำว่าไม่ควรเกิน 18.00 น.)

Ich bin mir nicht sicher, ob es in Thailand auch ein Jugendgesetz gibt.
(ฉันไม่แน่ใจว่าในประเทศไทยมี**กฎหมายคุ้มครองเยาวชน**เช่นกันหรือไม่)

In der Regel schlage ich vor, spätestens um 18 Uhr zu gehen.
(โดยทั่วไป ฉันขอแนะนำว่าไม่ควรออกไปข้างนอกเกิน 18.00 น.)

Beispiel 4: Eine einzelne Person

(บุคคลคนหนึ่งที่สำคัญ ในชีวิตเรา (ใคร , เมื่อไหร่ ,ทำไม)

Liebe ...., ich möchte dir von **einer besonderen Person erzählen.**

Eine einzelne Person, die einen bedeutenden **Einfluss** auf mein Leben hatte und immer haben wird, ist meine Mutter, Prayoon Danwongsa.

(คนหนึ่งที่มีมี**อิทธิพล**ต่อชีวิตฉันอย่างมากคือคุณแม่ของฉัน (คุณแม่ประยูร แดนวงษา)

Meine Mutter wurde in einem kleinen Dorf auf dem Land in Thailand geboren.

Mir wurde gesagt, dass meine Mutter, als sie jung war, **nicht nur intelligent, sondern auch lernbegierig** war. Deshalb war sie in der Grundschule immer Klassenbeste. Allerdings durften zu dieser Zeit nicht viele Mädchen ihre Ausbildung fortsetzen, sodass meine Mutter die Möglichkeit hatte, ihre Schule nur mit der 4. Klasse abzuschließen.

(คุณแม่ของฉันเกิดในหมู่บ้านเล็กๆ ในชนบทของประเทศไทย คุณแม่บอกฉันว่าตอนที่คุณแม่ยังเด็ก ท่าน**ไม่เพียงฉลาด, แต่ยังกระตือรือร้นที่จะเรียนรู้**ด้วย นั่นเป็นเหตุผลที่ว่าทำไมคุณแม่ถึงสอบได้ที่ 1 ของชั้นเรียนในโรงเรียนประถมเสมอ อย่างไรก็ตาม ในเวลานั้นมีเด็กผู้หญิงจำนวนไม่มากนักที่ได้รับอนุญาตให้เรียนต่อ สูงขึ้น ดังนั้นคุณแม่ของฉันจึงมีโอกาสเรียนจบเพียงชั้นประถมศึกษาปีที่ 4 เท่านั้น)

Meine Mutter hat uns **beigebracht,** gut, ehrlich, **<u>fleißig und sparsam</u>** zu sein.

Weiterhin hat sie meinen Geschwistern und mir immer beigebracht, so viel wie möglich zu lernen. (คุณแม่**สอน**ให้เราเป็นคนดี ซื่อสัตย์ **<u>ขยันและประหยัด</u>**

นอกจากนี้ ท่านมักจะสอนพี่น้องของฉันและฉันเรียนให้เรียนหนังสือให้สูงที่สุด)

Weil meine Mutter **sehr streng** war, als ich Kind war, gab es in unserer Familie viele **<u>strenge Regeln</u>**.

Kinder dürfen beispielsweise nicht ins Kino gehen. Fernsehen ist während der Schulzeit strengstens untersagt. Es gab auch einige strenge Regeln, wie wir ***keinen Kaugummi kauen durften.***

(เนื่องจากคุณแม่ของฉัน**เข้มงวดมาก,** ในตอนที่ฉันยังเด็ก ครอบครัวของเราจึงมี**<u>กฎเกณฑ์ที่เข้มงวด</u>**มากมาย เช่น ห้ามลูกๆเข้าโรงภาพยนตร์ ห้ามดูโทรทัศน์โดยเด็ดขาดในช่วงวันจันทร์ ถึงศุกร์ นอกจากนี้ยังมีกฎเกณฑ์ที่เข้มงวดบางประการเช่น***ห้ามเคี้ยวหมากฝรั่ง***)

Obwohl meine Mutter sehr **streng und ordentlich** ist, hat sie auch Sinn für Humor. Wie jeder weiß, hatte ich Angst vor Geistern und manchmal schmierte sie sich weiße Kosmetikcreme ins Gesicht und **flüsterte leise** und wartete vor meiner Schlafzimmertür auf mich. Ich war jedoch nicht schockiert, weil ich wusste, dass sie es sein musste.
(แม้ว่าคุณแม่ของฉันจะ**เข้มงวดและเป็นระเบียบเรียบร้อย**มาก แต่เธอก็มีอารมณ์ขันด้วย อย่างที่ทุกคนรู้ ฉันกลัวผี และบางครั้งเธอก็ทาครีมเครื่องสำอางสีขาวบนใบหน้าและ**กระซิบเบาๆ** แล้วรอฉันที่หน้าประตูห้องนอน ฉันไม่ได้ตกใจ เพราะฉันรู้ว่าต้องเป็นท่านอยู่แล้ว)

Es gibt viele gute Dinge in meinem Leben, und dies ist eines davon.
An meinem 15. Geburtstag überraschte mich meine Mutter, indem sie mir eine Geburtstagstorte Prachuap Khiri Khan nach Bangkok brachte, ohne dass es jemand wusste.
(มีสิ่งดี ๆ มากมายในชีวิตของฉัน สิ่งหนึ่งในนั้นก็คือ
ในวันเกิดปีที่ 15 ของฉัน คุณแม่ของฉันทำให้ฉันประหลาดใจโดยนำเค้กวันเกิดของประจวบคีรีขันธ์มาให้ฉันที่กรุงเทพฯ โดยไม่มีใครรู้)

Ich war **so beeindruckt** von ihr, und ich habe viel geweint. Ich weinte nicht, weil ich traurig war, sondern im Gegenteil, weil ich glücklich war.
(ฉัน**ประทับใจมาก** และฉันร้องไห้หนักมาก ฉันไม่ได้ร้องไห้เพราะฉันเศร้า แต่ในทางกลับกันเพราะฉันมีความสุข)

Eine andere Sache, die ich für meine Mutter besonders fand, da sie am besten kochen kann.
Es wirkte sich auch auf meine **Essgewohnheiten** aus, weil ich nicht einfach das Essen anderer Leute essen konnte, weil ich glaubte, dass das Essen meiner Mutter das Beste war.
(อีกอย่างหนึ่งที่ฉันพบว่าพิเศษสำหรับคุณแม่ของฉันคือท่านทำอาหารเก่งที่สุด นอกจากนี้ยังส่งผลต่อ**นิสัยการกิน**ของฉันด้วยเพราะฉันไม่สามารถทานอาหารของคนอื่นได้เพราะฉันเชื่อว่าอาหารของคุณแม่อร่อยที่สุด)

Meine Mutter kann nicht nur gut kochen, sie kann auch **hervorragend backen**.
(คุณแม่ของฉันไม่เพียงแต่ทำอาหารเก่งเท่านั้น แต่ยัง**เก่งเรื่องการทำขนม**อีกด้วย)

Ich erinnere mich gut, dass sie in meiner Jugend ein paar thailändische Süßigkeiten gebacken hat und ich sie zum Verkauf mitgebracht habe.

Ich habe es **genossen**, Süßigkeiten von meiner Mutter zu verkaufen.

(ฉันจำได้ดีว่าในวัยเด็กของฉันเธออบขนมไทยและฉันก็นำมันมาขาย ฉัน**สนุก**กับการขายขนมจากคุณแม่ของฉัน)

Als ich in der Krankenpflegeschule war, brachte ich meinen **Klassenkameraden** selbst gebackene Kekse.

(ตอนที่ฉันเรียนพยาบาล ฉันนำคุกกี้ ที่คุณแม่ทำ มาให้**เพื่อนร่วมชั้น**ด้วย)

Ich bin so dankbar, dass sie uns auf diese Weise vermittelt. Ich liebe meine Mutter über alles und bin **so stolz,** ihre Tochter zu sein.

(ฉันรู้สึกขอบคุณมากที่คุณแม่สอนพวกเรามาแบบนี้ ฉันรักคุณแม่มากๆ และ**ภูมิใจมาก**ที่ได้เป็นลูกสาวของท่าน)

Obwohl wir uns seit fast 3 Jahren nicht mehr persönlich getroffen haben, haben wir uns jeden Tag online unterhalten.

(**แม้ว่า**เราจะไม่ได้เจอกันเกือบ 3 ปี, แต่เราคุยกันออนไลน์ทุกวัน)

Ich möchte euch mehr darüber erzählen, aber wir müssen auf die Zeit achten.
Habt ihr welche Fragen an mich?

Beispiele der Fragen zum Thema **„Eine Person"**
(ตัวอย่างคำถามในหัวข้อ **บุคคล(ที่สำคัญ)คนหนึ่ง)**

1. Wie alt ist deine Mutter? คุณแม่ของคุณอายุเท่าไหร่?

2. Wann möchtest du noch mal deine Mutter besuchen?

(คุณอยากไปเยี่ยมคุณแม่อีกครั้งเมื่อไหร่?)

Beispiel 5: ein Film (ภาพยนตร์)

Hallo zusammen, ich möchte euch über einen besonderen Film erzählen.

Der Film heißt Wunder (Originaltitel: Wonder).

(ชื่อภาพยนตร์คือ "**Wunder**" หรือชื่อภาษาอังกฤษว่า "Wonder")

Wunder ist ein US-amerikanisches Filmdrama von Stephen Chbosky, das 2017 in den USA und 2018 in Deutschland veröffentlicht wurde.

(Wunder เป็น**ภาพยนตร์ดราม่าจากสหรัฐอเมริกา** กำกับโดย Stephen Chbosky เข้าฉายในปี 2017 ที่อเมริกา และปี 2018 ที่เยอรมนี)

Es erzählt die Geschichte des zehnjährigen Auggie Pullman, der am Treacher-Collins-Syndrom leidet. (เรื่องราวเกี่ยวกับเด็กชายวัย 10 ขวบชื่อ Auggie Pullman ซึ่งป่วยเป็นโรค Treacher-Collins)

Nach zahlreichen Operationen und jahrelangem Homeschooling besucht er eine Privatschule, wo er zunächst gemieden wird, aber schließt Freundschaft mit Jack Will.

(**หลังจากผ่านการผ่าตัดหลายครั้ง**และเรียนที่บ้านมาหลายปี เขาเริ่มเข้าเรียนในโรงเรียนเอกชน ซึ่งในตอนแรกเขาถูกหลีกเลี่ยง แต่ต่อมาได้เป็นเพื่อนกับ Jack Will)

Summer Dawson begegnet Auggie von Anfang an freundlich und zeigt, dass wahre Freundschaft nichts mit Äußerlichkeiten zu tun hat. Trotz sozialen Drucks bleibt sie ihm treu. (Summer Dawson ปฏิบัติต่อ Auggie อย่างเป็นมิตรตั้งแต่แรก และแสดงให้เห็นว่ามิตรภาพที่แท้จริงไม่เกี่ยวกับรูปลักษณ์ภายนอก แม้จะมีแรงกดดันทางสังคม เธอก็ยังคงเป็นเพื่อนที่ซื่อสัตย์)

Julian Albans, der Hauptantagonist, beginnt als Mobber, doch Auggie überwindet die Hindernisse mit der Unterstützung seiner Familie und Freunde.

(Julian Albans **ตัวร้ายตัวหลัก** เริ่มต้นจากการเป็นคนรังแก แต่ Auggie ก็สามารถเอาชนะอุปสรรคได้ด้วยการสนับสนุนจากครอบครัวและเพื่อน ๆ)

Am Schuljahresende erhält Auggie die Henry-Ward-Beecher-Medaille für seine außergewöhnliche Persönlichkeit.

(เมื่อสิ้นปีการศึกษา Auggie ได้รับเหรียญ Henry-Ward-Beecher สำหรับ**บุคลิกภาพที่โดดเด่น**ของเขา)

Der Film endet mit Standing Ovations, während seine Mutter ihn als ein „Wunder" bezeichnet. (ภาพยนตร์จบลงด้วยการยืนปรบมือให้เกียรติ ขณะที่แม่ของเขาเรียกเขาว่า **ปาฏิหาริย์**)

Wunder zeigt, dass wahre Schönheit darin liegt, wie wir andere sehen und behandeln – oft unerwartet. (Wunder แสดงให้เห็นว่า**ความงามที่แท้จริง**อยู่ที่วิธีที่เรามองและปฏิบัติต่อผู้อื่น – ซึ่งมักจะเกินความคาดหมาย)

Auggie beweist, dass Selbstbewusstsein und Freundlichkeit wichtiger sind als das äußere Erscheinungsbild. (Auggie พิสูจน์ให้เห็นว่าความมั่นใจในตนเองและความเมตตาสำคัญกว่า**รูปลักษณ์ภายนอก**)

Der Film lehrt, dass wahre Schönheit entsteht, wenn Menschen einander mit Respekt, Liebe und Empathie begegnen.

(ภาพยนตร์เรื่องนี้สอนว่า ความงามที่แท้จริงเกิดขึ้นเมื่อผู้คนปฏิบัติต่อกันด้วยความเคารพ ความรัก และความเข้าใจ)

Ich möchte euch gerne mehr über den Film erzählen, aber wir müssen die Zeit im Blick behalten. (ฉันอยากเล่าเพิ่มเติมเกี่ยวกับภาพยนตร์เรื่องนี้ แต่เราต้อง**คำนึงถึงเวลา**)

Habt ihr welche Fragen an mich? Oder gibt es Fragen, die ihr mir stellen möchtet?

(พวกคุณมีคำถามอะไรจะถามฉันไหม? หรือมีคำถามที่อยากรู้เพิ่มเติม?)

Beispiele der Fragen zum Thema **„Ein Film"**

(ตัวอย่างคำถามในหัวข้อ **ภาพยนตร์เรื่อง เรื่องหนึ่งหนึ่ง)**

Frage: Wo kann man den Film streamen? (สามารถดูภาพยนตร์เรื่องนี้ได้ที่ไหน?)

Antwort: auf Netflix und Amazon Prime. (บน Netflix และ Amazon Prime)

Frage: Wie lange dauert der Film? (ภาพยนตร์ยามีความยาวเท่าไหร่/แค่ไหน?)

Antwort: Die Laufzeit beträgt etwa 113 Minuten. (ความยาวประมาณ 113 นาที)

Frage: Wer hat dir den Film empfohlen? (ใครแนะนำภาพยนตร์เรื่องนี้ให้คุณ?)

Antwort: meine Schülerin. (Vom Vorbereitungskurs für die Prüfung (telc Deutsch B2)

(นักเรียนของฉัน (จากคอร์สเรียน เตรียมสอบ (telc Deutsch B2))

Frage: Wer spielt die Rolle des Auggie? (ใครแสดงเป็น Auggie?)

Antwort: Jacob Tremblay. (Jacob Tremblay)

Beispiel 6. eine Musikveranstaltung

(การจัดแสดงดนตรี (เช่น คอนเสิร์ต oder Orchester) ที่เราเคยไปดู)

Cr. Das Erlebnis von Yada Danwongsa

Hallo, ihr Liebe..., ich möchte euch von **einem bemerkenswerten und unvergesslichen Erlebnis** erzählen, das ich beim ersten Mal bei einem Konzert hatte.

Es war **ein Konzert meiner koreanischen Lieblingsband**, auf das ich schon lange gewartet habe. (ฉันอยากเล่าให้พวกเธอฟัง ถึง**ประสบการณ์ อันน่าประทับใจไม่รู้ลืม** ของฉัน ในการไปชม การแสดงคอนเสิร์ต ครั้งแรกของฉัน และเป็น**การแสดงคอนเสิร์ต ของวงดนตรี เกาหลี** ที่ฉันชื่นชอบ และรอคอยมานานแสนนาน)

Meine Lieblingsband **ist** am 24. Juni 2023 in der Grugahalle in Essen **aufgetreten**.

(วงดนตรีโปรดของฉัน**มีแสดง**คอนเสิร์ตในวันที่ 24 มิถุนายน 2566 ที่ Gruga Hall ใน Essen)

Gegen 16.45 Uhr war ich dort und gegen 18:30 Uhr **betraten** andere Teilnehmer und ich den Saal, um unsere Lieblingsband beim Auftritt zuzusehen.

(ประมาณเวลา 16.45 น ฉันไปถึงที่นั่น และ ประมาณเวลา 18.30 น เจ้าหน้าที่ ก็ปล่อยให้ ฉัน**เข้าไป** ในห้องโถง)

Die Sänger machten einen 20-minütigen Soundtest.

(จากนั้นนักร้องก็ทำการทดสอบเสียงเป็นเวลา 20 นาที)

Obwohl es nur für kurze Zeit war, war ich froh, **die Gelegenheit** zu haben, meinen Lieblingssänger zu sehen.

(ถึงแม้ จะเป็นช่วงระยะเวลาสั้นๆ แต่ฉันดีใจมากๆ ที่ได้มี**โอกาส**ได้เห็น นักร้องที่ฉันชื่นชอบ ใกล้ๆ พวกเขาทำการทดสอบ เสียงประมาณ 20 นาที)

Das Konzert begann gegen 20:00 Uhr und **die Sänger traten** bis 22:30 Uhr auf.

(การแสดงคอนเสิร์ต ซึ่งเริ่มเมื่อเวลาประมาณ 20 น. และ **นักร้องแสดง(คอนเสิร์ต)** จนถึงเวลา 22.30 น.)

Anschließend machten wir ein Foto mit den anderen zehn **Konzertteilnehmern und den anderen fünf Bandmitgliedern.**

(จากนั้นเราก็ถ่ายรูปกับ**ผู้เข้าร่วมคอนเสิร์ตอีก 10 คนและสมาชิกอีก 5 คนของวง**)

Ich stand hinter meinem Lieblingssänger und der **Abstand zwischen uns betrug nur die Stuhlkante.**

(ฉันได้ยินถ่ายรูป กับนักร้องที่ฉันชื่นชอบ อย่างใกล้ชิด, และ**ระยะห่างระหว่างเราก็แค่เพียงขอบเก้าอี้**)

Auch wenn es nur für kurze Zeit war, war es für mich **ein wertvoller Eindruck**.

(ถึงแม้จะเป็นช่วงเวลาสั้นๆ แต่สำหรับฉันแล้ว มันช่างเป็น**ความประทับใจที่ทรงคุณค่า** ต่อฉันมากจริงๆ)

Nachdem wir **Fotos geschossen** hatten, warteten das Publikum und ich darauf, dass die Sänger in den Van steigen.

(หลังจาก**การถ่ายรูป**เสร็จแล้ว ฉันและผู้ร่วมชมคอนเสิร์ต ได้มายืนรอ เพื่อส่ง นักร้อง ขึ้นรถตู้)

Gegen 24.20 Uhr fuhr der Van langsam vom **Konzertsaal** weg.

(เวลา ประมาณ 24.20 น รถตู้ ก็เคลื่อนตัวออกจาก**สถานที่แสดงคอนเสิร์ต**อย่างช้าๆ)

Ich war gespannt auf die Tage, das Bild vom Konzert zu sehen.

(ฉันตั้งหน้าตั้งตานับวันรอคอย ที่จะได้ ชมภาพนั้น ที่ถ่ายจากคอนเสิร์ต)

Am 12. Juli erhielt ich eine E-Mail mit einem Passwort für **das Ansehen** meines Fotos.

(วันที่ 12 กรกฎาคม ฉันได้รับ อีเมล์ พร้อม พาสเวิร์ด เพื่อที่จะ**ได้ ดู(การดู)**รูปภาพ ของฉัน ได้)

Es ist **lohnenswert**, 19 Tage darauf zu warten.

(มัน**คุ้มค่า** กับการรอ คอย 19 วันเต็มๆ)

Ich möchte euch mehr darüber erzählen, aber **wir müssen auf die Zeit achten.**

(ฉันต้องการ เล่าให้พวกคุณฟังอีกเยอะเลย, **แต่เราต้อง ระมัดระวัง เรื่องเวลา (รักษาเวลาด้วย)**

Habt ihr **welche Fragen** an mich?

(พวกคุณ**มีคำถามอะไร** ที่จะถามฉันมั้ย)

Beispiele der Fragen zum Thema **„eine Musikveranstaltung“**

(ตัวอย่างคำถามในหัวข้อ **การจัดแสดงดนตรี (เช่น คอนเสิร์ต oder Orchester))**

Was kostet das Konzertticket?	(Es kostet 392 €)
Wie ist der Name deiner Lieblingsband?	(Ikon ist meine Lieblingsband)

สแกน QRโค้ดเพื่อฟังคลิปเสียง จากบทพูดนะคะ

Beispiel 7. Thema 7. eine wichtige Erfahrung (ประสบการณ์สำคัญที่เราเคยทำ

(อะไร, เมื่อไร, ที่ไหน, กับใคร (ทำไม)จึงสำคัญ อื่นๆ)

หากใคร ต้องการพูดหัวข้อนี้ หลักๆสำคัญ ที่เราต้องพูดถึง คือ ประสบการณ์อะไร (เหตุการณ์อะไร),

เกิดขึ้นเมื่อไหร่, เกิดขึ้นที่ไหน, กับใคร (อย่างไร) และทำไม จึงสำคัญ (สำหรับเรา)

ครูปูลองเขียนตัวอย่าง: ซึ่งในตัวอย่างจะเขียนค่อนข้างยาว เราสามารถนำประโยคไปประยุกต์ใช้ กับเหตุการณ์ของตัวเอง **(และข้อความที่แรเงาทึบไว้ ประโยคในวงเล็บ สามารถตัดออกได้ ค่ะ)**

Beispiel/ ตัวอย่าง / example

Liebe Ilona, ich möchte dir von einer **beeindruckenden Begegnung** erzählen, die ich erlebt habe.
(.......Ilona, ฉันจะเล่า**เรื่องความประทับใจที่ฉันได้ประสบ**มา)

Als ich 15 Jahre alt war, lernte ich in der Santiratwitthayalai-Schule in der Si Ayutthaya-Straße in Bangkok, Thailand.

(**เมื่อตอนฉัน อายุ 15 ปี** เป็นนักเรียนมัธยมปลาย ที่โรงเรียนสันติราษฎร์วิทยาลัย ถนนศรีอยุธยา กรุงเทพมหานคร ประเทศไทย)

Eines Tages nach der Schule suchten meine Freundin und ich einen Platz zum Essen.

(**ในวันนึง** หลังเลิกเรียน, เพื่อนผู้หญิงของฉัน และฉันกำลัง หาที่ทานอาหารกัน)

Damals wurden Lebensmittel am Straßenrand oder „Streetfood" verkauft.

(ในสมัยนั้น มีอาหารและเครื่องดื่ม ขายข้างถนน (ศรีอยุธยา)

Wir trafen einen Ausländer, er heißt Koishiro Honda Sugar. Er war halb Australier und halb Japaner und gerade zum ersten Mal in Thailand angekommen.

(พวกเราได้พบกับ ชาวต่างชาติคนนึง, เขาชื่อ โคอิชิโร่ ฮอนด้า ซูก้า เขาเป็นลูกครึ่งออสเตรเลียและญี่ปุ่น และเขา เพิ่งมาเมืองไทยเป็นครั้งแรก)

Er bat uns um Unterstützung, da er **Schwierigkeiten hatte**, sich mit seinen Freunden in einem Gästehaus in der Si Ayutthaya-Straße zu verbinden.

(เขาขอให้พวกเราช่วย, เพราะเขา**มีปัญหา** ไม่สามารถติดต่อ กับเพื่อนๆของเขา ที่พักใน เกสเฮ้าส์ แห่งหนึ่ง บนถนนศรีอยุธยา)

Folglich half ich ihm, das Gästehaus unter den Nummern zu kontaktieren, die er mir gegeben hat, und ich habe mehrmals versucht, anzurufen und gelegentlich Pausen zu machen, aber ich konnte **keine Verbindung herstellen**.

(แล้วฉันก็ช่วยเหลือเขา, ฉันช่วยเขา โดยโทรติดต่อ เบอร์ที่เขาให้ และฉันได้พยายามโทรหลายๆครั้ง และพักบ้าง เป็นระยะๆ แต่ก็**ติดต่อไม่ได้)**

In der Zwischenzeit **sprachen wir miteinander**, und es war **eine Gelegenheit** für mich, zum ersten Mal mit einem Ausländer zu sprechen.

(ในระหว่างนั้น **พวกเรา พูดคุยกัน** ไปด้วยมันเป็น**โอกาส**ครั้งแรกที่ฉันได้ใช้ภาษาอังกฤษกับชาวต่างชาติ)

Während ich mit Koishiro sprach, fand ich eine Möglichkeit, ihm zu helfen, das Gästehaus zu erreichen. Wir **tauschten auch Adressen aus**.

(ระหว่างที่เราคุยกัน, ฉันก็พบวิธีที่จะช่วยให้เค้าไปที่ เกสเฮ้าส์ ได้ และเราก็**แลกเปลี่ยนที่อยู่**กันไว้ด้วย)

Schließlich rief ich ihm ein Taxi und sagte dem Fahrer, er solle langsam auf der Si Ayutthaya-Straße fahren, bis er das Gästehaus gefunden hat.

(ในที่สุด ฉันเรียกแท็กซี่ให้เขา และบอก คนขับว่า, ให้เค้าค่อยๆขับช้าๆ บนถนนศรีอยุธยา, จนกว่าจะเจอ เกสเฮ้าส์)

(Damals wussten wir nicht, ob Koishiro seine Freunde treffen würde und konnten nur **<u>beten</u>**, dass er seine Freunde treffen würde.)

(**ตอนนั้น** พวกเรา ไม่รู้เลยว่า โคอิชิโร จะได้พบเพื่อนๆ เค้ามั้ย เราทำได้แค่ **<u>ภาวนา</u>**ให้เขาได้เจอเพื่อนๆ)

Später schickte mir Koishiro **eine Weihnachtskarte als „Dankeschön".**

(ต่อมา โคอิชิโร่ ได้ส่ง **การ์ดวันคริสต์มาส**ให้ฉัน **เพื่อเป็นการ ขอบคุณ**)

(Die Weihnachtskarte war ein Puzzle und wurde aus Australien versendet.)

(**การ์ดคริสต์มาส** เป็นแบบ จิกซอว์ และถูกส่งมาจากประเทศออสเตรเลีย)

Koishiro dankte meiner Freundin und mir dafür, dass wir ihm geholfen hatten, und er nannte mich **„meinen kleinen Engel")**

(โคอิชิโร ขอบคุณฉัน และเพื่อน(ผู้หญิงของฉัน) ที่ช่วยเขา , และเขาเรียกฉันว่า **"นางฟ้าตัวน้อยๆ ของฉัน"**)

Jedes Jahr schickte er mir andere Weihnachtskarten, bis ich **<u>umzog</u>**, also verloren wir den Kontakt.

(ทุกๆปี เขาส่ง การ์ดคริสต์มาส มาให้ฉัน จนกระทั่ง ฉัน**ย้ายบ้าน**, เราจึงขาดการติดต่อ และฉันก็ไม่ได้ยินข่าวคราว จากเขาอีก)

Trotz meiner einfachen Sprache konnte ich es gut einsetzen, um **einem Ausländer** zu helfen, der nach Thailand gereist war.

(ถึงแม้ว่าภาษาอังกฤษของฉัน จะยังเป็นแบบพื้นฐานง่ายๆ, แต่ฉันสามารถช่วย **ชาวต่างชาติคนนึง** ที่มาเที่เมือง ไทยได้)

Daher hatte ich eine großartige Begegnung mit Koishiro, da ich mich dadurch dazu **motiviert** fühlte, mit dem **Englischlernen ernsthaft** zu beginnen.

(ดังนั้น การได้เจอกับ โคอิชิโร ครั้งนี้ จึงเป็นสิ่งสำคัญสำหรับฉัน, เพราะว่ามันเป็นการ**กระตุ้น**ให้ฉัน เริ่ม**เรียน** ภาษาอังกฤษ**อย่างจริงจัง**)

Diese Begegnung i**nspirierte** mich auch zum ersten Mal, Japanisch zu lernen.

(เหตุการณ์เจอกัน ครั้งนี้ยังเป็น**แรงบันดาลใจ**ให้ฉันเรียนภาษาญี่ปุ่นเป็นครั้งแรก อีกด้วย)

(Ich glaube, das kann **Schicksal** sein, da ich viele Jahre später **ein Stipendium** der japanischen Regierung erhielt, um in Japan den Master zu machen.)

(ฉันเชื่อว่า มันอาจเป็น**โชคชะตา** , เพราะว่าต่อมาอีกหลายปี ฉันได้รับ**ทุน**จากรัฐบาลญี่ปุ่น เพื่อไปเรียน ปริญญาโท)

(**Im Klassenzimmer wurde Englisch verwendet**, aber außerhalb des Klassenzimmers hatte ich die Gelegenheit, täglich grundlegendes Japanisch zu verwenden.)

(**ภาษาอังกฤษถูกใช้ ในห้องเรียน,** แต่นอกห้องเรียน ฉันได้มี โอกาส ใช้ภาษาญี่ปุ่นเบื้องต้น ในชีวิตประจำวัน)

Ich möchte dir mehr darüber erzählen, aber **wir müssen auf die Zeit achten.**

(ฉันต้องการ เล่าให้พวกคุณฟังอีกเยอะเลย, **แต่เราต้อง ระมัดระวัง เรื่องเวลา (รักษาเวลาด้วย)**

Hast du **welche Fragen** an mich?

(พวกคุณ**มีคำถามอะไร** ที่จะถามฉันมั้ย)

ไวยากรณ์ภาษาเยอรมัน DEUTSCHE GRAMMATIK ที่สามารถนำไปใช้ในระดับ B2-C1

(ฉบับอธิบายเป็นภาษาไทย) หน้า 191-233 ตามรายละเอียด ดังนี้

Deutsche Grammatik ไวยากรณ์ภาษาเยอรมัน **(หน้าที่ 191-233)**

Passiv

อธิบายหลัก ของ Passiv ใน ตัวอย่าง 3 Tense ที่เราจะเจอได้บ่อยๆ หรือเรียนในห้องเรียน

ประโยคโดยทั่วไป ประธานของประโยค จะเป็นผู้ทำกริยา ต่างๆ ซึ่งเราจะเรียกว่า เป็นรูป Aktiv

ส่วน Passiv คือการที่ประธานของประโยค เป็นผู้ถูกกระทำ จากคนอื่นสิ่งอื่น และได้รับผลการทำ นั้น ซึ่งพอจำแนกได้ ตาม Tense ดังนี้

1. Passiv Präsent

จะใช้พูดถึงเหตุการณ์ที่กำลังเกิดขึ้นในปัจจุบัน หรือเกิด ประจำ รวมถึงใช้ในการอธิบายขั้นตอนต่าง ยกตัวอย่าง ขั้นตอนการทำอาหาร ซึ่งจะมีโครงสร้างประโยค คือ

ประธาน + werden, werde, werdet, wirst , wird + กริยาช่องที่ 3 (รูปเดียวกับ perfekt)

Beispiel: ตัวอย่าง

1.1. Fasching wird im Februar gefeiert. มาจากคำว่า **feiern ฉลอง**)

(งานรื่นเริงถูกฉลองในเดือนกุมภาพันธ์)

1.2. Der Zucker wird zuletzt beigemengt. (มาจากคำว่า beimengen เติม เพิ่ม บวก)

(น้ำตาลถูกเติมหรือใส่ เป็นอันดับสุดท้าย)

1.3. Die **Briefe** werden sortiert und geliefert. มาจากคำว่า sortieren คัดแยก, จัดหมู่ และ liefern นำจ่าย, ส่งถึง) (**จดหมาย**ถูก คัดแยก และ ถูกนำจ่าย)

Ich werde gefragt.	**ฉัน**ถูกถาม	**Du** wirst gefragt.	**คุณ**ถูกถาม
Sie wird gefragt.	เธอถูกถาม	**Er** wird gefragt.	**เขา**ถูกถาม
Es wird gefragt.	**มัน**ถูกถาม	**Ihr** werdet gefragt.	**พวกเธอ**ถูกถาม
Wir werden gefragt.	พวกเราถูกถาม	Sie werden gefragt.	พวกคุณ,คุณ ถูกถาม
Sie werden gefragt.	พวกเขาถูกถาม		

Die Mauer wird erbaut.	(**กำแพง**ถูกสร้าง)
Das Gebäude wird erbaut.	(อาคาร/ตึก ถูกสร้าง)
Die Eisenbahn wird renoviert.	(ทางรถไฟถูกปรับปรุง)
Der Eisladen wird geschlossen.	(**ร้านไอศกรีม**ถูกปิด)
Der Eisladen wird geöffnet.	(**ร้านไอติม**ถูกเปิด)
Peter wird untersucht	(**ปีเตอร์** ถูกตรวจ)
Peter und Daniel werden untersucht.	(**ปีเตอร์และดาเนียล**ถูกตรวจ)

2. Passiv Präteritum จะใช้กับเหตุการณ์ที่เกิดขึ้นแล้ว ในแต่ละวัน หรือในอดีต รวมถึงในเรื่องเล่า

ยกตัวอย่างเช่น เกิดเหตุการณ์อะไร ไปแล้วบ้าง โดยจะมี **โครงสร้างประโยค คือ**

ประธาน + wurden, wurde, wurdet , wurdest + กริยาช่องที่ 3

Beispiel: ตัวอย่าง

2.1 **Das Tennisspiel** wurde verschoben. (มาจากคำว่า verschieben เลื่อน, เลื่อนออกไป)

(**เทนนิสแมท**นั้นถูกเลื่อนออกไป)

2.2 **Meine Katze** wurde gestern gefunden. (มาจากคำว่า finden หา, พบ) (**แมวของฉัน**ถูกหาเจอเมื่อวานนี้)

2.3 **Das Museum** wurde im 1999 gebaut. (มาจากคำว่า bauen สร้าง, ก่อสร้าง)(**พิพิธภัณฑ์**ถูกสร้างในปี 1999)

Ich wurde gefragt. **ฉัน**ถูกถาม

Du wurdest gefragt. **คุณ**ถูกถาม

Sie wurde gefragt. **เธอ**ถูกถาม

Er wurde gefragt. **เขา**ถูกถาม

Es wurde gefragt. **มัน**ถูกถาม

Ihr wurdet gefragt. **พวกเธอ**ถูกถาม

Wir wurden gefragt. **พวกเรา**ถูกถาม

Sie wurden gefragt. **พวกคุณ**, คุณถูกถาม

Sie wurden gefragt. **พวกเขา**ถูกถาม

Die Mauer wurde erbaut. (**กำแพง**ถูกสร้าง)

Das Gebäude wurde erbaut. (**อาคาร/ตึก** ถูกสร้าง)

Die Eisenbahn wurde renoviert. (**ทางรถไฟ**ถูกปรับปรุง)

Der Eisladen wurde geschlossen. (**ร้านไอศกรีม**ถูกปิด)

Der Eisladen wurde geöffnet. (**ร้านไอติม**ถูกเปิด)

Peter wurde untersucht. (**ปีเตอร์** ถูกตรวจ)

Peter und Daniel wurden untersucht. (**ปีเตอร์และดาเนียล**ถูกตรวจ)

3. Passives Perfekt

โครงสร้างของประโยคคือ ประธาน + sein (ist, bin, bist, sind, seid) + กริยาช่องที่ 3 + worden

ซึ่งมีความหมายว่า ถูกกระทำไปแล้วเช่นเดียวกัน หรือเป็นผลจาก การกระทำ ในรูป passiv Präsent โดย passiv Perfekt บ่อยครั้งจะถูกแทนที่ ด้วย passiv Präteritum

Zum Beispiel: ยกตัวอย่างเช่น

3.1 **Das Fußballspiel** ist verschoben worden. (**ฟุตบอลแมท**นั้นได้ถูกเลื่อนออกไปแล้ว)

3.2 **Die Katze** ist gefunden worden. (**แมว**ถูกหาเจอแล้ว)

3.3. **Das Museum** ist gebaut worden. (**พิพิธภัณฑ์**ถูกสร้างแล้ว)

Ich bin gefragt worden.	**ฉัน**ถูกถาม	**Du** bist gefragt worden.	**คุณ**ถูกถาม
Sie ist gefragt worden.	**เธอ**ถูกถาม	**Er** ist gefragt worden.	**เขา**ถูกถาม
Es ist gefragt worden.	**มัน**ถูกถาม	**Ihr** seid gefragt worden.	**พวกเธอ**ถูกถาม
Wir sind gefragt worden.	**พวกเรา**ถูกถาม		
Sie sind gefragt worden.	พวกคุณ, คุณ ถูกถาม		
Sie sind gefragt worden.	**พวกเขา**ถูกถาม		

Die Mauer ist erbaut worden. (**กำแพง**ถูกสร้าง)

Das Gebäude ist erbaut worden. (**อาคาร/ตึก** ถูกสร้าง)

Die Eisenbahn ist renoviert worden. (**ทางรถไฟ**ถูกปรับปรุง)

Der Eisladen ist geschlossen worden. (**ร้านไอศกรีม**ถูกปิด)

Der Eisladen ist geöffnet worden. (**ร้านไอติม**ถูกเปิด)

Peter ist untersucht worden. (**ปีเตอร์** ถูกตรวจ)

Peter und Daniel sind untersucht. (**ปีเตอร์และดาเนียล**ถูกตรวจ)

PS: ห้ามจำสับสน กับ Futur

โครงสร้าง: ประธาน+**werden** +คำกริยาช่องที่ 1**(Infinitiv)** ซึ่งจะมีความหมายว่า (จะ)

เช่น. 1. Ich **werde** die Lehrerin **fragen**. ฉัน**จะ**ถามคุณครู

2. Ich **werde** von Lehrerin **gefragt.** ฉัน**ถูก**คุณครูถาม

โครงสร้าง:

ประธาน + **würden** + กิริยาช่องที่ 1 หรือ **(Infinitiv)** ซึ่งจะแปลว่า "อยากจะ"

เช่น 1. Daniel und Peter **würden untersuchen.** ดาเนี่ยลกับปีเตอร์**อยากจะ**ตรวจสุขภาพ

2. Daniel und Peter wurden **untersucht.** ดาเนี่ยลกับปีเตอร์**ถูก**ตรวจสุขภาพ

ประโยค ที่เป็น**รูป Passiv** จะถูกใช้เพื่อ**เน้นที่การกระทำหรือผลลัพธ์ของการกระทำนั้น** มากกว่าที่จะเน้นที่บุคคลที่กำลังกระทำ คำกริยาช่วย เช่น **จะต้อง müssen, können สามารถ, ได้รับอนุญาต dürfen, sollen ควรจะ, mögen อยากจะ/ชอบที่จะ** และ **ต้องการ wollen** ถูกใช้เพื่อแสดงความเป็นไปได้ ความสามารถ การอนุญาต ภาระผูกพัน หรือความปรารถนา

ในประโยคที่เป็นรูป **Passiv** ที่มี**คำกริยาช่วย (Modalverben)** คำกริยาช่วยจะใช้ร่วมกับกริยาในรูป**กริยาช่องที่ 3 (Partizip II)** ของกริยาหลัก และกริยาในรูป **กริยาช่องที่ 1(Infinitive)** ของ **"werden"**

Bildung:โครงสร้างของประโยค

Subjekt (Nominativ) + Modalverb + Partizip II des Hauptverbs + werden

Beispiele:ตัวอย่าง1. **Das Buch** muss **gelesen werden**.

(หนังสือจะต้อง**ถูกอ่าน**)

2. **Die Hausaufgaben** müssen **gemacht werden**.

(การบ้านจะต้อง**ถูกทำ**)

3. **Der Bericht** soll bis morgen **geschrieben werden**.

(รายงานควรจะ**ถูกเขียน**เสร็จภายในพรุ่งนี้)

4. **Die Tür** kann **geöffnet werden**.

(ประตูสามารถ**ถูกเปิด**ได้)

5. **Das Projekt kann nicht abgeschlossen werden**.

(โครงการ**ไม่สามารถถูกทำให้เสร็จสมบูรณ์**ได้)

6. **Die Regeln dürfen nicht gebrochen werden**.

(กฎ**จะต้องไม่ถูกทำลาย**)

7. **Der Vertrag** muss **unterschrieben werden**. (**สัญญา**จะต้อง**มีการ/ถูกลงนาม**)

8. **Das Problem** muss gelöst werden. (ปัญหาจะต้อง**ได้รับการ/ถูกแก้ไข**)

9. **Die Information** soll **weitergegeben werden**. (**ข้อมูล**ควร**ได้รับการ/ถูกส่งต่อ**)

10. **Der Fehler** kann behoben werden. (ข้อผิดพลาดสามารถ**ได้รับการ/ถูกแก้ไข**ได้

*****Synonym** คำที่เขียนต่างกัน แต่มีความหมายคล้ายกัน นอกจากจะเป็นการแสดงให้กรรมการเห็นว่า เรารู้คำศัพท์ กว้างแล้ว ยังเป็นการ เปลี่ยนให้ประโยคนั้นเป็นประโยคใหม่ ได้ง่ายที่สุด เพราะจะได้ ไม่เขียนเหมือนกันกับคนอื่นทุกคำ บางคน ก็ซ้ำกับคนอื่น พยายามเปลี่ยนประโยคที่ถูกต้องสวยงามแล้ว ไปเป็นประโยคใหม่ ซึ่งจะเสี่ยงกับการเขียนผิด และถูกตัดคะแนน เราจึงควร เอาคำ **Synonyms** เหล่านี้มา ใช้ให้มากขึ้นค่ะ ซึ่งจะยกตัวอย่างกลุ่มคำที่ใช้เจอบ่อยๆ

darüber hinaus,weiterhin ,außerdem, ferner, zudem , überdies , zusätzlich , ebenso = ยิ่งไปกว่านั้น, นอกจากนี้แล้ว, นอกจากนี้ , นอกเหนือจากนี้

Aus diesem Grund, Deswegen, Ebendarum, Angesichts dessen, Daher, Demzufolge = เหตุฉะนั้น, ด้วยเหตุนี้, ดังนั้น

Auf der anderen Seite, jedoch, allerdings, dennoch, indes, trotzdem, wie auch immer = ในทางกลับกัน, อย่างไรก็ตาม

auch, ebenfalls, ebenso = ด้วยเหมือนกัน

unendlich, aufrichtig, von ganzem Herzen, in besonderem Maße

= อย่างไม่มีขอบเขต/ อย่างที่สุด, จริงใจ, สุดใจ, ในระดับพิเศษ

sehr gut, hervorragend, perfekt, ausgezeichnet, tipptopp, einwandfrei, optimal, vollkommen, vollständig, vollendet, makellos

= ดีมากๆ, ดีเลิศ, สมบูรณ์แบบ, ดีเยี่ยม, ไม่มีที่ติ, เหมาะสมที่สุด

arbeitslos , erwerbslos, arbeitssuchend, beschäftigungslos = ว่างงาน

irgendwelche Fragen, Fragen, Fragen beliebiger Art, Fragen jeglicher Art, überhaupt Fragen = คำถามใด ๆ

Statement, Aussage, Erklärung, Stellungnahme = คำกล่าว/ คำพูด คำอธิบาย ความคิดเห็น

gute Qualität, hervorragende Qualität, ausreichende Qualität, angemessene Qualität

= คุณภาพดีเพียงพอ, คุณภาพเหมาะสม, คุณภาพดี

gut schlafen, lang schlafen, genug schlafen, tief schlafen, gemütlich schlafen

= หลับสบาย หลับยาว นอนเพียงพอ หลับลึก

sehr wichtig, notwendig, dringend, essenziell, bedeutungsvoll, angebracht

= สำคัญมาก, จำเป็น, เร่งด่วน, สำคัญ

voll und ganz, rundum, uneingeschränkt, in jeder Hinsicht, vollends

= ไร้ขอบเขต,โดยสิ้นเชิง, ในทุกประการ

Verben und Präpositionen

โครงสร้างของประโยค คือ

ประธาน **Nominativ** + คำกริยา **Verb** + บุพบท **Präposition** + **Akkusativ oder Dativ** (ขึ้นอยู่กับหลักการใช้ คำบุพบท ที่อธิบายไว้ในบทเรียนที่ผ่านมา)

โดยแบ่งเป็น **2** กลุ่มใหญ่ๆ คือ

1. คำกริยาทั่วไป

2. คำกริยา แบบ **Reflexives Verb** คือ คำกริยาที่ ต้อง มีคำสรรพนาม **sich** ตามหลัง

เช่น **Ich.. (mich) , du ...(dich) , er ...(sich) , Sie ...(sich) , sie ....(sich) , ihr ...(euch) , wir... (uns)**

ยกตัวอย่างเปรียบเทียบ คำกริยา กลุ่มที่ **1** และ **2**

1. Ich denke an dich. denken + an + Akkusativ

(ฉันคิดถึงคุณ)

2. Ich bedanke mich für deine Hilfe. bedanken (sich) + für + Akkusativ

(ฉันขอบคุณ สำหรับความช่วยเหลือของคุณ)

ซึ่งจะยกตัวอย่าง การใช้ คำกริยาบางส่วนที่เราคุ้นเคย ในชีวิตประจำวัน นะคะ

1. Gruppe คำกริยากลุ่มที่ 1 และ Präposition

1.1. sprechen + über + Akkusativ = พูด

Verb คือคำว่า **sprechen** = พูด ส่วน **Präposition** คือคำว่า **über** = เกี่ยวกับ

z. B. / Zum Beispiel : ยกตัวอย่างเช่น

- Ich spreche über die Nachricht. (ฉันพูดเกี่ยวกับข่าวๆหนึ่ง)

1.2. warten + auf + Akkusativ = รอ, รอคอย

- Wir warten auf dich. (พวกเรารอคุณอยู่)

1.3. glauben + an + Akkusativ = เชื่อถือ, เชื่อ

- Ich glaube an dich. (ฉันเชื่อถือในคุณ)

******** ห้ามสับสน กับ **glauben** ที่ไม่มี **Präposition**

นะคะ เพราะ **glauben** คำเดียว จะตาม ด้วย **Dativ**

ประโยคนี้ จะเป็น **Ich glaube dir.** (ฉันเชื่อถือคุณ)

1.3.1. Glauben Sie an Gott? (คุณเชื่อในพระเจ้ารึเปล่า)

1.4. teilnehmen (nehmen teil) + an + Dativ เข้าร่วม, มีส่วนร่วม

- **Du sollst an dem Deutschkurs teilnehmen.** (คุณควรเข้าร่วมในการเรียนภาษาเยอรมัน)

1.5. antworten + auf + Akkusativ ตอบ

- **Du sollst auf meine Frage antworten.** (คุณควรตอบคำถามของฉัน)

antworten + Dativ ตอบ

- **Du sollst mir antworten.** (คุณควรตอบฉัน)

1.6. bestehen + Dativ ประกอบด้วย

- **Das Joghurt besteht aus Milch und Zucker.** (โยเกิร์ตประกอบด้วยนมกับน้ำตาล)

1.7. aufhören (hören auf) + mit + Dativ ยกเลิก หรือหยุดทำอะไร ยกตัวอย่างหยุดสูบบุหรี่

- **Du solltest mit dem Rauchen aufhören.** (คุณควรหยุด/เลิกสูบบุหรี่)

- **Ich höre mit dem Rauchen auf.** (ฉันหยุดสูบบุหรี่)

1.8. anfangen (fangen an) + mit + Dativ เริ่มต้น, เริ่มต้นกับ

- **Ich fange mit meiner neuen Arbeit an.** (ฉันเริ่มต้นกับงานใหม่ของฉัน)

- **Ich soll mit meiner neuen Arbeit anfangen.** (ฉันควรจะเริ่มต้นกับงานใหม่ของฉัน)

1.9. diskutieren + mit + Dativ แสดงความคิดเห็น, สนทนา กับ , โต้แย้ง กับใคร

- **Ich diskutiere mit meiner Mutter.** (ฉันสนทนา / แสดงความคิดเห็น / โต้เถียงกับแม่ของฉัน)

1.9.1. diskutieren + über + Akkusativ แสดงความคิดเห็น / สนทนา / โต้แย้ง เกี่ยวกับ

- **Wir diskutieren über die Politik.**

(พวกเราสนทนา/ แสดงความเห็น/ โตเถียงกันเกี่ยวกับเรื่อง การเมือง หรือนโยบาย

1.10. träumen + von + Dativ ฝันถึง, เกี่ยวกับ

- **Ich träume von dir.** (ฉันฝันถึงคุณ)

1.11. arbeiten + bei + Dativ ทำงานให้กับ, ทำงานที่ไหน นั่นเอง

- **Ich arbeite bei einer Firma.** (ฉันทำงานให้กับบริษัทฯหนึ่ง)

1.12. bitten + Akkusativ + um + ขอร้อง , ขอให้

- **Ich bitte Sie um Ihr Verständnis.** (ฉันขอความเห็นใจ/ ความเข้าใจจากคุณ/ ขอให้เห็นใจ)

1.13. wissen + über + Akkusativ รู้ , รับรู้

- **Wir wissen über den Mond.**

(พวกเรารู้เกี่ยวกับดวงจันทร์)

1.13.1. wissen + von + Dativ

- Ich weiß gar nichts von dir. (ฉันไม่รู้อะไรเลยจากคุณ)

1.14. lachen + über + Akkusativ หัวเราะเกี่ยวกับ, ให้กับ

Wir lachen über den Witz. (พวกเราหัวเราะกับเรื่องตลก)

1.15. vergleichen + mit เปรียบเทียบกับ

Eltern sollten ihre Kinder nicht mit anderen vergleichen.

(พ่อแม่ไม่ควรเปรียบเทียบลูกของตัวเองกับคนอื่น)

2. Gruppe ตัวอย่างคำกริยา กลุ่ม **reflexives Verb** คือ คำกริยาที่ประธานของประโยค ทำกริยาบางอย่างกับตัวมันเอง ซึ่งคำกริยาเหล่านี้ จะมีคำ สรรพนาม **sich** ตามหลัง

2.1. beschäftigen (sich) + mit + Dativ ยุ่ง, วุ่นวาย

- Ich beschäftige mich mit meiner neuen Arbeit. (ฉันยุ่งอยู่กับงานของฉัน)

2.1.1.verlieben (sich) + in + Akkusativ ตกหลุมรัก,

Er verliebt sich in die Frau. (เขาตกหลุมรักผู้หญิงคนนึง)

*** แต่คำกริยา **lieben** = รัก ,เอ็นดู จะตามด้วย **Akkusativ**

- Er liebt sie. เขารักหล่อน

2.2. interessieren (sich) + für + Akkusativ สนใจ

- Ich interessiere mich für Ihr Auto. (ฉันสนใจในรถยนต์ของคุณ)

- Sie interessiert sich für die Musik. (เธอสนใจในดนตรี)

2.3. bewerben (sich)+ bei สมัครงาน, สมัคร

- Ich bewerbe mich bei Ihnen. (ฉันสมัครงานกับคุณ)

2.4. ärgern (sich) + über + Akkusativ โกรธ

- Ich ärgere mich über dich. (ฉันโกรธคุณ)

- Du ärgerst dich über die Katze. (คุณโกรธแมว)

2.5. kümmern (sich) + um + Akkusativ ดูแล ,เลี้ยงดู

- Die Krankenschwester kümmert sich um den Patienten. (พยาบาลดูแลคนป่วย)

- Ich kümmere mich um meine Tochter. (ฉันดูแลลูกสาวของฉัน)

2.6 streiten (sich) + über + Akkusativ ถกเถียงกัน, ต่อสู้ เกี่ยวกับ...

- Wir streiten uns über den Weg. (เราเถียงกันเรื่องทาง (จะไปทางไหนดี)

2.6.1. streiten (sich) + mit + Dativ ทะเลาะ, ถกเถียงกัน กับ...

-Sie streitet sich mit ihm. (เธอเถียงกันกับเขา)

2.7. beschweren (sich) + über + Akkusativ บ่น หรือ ร้องเรียน

- Wir beschweren uns über unsere Kinder. เราบ่นเกี่ยวกับ/ บ่นให้ ลูกๆของเรา

- Ich beschwere mich über das Wetter. (ฉันบ่นเรื่องอากาศ)

2.7.1. beschweren (sich) + bei + Dativ บ่นให้ ...

- Ich beschwere mich bei dir. (ฉันบ่นให้คุณ)

2.8. erinnern (sich) + an + Akkusativ = ระลึกได้ , จำได้

- Ich erinnere mich an meine Großmutter. (ฉันระลึก / จำ คุณยายของฉัน)

2.9. gewöhnen (sich) + an + Akkusativ.= คุ้นเคย

- Du gewöhnst dich an diese Stadt. (คุณรู้สึกคุ้นเคยกับเมืองๆนี้)

2.10. freuen (sich) + auf + Akkusativ = ฉันมีความสุขหรือยินดี กับสิ่งที่กำลังจะเกิด

- Ich freue mich auf unser Treffen.

(ฉันยินดีที่เรากำลังจะได้เจอกัน (คือเป็นสิ่ง หรือเหตุการณ์ที่)กำลังจะเกิดขึ้น

2.10.1. freuen (sich) + über + Akkusativ ฉันมีความสุข หรือยินดีกับสิ่งที่มี สิ่งที่ทำ กำลังเกิดขึ้น หรือเกิดขึ้นแล้ว

- Wir freuen uns über unser Treffen. (เรายินดีกับการที่ได้ได้เจอกัน)

2.11. entschuldigen (sich) ขอโทษ + **für** สำหรับ + **Akkusativ**

-Wir entschuldigen uns für die Verspätung (พวกเราต้องขอโทษสำหรับความล่าช้า)

2.12 entschuldigen (sich) + bei + Dativ ขอโทษต่อ

-Ich entschuldige mich bei meiner Mutter. (ฉันขอโทษต่อแม่ของฉัน)

ในบางครั้ง คำกริยา (**verb**) คำเดียว สามารถมี ตัว **Präposition** มากกว่า **1** คำ ในประโยคเดียวกัน

z. B. Ich rede mit dir über ein Lied.

(ฉันพูดคุยกับคุณ เกี่ยวกับ เพลงๆหนึ่ง)

ซึ่งคำ กริยาคือ **reden=** พูดคุย **,** ส่วน **Präposition** คือ **mit** และ **über**

PS. คำกริยาแยก จะมีเขียนวงเล็บไว้ นะคะ

***zweiteilige Konjunktionen คือตัวเชื่อม ที่ มี ส่วนคู่กันเสมอ ***

je....desto ยิ่ง.... ก็จะยิ่ง...

Je besser mein Deutsch ist, desto einfacher kann ich eine gute Arbeit finden.

(ยิ่งภาษาเยอรมันของฉันดีเท่าไหร่ ฉันก็จะยิ่งงานดีๆ ได้ง่ายขึ้นเท่านั้น)

entweder...oder ......หรือ...... (ได้อย่างใดอย่างหนึ่ง)

Sie können mich entweder unter meiner Telefonnummer 123456789 oder per der angegebenen E-Mail erreichen.

(คุณสามารถติดต่อฉันได้ที่หมายเลขโทรศัพท์ **123456789** หรือทางอีเมลที่ให้ไว้)

weder...noch ไม่ทั้งสองอย่าง ... และ...

Wir haben weder im Badezimmer noch in der Küche warmes Wasser.
(เราไม่มีน้ำอุ่นในห้องน้ำและในครัว)

sowohl ... als auch ทั้งสองอย่าง ...และ...

Um im Team effektiv arbeiten zu können, brauchen wir sowohl Ihre Disziplin als auch Ihren Einsatz.

(ในการทำงานเป็นทีมอย่างมีประสิทธิภาพ เราต้องการทั้งวินัยและความรับผิดชอบของคุณ)

zwar...aber ถึงแม้ว่า / จริงๆ........ แต่...

Ich esse zwar gerne Fleisch aber ich mag nicht wenn Tiere schlecht gehalten werden.

(ถึงแม้ว่าฉันจะชอบทานเนื้อสัตว์มาก แต่ฉันก็ไม่ชอบที่จะเห็นสัตว์ได้รับการดูแลที่ไม่ดี)

Nicht nur ... sondern auch (ไม่เพียงแต่...แต่ยัง)

Das Essen war nicht nur lecker, sondern auch günstig
(อาหารไม่เพียงแต่อร่อยเท่านั้น แต่ยังมีราคาไม่แพงอีกด้วย)

Einerseits ... andererseits (ด้านหนึ่ง ... (แต่)อีกด้านหนึ่ง)

Einerseits liebe ich meine Arbeit, andererseits ist sie manchmal sehr stressig
(ด้านหนึ่ง ฉันรักงานของตัวเอง แต่อีกด้านหนึ่ง บางครั้งก็เครียดมาก)

Präposition

(คำบุพบท เป็นคำที่แสดงความสัมพันธ์ระหว่างความแตกต่างองค์ประกอบในประโยค หรือแสดงความสัมพันธ์ระหว่างคำหรือประโยค เพื่อให้ทราบว่า คำ หรือกลุ่มคำ ที่ตามหลัง คำบุพบท นั้นเกี่ยวข้องกับกลุ่มคำ ข้างหน้าในประโยคลักษณะใด

โดย คำเหล่านี้ จะ วางอยู่ข้างหน้า คำนาม และ คำนำหน้านาม หรือตัวกำหนดอื่นๆ ที่ตัวมันเกี่ยวข้องและให้รายละเอียด และให้ข้อมูลเกี่ยวกับ:

•บอกทิศทาง: **Wir fahren nach Dortmund.**

พวกเราขับรถไปที่ **Dortmund**

(Präposition คือ คำว่า **nach =** ไปที่, ไปยัง)

•บอกตำแหน่ง: **Eine Katze ist auf dem Sofa.** แมวหนึ่งตัวอยู่บนโซฟา

(Präposition คือคำว่า **auf =** อยู่บน)

•บอกเวลา: **Die Party fängt um 18.00 Uhr an.** งานปาร์ตี้เริ่ม **18.00** น.

(Präposition คือ คำว่า **um =** ที่เวลา)

•บอกลักษณะ, บอกกริยาอาการ, บอกวิธีทำ หรือการกระทำ : **Sie geht mit dem Bus.** เธอเดินทางมาโดยรถบัส

(Präposition คือคำว่า **mit =** ด้วย, โดย)

Ich gehe zu Fuß. ฉันเดินเท้า

(Präposition คือคำว่า **zu =** ด้วย, โดย)

•บอกเหตุผล, ให้เหตุ :

Wegen des Wetters bleiben wir zu Hause. เป็นเพราะสภาพอากาศ เราจึงอยู่แต่ในบ้าน.

(Präposition คือ คำว่า **Wegen =** เป็นเพราะว่า, ด้วยเหตุว่า)

Präposition kann man unterteilen nach dem verlangten Kasus oder der Bedeutung.

คำบุพบทสามารถแบ่งการใช้ ออก ตาม กรณีต่างๆ

ได้ **5** กรณี

1. Präposition mit Nominativ อย่างเดียว

คำบุพบทที่ ตามด้วย **Nominativ**

คือคำว่า **als =** มากกว่า, หรือ ใช้ในประโยค ที่เปรียบเทียบขั้นกว่า

z. B. ยกตัวอย่าง เช่น

Ich bin größer als du. ฉันสูงกว่าคุณหรือตัวโตกว่าคุณ

(Präposition คือ คำว่า **als + Nominativ** คือ **du)**

2. Präposition mit Dativ อย่างเดียว

คำบุพบท ที่ตามด้วย **Dativ** เสมอ คือ คำเหล่านี้

aus = จาก, ทำจาก , มาจาก , **bei** = อยู่กับ, โดย, กับ, ที่, ใน, **mit** = ด้วย, กับ (เช่น คุยด้วย, ไปด้วย)

nach = หลังจาก , อ้างถึง, จาก... ถึง..., เนื่องจาก, **seit** = จาก, เป็นช่วงเวลา....,**zu** = มาที่, เพื่อที่จะ,ที่

von = จาก, ของ , **aus** = จาก, ทำจาก, มาจาก , ออกไปจาก

1.1. **Sie** kommt aus der Schweiz.
เธอมาจากประเทศสวิสเซอร์แลนด์

2.1.1. Er <u>kommt aus</u> dem Irak.

เขา <u>มาจาก</u>ประเทศอิรัก

2.1.3. Ich sehe aus dem Fenster. **(**ฉันมองออกไป นอกหน้าต่าง)

bei = อยู่กับ, โดย, กับ, ที่, ใน

2.2. Ich bin beim Arzt. ฉันอยู่กับหมอ(ผู้ชาย)
(beim Arzt มาจากคำว่า **bei + dem Arzt)**

2.2.1. Du bist bei der Ärztin. ฉันอยู่กับหมอ (ผู้หญิง)

2.2.3. Ich arbeite bei einer Firma. (ฉันทำงานในบริษัทๆหนึ่ง)

mit = ด้วย, กับ (เช่น คุยด้วย, ไปด้วย)

2.3. Ich spreche mit dir. ฉันพูดกับคุณ

nach = หลัง, หลังจาก , อ้างถึง, จาก... ถึง..., เนื่องจาก

2.3. Nach dem Abendessen spielen wir ein Spiel. หลังอาหารเย็น พวกเราเล่นเกมส์หนึ่งอย่าง.

seit = จาก, เป็นช่วงเวลา....

2.4. Seit einem Jahr lerne ich Deutsch. ฉันเรียนภาษาเยอรมันมาเป็นเวลา **1** ปี

zu = ถึง, มาที่, เพื่อที่จะ

2.5. Ich gehe gleich zu dir. ฉัน(เดินทาง) มาที่คุณ

von = จาก, ของ

2.6. Ich bekomme eine neue Nachricht von meiner Lehrerin.

(ฉันได้รับข้อความใหม่ (ข่าวใหม่) จากคุณครูของฉัน

3. Präposition mit Akkusativ อย่างเดียว

คำ บุพบท เหล่านี้ ใช้โดยทั่วไปกับ **Akkusativ**

bis = จนกระทั่ง, โดย

3.1. Das Haus muss bis nächsten Jahr fertig sein.

(จนกระทั่งปีหน้าบ้านจะต้องเสร็จ)

PS: ถ้า **bis** ใช้กับ **zu** จะต้องตาม ด้วย **Dativ** เช่น **Bis zum Wochenende.**

durch = ผ่าน

3.2. Wir fahren durch die Stadt. **(**เราขับรถผ่านในเมือง)

für = สำหรับ

3.3. Ich habe ein schönes Geschenk für dich. **(**ฉันมีของขวัญสวยๆสำหรับคุณ)

gegen = คัดค้าน, ต่อต้าน หรือขัดแย้ง, ประมาณ (เวลา), ประมาณ (จำนวน)

3.4. Ich bin nicht gegen diesen Vorschlag. (ฉันไม่คัดค้านข้อเสนอแนะอันนี้)

ohne = ปราศจาก

3.1.5.Ich kann ohne dich nicht leben. (ฉันไม่สามารถอยู่ได้ ถ้าปราศจากคุณ)

um = ที่ (เวลา, กี่นาฬิกา, รอบๆ)

3.6.1. Wir treffen uns um 18.00 Uhr.

(เราพบกันตอน หกโมงเย็น)

3.6.2. Wir gehen um den Block.

(เราเดินรอบๆตึกนี้ , บริเวณนี้)

4. Präposition mit Dativ oder Akkusativ ใช้ทั้งสอง กรณี ทั้ง Dativ และ Akkusativ

an = ที่, **auf** = บน, ที่, **hinter** = ข้างหลัง , **in** = ใน, ข้างใน , **neben** = ข้างๆ, **über** = ข้างบน , **unter** = ข้างล่าง , **vor** = ข้างหน้า , **zwischen** = ระหว่าง

ซึ่ง คำ บุพบทเหล่านี้จะพิเศษ ตรงที่ มันสามารถใช้ได้ ทั้ง กับ **Dativ** และ **Akkusativ** ขึ้นอยู่กับตัวแปรความหมายของประโยค คำบุพบท เหล่านี้

เรียกว่า **Wechselpräpositionen**

z. B. ตัวอย่าง เปรียบเทียบ **2** ประโยค ใช้คำ **Präposition** เดียวกันคือ คำว่า **in** = ใน, ข้างใน

1. Ich gehe in die Schule. (ฉันเดินทางไปที่ในโรงเรียน)

คำ **Präposition** คือคำว่า **in + Akkusativ** คือ **die Schule.**

ในขณะที่ อีกตัวอย่าง

2. Ich bin in der Schule. (ฉันอยู่ที่ในโรงเรียน, ฉันอยู่ในโรงเรียน)

คำ **Präposition** คือ คำว่า **in + Dativ** คือ **der Schule**

เรามีหลักการใช้ คำ **Präposition** เหล่านี้แยกเป็น **2** กรณี ดังนี้

1. กลุ่ม **A:** คำ **Präposition** ที่ใช้ กับ **Akkusativ** เมื่อ เชื่อมกับคำกริยาที่ แสดงอาการเคลื่อนไหว, เคลื่อนที่ไปที่ หรือ แสดงถึงการเปลี่ยนสถานที่

ซึ่ง **Präposition + Akkusativ** เหล่านี้ จะตอบคำถาม **Wohin? =** ไปไหน**?**

2. กลุ่ม **D:** คำ **Präposition** ที่ใช้กับ **Dativ** เมื่อคำกิริยา เน้นไปบอก ตำแหน่งที่อยู่ หรือ ไม่มีการเคลื่อนที่

ซึ่ง **Präposition + Dativ** เหล่านี้ จะตอบคำถาม

Wo? = ที่ไหน?

เพื่อให้เข้าใจง่าย จะเปรียบเทียบประโยคต่างๆ ให้ดู ไปพร้อมๆกัน

an = ที่, บน

4.1.1. Ich hänge das Bild an die Wand.

(an + die Wand ซึ่งเป็น **Akkusativ)**

(มีความหมายว่า ฉันกำลังแขวนรูปบนผนัง ซึ่งรูปตอนนี้ยังอยู่ในมือ ซึ่งจะถูกเคลื่อนย้ายไปแขวนบนผนัง นั่นเอง**)**

4.1.2. Das Bild hängt an der Wand. (an + der Wand ซึ่งเป็น **Dativ)**

(มีความหมายว่า ตอนนี้รูปมันแขวนนิ่งๆอยู่บนผนังแล้ว ไม่มีการเคลื่อนไหว อีก**)**

auf = บน

4.2.1. Die Frau setzt sich auf das Sofa. **(auf + das Sofa** ซึ่งเป็น **Akkusativ)**

(มีความหมายว่าผู้หญิงกำลังจะนั่งลงบนโซฟา ยังไม่นั่งนิ่งๆ นั่นเอง)

4.2.2. Die Frau sitzt auf dem Sofa.

(auf + dem Sofa ซึ่งเป็น **Dativ)**

(มีความหมายว่าผู้หญิงคนเดียวกัน ตอนนี้นั่งนิ่งๆอยู่บนโซฟา เรียบร้อยแล้ว ไม่ได้ขยับตัวไปไหนอีก)

in = ใน, ข้างใน

4.3.1. Ich gehe ins Kino หรือ **Ich gehe in das Kino.**

(in + das Kino ซึ่งเป็น **Akkusativ)**

(มีความหมายว่าฉันเดินทางไป ในโรงภาพยนตร์ ยังไม่ถึง คืออยู่ในระหว่างการเคลื่อนที่)

4.3.2. Ich bin im Kino. หรือ **Ich bin in dem Kino.**

(in + dem Kino ซึ่งเป็น **Dativ)**

(มีความหมายว่า ฉันอยู่ที่/อยู่ในโรงภาพยนตร์ คือบอกว่า ฉันอยู่ที่ไหน นั่นเอง)

ส่วน คำอื่นๆ ใช้ ในหลักการเดียวกัน

คือใช้ได้ ทั้ง **2** กรณี เช่นเดียวกับ ตัวอย่างข้างต้น คือ คำว่า **neben** = ข้างๆ, **über** = ข้างบน , **unter** = ข้างล่าง ,

vor = ข้างหน้า ,**zwischen** = ระหว่าง , **hinter**= ข้างหลัง

5. Präposition mit Genitiv อย่างเดียว

statt = แทนที่ + **seines Bruders (Genitiv)**

5.1. Ich antworte statt meines Bruders. ฉันตอบคำถามแทนพี่ชายของฉัน

trotz = ถึงแม้ว่า, ถึงแม้จะมี...+ **des schlechten Wetters (Genitiv)**

5.2. Trotz des schlechten Wetters sind sie spazieren gegangen.

(ถึงแม้ว่าอากาศจะแย่ แต่พวกเขาก็ยังออกไปเดินเล่น)

während = ระหว่าง, ระหว่างที่ + **der Ferien (Genitiv)**

5.3. Er arbeitet während der Ferien. (เขาทำงานในช่วงวันหยุด)

wegen = เป็นเพราะว่า, ด้วยนี้ , เป็นเพราะเหตุนี้

5.4 Wegen des Staus sind wir spät angekommen. (เป็นเพราะว่า รถติด เราจึงมาสาย)

außerhalb= ภายนอก, นอกเหนือจาก, นอกจาก, นอกเหนือ...

5.5. Sie ist außerhalb der Schule. (เธออยู่ข้างนอกโรงเรียน)

innerhalb = ภายใน, ภายในของ

5.6. Er ist innerhalb seines Hauses. (เขาอยู่ในบ้านของเขา)

oberhalb = อยู่เหนือกว่า, อยู่ข้างบน

5.7. Das Dach ist oberhalb des Hauses. (หลังคาอยู่บนตัวบ้าน)

unterhalb = อยู่ข้างล่าง, อยู่ใต้, อยู่ต่ำกว่า

5.8. Die Unterschrift ist unterhalb des Satzes. (ลายเซ็นอยู่ข้างล่างประโยค)

PS: การใช้ภาษาเยอรมัน ในปัจจุบัน สามารถมีการใช้ คำบุพบท **mit Genitiv** เหล่านี้ กับ **Dativ** ในภาษาพูด

Präposition หรือคำบุพบท แต่ละคำ ที่เขียนเหมือนกัน แต่สามารถมีความหมาย แตกต่างกันไป ได้หลายความหมาย

Der Fragesatz (ประโยคคำถาม)

ในภาษาเยอรมัน จะแบ่ง ประโยค คำถาม เป็น **2** กลุ่ม ใหญ่ๆ ด้วย กัน คือ

Gruppe 1. Ja-/Nein-Fragen

กลุ่มที่ 1. ประโยคคำถาม ที่ตอบ ด้วย **Ja** (ใช่) หรือ **Nein** (ไม่ใช่)

ซึ่ง ประโยค คำถามเหล่านี้ จะขึ้นต้น ด้วย คำกริยา รวม ถึง **Modal Verben (** คำกริยาช่วย) ทุกๆ ตัว

ถ้าประโยคคำถามขึ้นต้น ด้วย คำกริยาช่วย คำกริยาแท้ **Infinitiv** จะย้ายไปอยู่ท้ายประโยค

PS : ห้ามสับสน กับประโยค คำสั่ง หรือ ขอร้องให้นะคะ ทำ หรือ **Imperativ** ซึ่งจะ เขียนคำกริยา ขึ้นต้น ประโยค แต่ จะไม่ มีเครื่องหมาย คำถาม ค่ะ

โครงสร้างของ ประโยค จะใช้

Verben + Nominativ + ...และมีเครื่องหมายคำถาม **?** ท้ายประโยค

Zum Beispiel: ยกตัวอย่าง เช่น

2.1 Fragen คำถาม : **Trinken Sie Apfelsaft?** คุณดื่มน้ำแอปเปิ้ลหรือไม่

: Trinkst du Apfelsaft? คุณดื่มน้ำแอปเปิ้ลหรือไม่

Antwort คำตอบ : **Nein, ich trinke keinen Apfelsaft.** ไม่ ฉันไม่ดื่มน้ำแอปเปิ้ล

: Ja, ich trinke gerne Apfelsaft. ใช่ ฉันชอบดื่มน้ำแอปเปิ้ล

2.2 Fragen คำถาม : **Können Sie schwimmen?** คุณสามารถว่ายน้ำได้ หรือไม่

: Kannst du schwimmen? คุณสามารถว่ายน้ำได้ หรือไม่

Antwort คำตอบ : **Ja, ich kann schwimmen.** ใช่ฉันว่ายน้ำได้

: **Nein, ich kann nicht schwimmen.** ไม่ ฉันว่ายน้ำไม่ได้

ซึ่งจะยกตัวอย่างคำถาม ในกลุ่มที่ 1 บางประโยค ดังนี้นะคะ

1.1. Machen Sie Sport? (แบบสุภาพ) **(**คุณเล่นกีฬาหรือไม่**?)**

1.1.1 Machst du Sport (แบบธรรมดา) **(**คุณเล่นกีฬาหรือไม่**?)**

1.2. Essen Sie gern Fisch? คุณชอบทานปลาหรือไม่ (แบบสุภาพ)

1.2.1 Isst du Fisch? คุณชอบทานปลาหรือไม่ (แบบธรรมดา)

1.3 Können Sie Deutsch sprechen? คุณพูดภาษาเยอรมันได้ หรือไม่**?** **(**สุภาพ**)**

Kannst du Deutsch sprechen? คุณพูดภาษาเยอรมันได้ หรือไม่**?**

1.4. Ist da Ihre Wohnung? นี่คือที่อยู่ของคุณใช่หรือไม่

1.5. Leben Sie in Deutschland? คุณอาศัยอยู่ในประเทศเยอรมนีหรือไม่

1.6. Leben Sie in Thailand? คุณอาศัยอยู่ในประเทศไทยหรือไม่

1.7. Können Sie schwimmen? คุณสามารถว่ายน้ำได้หรือไม่

Kannst du schwimmen? คุณสามารถว่ายน้ำได้หรือไม่

1.8. Bin ich zu dick? ฉันเป็นคนอ้วนมากหรือไม่

1.9. Bist du zu Hause? คุณอยู่ที่บ้านหรือไม่

1.10. Haben Sie Zeit? คุณมีเวลาหรือไม่ (แบบสุภาพ)

1.10.1 Hast du Zeit? คุณมีเวลาหรือไม่ (แบบธรรมดา)

Gruppe 2. W-Fragen

กลุ่มที่ 2 คำถาม ที่มีคำขึ้นต้น ด้วยตัว **W** เป็นตัวคำถาม และ คำกริยา จะเปลี่ยนตำแหน่งมาอยู่ที่

ตำแหน่งที่ **2** ของประโยค

โครงสร้าง ของประโยค จะใช้

W-Fragen + Verben + Nominativ ...และมีเครื่องหมายคำถาม **?** ท้ายประโยค

Zum Beispiel ยกตัวอย่าง เช่น :

2.1 Fragen คำถาม : **Womit fährst du zur Schule?** คุณไปโรงเรียนโดยอะไร/ ไปโรงเรียนยังไง.

Antwort คำตอบ : **Ich fahre mit dem Bus zur Schule.** ฉันไปโรงเรียนโดยรถเมล์/รถบัส.

2.2 Fragen คำถาม : **Was machen Sie in Ihrer Freizeit?** คุณทำอะไรในเวลาว่าง**?**

Antwort คำตอบ : **In meiner Freizeit höre ich Musik.** ในช่วงเวลาว่างฉันฟังเพลง

In meiner Freizeit male ich gern. ในเวลาว่างฉันชอบวาด/ระบายสี.

ซึ่งจะยกตัวอย่างคำถาม ในกลุ่มที่ 2 บางคำ ดังนี้นะคะ

wo? ที่ไหน

1.1. Wo leben Sie? คุณอยู่ที่ไหน(ใช้ชีวิตอยู่ ที่ไหน)

1.1.2. Wo wohnen Sie? คุณพักอาศัย อยู่ที่ไหน (แบบสุภาพ)

1.1.3 Wo wohnst du? คุณพักอาศัยอยู่ที่ไหน (แบบธรรมดา)

woher? จากที่ไหน, จากที่ใด

1.1.4.Woher kommen Sie? คุณมาจากที่ไหน

1.1.5. Woher kommst du? คุณมาจากที่ไหน

wohin? ที่ไหน

1.1.6. Wohin möchtest du fahren? คุณอยากขับรถไปที่ไหน

1.1.7. Wohin möchten Sie mit dem Flugzeug fliegen? คุณอยากจะเดินทาง(โดยเครื่องบิน) ไปที่ไหน

wie? อย่างไร

1.3.Wie geht es Ihnen? คุณเป็นอย่างไรบ้าง(คุณสบายดีไหม)

1.3.1.Wie geht es dir? คุณเป็นอย่างไรบ้าง (คุณสบายดีไหม

1.4. Wie heißen Sie? คุณชื่ออะไร

1.4.1Wie heißt du? คุณชื่ออะไร

1.5.Wie alt sind Sie? คุณอายุเท่าไหร่

1.5.1 Wie alt bist du? คุณอายุเท่าไหร่

wie viel? เท่าไหร่**?**

1.6. Wie viel kostet das Auto? รถยนต์ราคาเท่าไหร่

1.6.1 Wie viel kostet das Hemd? เสื้อเชิ้ตราคาเท่าไหร่

wie lang ? นานแค่ไหน

1.7. Wie lange lebst du in Deutschland. คุณอาศัยอยู่ที่เยอรมันนานเท่าไหร่

1.7.1. Wie lange leben Sie in Japan. คุณอาศัยอยู่ที่ญี่ปุ่นนานเท่าไหร่

1.8. Was machst du heute Nachmittag? คุณทำอะไรตอนบ่ายวันนี้**?**

warum? wieso? ทำไม

1.9. Warum lernen Sie Deutsch? ทำไมคุณจึงเรียนภาษาเยอรมัน**? (** แบบสุภาพ)

Warum lernst du Deutsch? ทำไมคุณจึงเรียนภาษาเยอรมัน**? (** แบบธรรมดา)

*****สำหรับ กลุ่ม** W-Fragen ****

จะมี **2** คำที่พิเศษ โดย จะมีการเปลี่ยนแปลง รูป ตามเพศ หรือ หน้าที่ ของคำนาม ที่ มันนำหน้า

คือคำว่า **wer** ใคร และ **welche** อันไหน, สิ่งไหน

Wer ใคร **(Nominativ), Wen** ใคร (**Akkusativ), Wem** ใคร (**Dativ), Wessen** ใคร (เป็นเจ้าของ) / ของใคร (**Genitiv)**

Beispiel: ยกตัวอย่างเช่น

- Wer hat das Essen gekocht? (Nominativ) ใครเป็นคนทำอาหาร

- Wen sollten wir zur Party einladen? (Akkusativ) ใครที่เราควรจะเชิญมางานปาร์ตี้

- Mit wem gehst du ins Kino? (Dativ) คุณไปโรงหนังกับใคร

- Wessen Haus ist das? (Genitiv) ใครเป็นเจ้าของบ้านนี้, หรือบ้านเป็นของใคร

ซึ่งเรา สามารถถามได้ อีกอย่างว่า

-Wem gehört das Haus? (Dativ) ใครเป็นเจ้าของบ้านนี้

welche

จะเปลี่ยนตาม เพศ ของคำนาม และ หน้าที่

Beispiel: ยกตัวอย่างเช่น

Maskuline คำนาม เพศชาย ที่ มีคำนำหน้า der , der Song เพลง

- Welcher Song gefällt dir? (Nominativ) เพลงไหน/ เพลงอะไรที่คุณชอบ

Neutral คำนาม ไม่มีเพศ ที่มีคำหน้านาม **das, das Lied** = เพลง

- Welches Lied gefällt dir? (Nominativ) เพลงไหน/ เพลงอะไรที่คุณชอบ

Feminin คำนามเพศหญิง ที่มีคำนำหน้า **die ,**

die Farbe (สี)

- Welche Farbe gefällt dir? (Nominativ) สีไหน/ สีอะไรที่คุณชอบ

Plural คำนามพหุพจน์ die Blumen

- Welche Blumen gefällt Ihnen? ดอกไม้อะไรที่คุณชอบ

ตัวอย่างประโยคอื่นๆ

der Salat สลัด

-Welchen Salat möchtest du essen? (Akkusativ)

der Zustand สภาพ , สถานการณ์ ,เงื่อนไข

- In welchem Zustand ist Ihre Wohnung? (Dativ) สภาพห้องพัก ของคุณเป็นอย่างไร**?**

die Straße ถนน

- In welcher Straße wohnen Sie? (Dativ) คุณอาศัยอยู่ถนนอะไร

Wo + Präposition

ซึ่งจะมีความหมายว่า ด้วยอะไร หรือเพื่ออะไร และอื่นๆ
หลักการ เราแยก เป็น 2 กลุ่ม ใหญ่ๆ

กลุ่มที่ 1 : Gruppe 1. หาก คำ Präposition ที่เขียนต้นด้วยพยัญชนะ

เช่นคำว่า für, mit , nach, von และvor
เราจะเอา คำว่า Wo มาวางไว้ ข้างหน้า คำเหล่านี้ได้เลย
เช่น **Wofür, Womit, Wonach, Wovon และ Wovor**

ซึ่งเวลาตอบ จำเอา „Da“มาใส่ ข้างหน้า Präposition เช่น **Dafür, Damit, Davon..**

ซึ่งจะยกตัวอย่าง ประโยคคำถามแล้ว คำตอบไว้ ดังนี้

A: **Interessierst** du dich **für** Deutsch? คุณสนใจภาษาเยอรมันไหม
B: Nein, **dafür** interessiere ich mich nicht. ไม่หรอกฉันไม่สนใจ (ภาษาเยอรมัน)
A: **Wofür** interessierst du dich denn? แล้วคุณสนใจอะไรล่ะ
B: Ich interessiere mich **für** Englisch. / **Für** Englisch. ฉันสนใจภาษาอังกฤษ

1.1. Wofür bedankst du dich? คุณขอบคุณสำหรับอะไร, เพื่ออะไร
Ich bedanke mich für deine gute Nachricht. ฉันขอบคุณสำหรับ ข้อความ/ ข่าวดีจากคุณ.

1.2. Wofür bist du mir dankbar? คุณรู้สึกขอบคุณฉันเพื่ออะไร
Ich bin dankbar für deine Liebe und Zärtlichkeit. (ฉันรู้สึกขอบคุณในความรักและ ความอ่อนโยนของคุณ)

1.3. Wovon erzählst du mir? คุณเล่า/ บอกถึงเรื่องอะไรให้ฉันฟัง
Ich erzähle dir von meinem Tag. ฉันเล่าเรื่องในแต่ละวันของฉัน ให้คุณฟัง

1.4. Wonach schmeckt Brot? รสชาติขนมปัง เป็นแบบไหน
Brot schmeckt nach Kürbiskernen. ขนมปังรส เม็ดฟักทอง
Brot schmeckt nach Zwiebeln. ขนมปังรสหัวหอม

1.5. Wonach erkundigst du dich? คุณถามหาอะไร (ถามหา อะไร/ ถามเกี่ยวกับอะไร)
Ich erkundige mich nach dem Weg zum Bahnhof. ฉันถามทางไปสถานีรถไฟ
Ich erkundige mich nach einem Hotel. ฉันถามหาโรงแรมแห่งหนึ่ง

1.6. Womit hörst du morgen auf? คุณจะเลิก/หยุด อะไรพรุ่งนี้
Ich höre morgen mit dem Rauchen auf. ฉันจะหยุดสูบบุหรี่

1.7. Womit fängst du nächste Woche an? คุณจะเริ่มต้นกับอะไร/ทำอะไร สัปดาห์หน้า
Ich fange nächste Woche mit meiner Diät an. ฉันจะเริ่มต้นสัปดาห์หน้า กับเรื่องลดน้ำหนักของฉัน

1.8. Womit fahren wir nach Köln? เราไปที่เมืองโคโลญจน์ด้วยอะไร
Wir fahren mit dem Zug nach Köln. เรานั่งรถไฟไปที่โคโลญจน์

1.9. Wovor hast du keine Angst? คุณไม่กลัวอะไร
Ich habe keine Angst vor Regenwürmern. ฉันไม่กลัวไส้เดือน

1.10. Wovor hast du Angst? คุณกลัวอะไร
Ich habe Angst vor **Tausendfüßlern.** ฉันกลัว**ตะขาบ**
Ich habe Angst vor Kriegen. ฉันกลัวสงคราม

กลุ่มที่ 2 Gruppe 2

หากคำ **Präposition** ที่เขียนต้นด้วยสระ เราจะต้องเพิ่มตัว **„r"** เข้าไป ระหว่าง **Wo** และ **Präposition** ซึ่ง ยกตัวอย่างคำ **Präposition** ดังนี้

an, auf และ **über**

เช่น **Woran, Worauf** และ **Worüber**

ซึ่งจะ ยกตัวอย่างประโยคคำถามในกลุ่มนี้ ดังนี้ นะคะ

2.1. Woran glaubst du? คุณเชื่อถือใคร
Ich glaube an das Gute. ฉันเชื่อในความดี
Ich glaube an die Liebe meines Mannes.
ฉันเชื่อในความรักของสามีของฉัน

2.2. **Woran** musst du dich in Deutschland gewöhnen?
คุณจะต้องทำความคุ้นเคย/ทำตัวให้คุ้นเคย/ ให้เคยชิน กับอะไรในประเทศเยอรมัน
Ich muss mich **an** das Wetter in Deutschland gewöhnen. ฉันจะต้องทำตัวให้คุ้นเคยกับอากาศในเยอรมัน
Ich muss mich **an** das Essen in Deutschland gewöhnen. ฉันจะต้องทำตัวให้เคยชินกับอาหารในเยอรมัน

2.3. **Woran** erinnerst du dich?
Ich erinnere mich an meine Kindheit. ฉันระลึกถึงชีวิตวัยเด็กของฉัน
Ich erinnere mich an unser erstes Treffen. ฉันระลึกถึงการพบกันครั้งแรกของเรา
Ich erinnere mich an mein altes Auto. ฉันนึกถึงรถยนต์คันเก่าของฉัน

2.4. **Worüber** sprichst du mit den Nachbarn? คุณพูดถึงอะไรกับเพื่อนบ้านของคุณ
Ich spreche mit den Nachbarn über einen Unfall. ฉันพูดกับเพื่อนบ้านเกี่ยวกับการเกิดอุบัติเหตุ

2.5. Worüber lachst du? คุณหัวเราะเกี่ยวกับอะไร/ หัวเราะให้กับอะไร
Ich lache über einen Witz. ฉันหัวเราะเกี่ยวกับเรื่องตลก ขำขัน

2.6. Worüber beschwerst du dich? คุณ บ่น / ร้องเรียน เกี่ยวกับ อะไร
Ich beschwere mich über meinen Hund. ฉันบ่น / ร้องเรียน เกี่ยวกับสุนัขของฉัน

2.7. Worüber schreibst du? คุณเขียนเกี่ยวกับอะไร
Ich schreibe über meine Geschichte. ฉันเขียนเกี่ยวกับประวัติของฉัน

2.8. Worüber denkst du nach? คุณคิดถึงอะไร
Ich denke darüber, nächste Woche Urlaub zu machen. ฉันคิดถึงการไปพักผ่อนในสัปดาห์หน้า
Ich denke darüber, nächste Woche mit Sport anzufangen. ฉันคิดถึงการเริ่มเล่นกีฬา
Ich denke darüber, nach, nächste Woche Schwimmen zu lernen. ฉันคิดถึงการเรียนว่ายน้ำ

2.9. Worauf reagierst du schnell? คุณมีปฏิกิริยากับอะไรอย่างรวดเร็ว

Ich reagiere schnell auf Ungerechtigkeit. ฉันมีปฏิกิริยาอย่างเร็ว กับความไม่สุภาพ

2.10. Worauf freust du dich? คุณตั้งตารอคอยอะไร

Ich freue mich auf unser nächstes Treffen. ฉันรอคอย การพบกันของเรา ครั้งต่อไป

2.11. Worauf hast du Lust? คุณอยากทำอะไร/ มีความสุขกับอะไร
Ich habe Lust auf meinen schönen Urlaub. ฉันมีความสุขกับ ช่วงเวลาวันหยุดของฉัน.

2.12. Worauf achtest du? คุณระวังเกี่ยวกับอะไร
Ich achte auf den Verkehr. ฉันระวังเกี่ยวกับการจราจร
Ich achte auf gesunde Ernährung. ฉันระมัดระวัง เรื่องสารอาหารที่มีประโยชน์

2.13. Worauf hoffst du? คุณคาดหวังกับอะไร/ มีความหวังกับอะไร
Ich hoffe auf einen guten Job. ฉันหวังกับงานใหม่ที่ดีๆ
Ich hoffe auf ein glückliches Leben. ฉันหวังกับชีวิตที่มีความสุข

2.14. Worauf musst du in der Schule verzichten?
คุณทำอะไรไม่ได้ในโรงเรียน / ต้องหยุดทำอะไรในโรงเรียน

Ich muss auf mein übliches Essen verzichten. ฉันต้องงดอาหารมื้อปกติของฉัน

PS: ถ้า ใช้ wen = ใคร (Akkusativ), wem = ใคร (Dativ) คำตอบ จะเป็น บุคคล

1. An wen glaubst du? คุณเชื่อถือใคร (คำตอบใช้กับบุคคล)
Ich glaube an dich. ฉันเชื่อถือคุณ
Ich glaube an meinen Vater. ฉันเชื่อถือคุณพ่อของฉัน

2. Nach wem sehnst du dich?คุณคิดถึงมากๆ, โหยหา) อยากได้มี, อยากได้เจอ (เหตุการณ์ที่ยังไม่เกิดขึ้น)

Ich sehne mich nach dir. ฉันอยากเจอคุณหรือ อยากอยู่กับคุณมากๆ.

3. An wen erinnerst du dich? คุณคิดถึงใคร / คุณระลึกถึงใคร
Ich erinnere mich an meinen Opa. ฉันระลึกถึงคุณปู่/ คุณตาของฉัน.

4. Mit wem triffst du dich gern? คุณชอบพบ/ นัดพบกับใคร.

Ich treffe mich gern mit meiner Schwester. ฉันชอบพบกับ น้องสาวของฉัน.

5. An wen schreibst du? คุณเขียนจดหมายถึงใคร

Ich schreibe an meine ältere Schwester. ฉันเขียนจดหมายถึงพี่สาว ของฉัน
Ich schreibe an meinen jüngeren Bruder. ฉันเขียนจดหมายถึงน้องชายของฉัน

6. Nach wem fragst du? ถามหา, ถามถึง (อยากรู้เกี่ยวกับ ใคร)

Ich frage nach dem Geschäftsführer. ฉันถามถึงเจ้าของบริษัท
Ich frage nach der Chefin? ฉันถามถึงเจ้านายผู้หญิงของฉัน
7. Mit wem sprichst du? คุณพูดกับใคร
Ich spreche mit einem alten Mann. ฉันพูดกับผู้ชายแก่คนหนึ่ง

Drum กับ Deswegen จะมีความหมาย เดียวกันว่า 'ดังนั้น , เพราะฉะนั้น, เพราะว่าสิ่งนี้" ซึ่งเรา จะใช้ คำว่า **deshalb** " แทนได้ ซึ่งเราจะใช้ ตอบในประโยคที่ คำถาม เป็น ดังนี้ นะคะ (**Warum, Weshalb, Weswegen**

จะมีความหมายว่าทำไม)

1. Warum stellst du diese Frage? Ich frage darum, weil mich eine Antwort interessiert. **ทำไมคุณถามคำถามนี้ ฉันถามเพราะเหตุว่าฉันสนใจอยากได้คำตอบ**

2. Weshalb stellst du diese Frage? Ich frage deshalb, weil ich mich eine Antwort interessiere.

3. Weswegen stellst du diese Antwort? Ich frage deswegen, weil ich mich eine Antwort interessiere.

(**ทั้งสามประโยคจะมีความหมายคล้ายกัน ต่างตรง "คำถาม"**) **ส่วน** wegen **จะต่างนิดนึงตรง** wegen **แปลว่า 'เพราะว่าอันนี้' หรือ 'เป็นเพราะว่า จากสิ่งนี้' ซึ่ง ปกติ** wegen **จะตามด้วย** Dativ **ส่วน ตัวอย่าง** wegen **ที่ตามด้วย** Genitiv
ยกตัวอย่าง Das Auto defekt wegen deines Fehlers. (**รถยนต์พังเป็นเพราะความผิดพลาดของคุณ)**

หรือ ถ้ายกตัวอย่าง กับ Dativ **ก้อจะใช้ ว่า** Das Auto beschädigt **wegen dir**. **(**รถยนต์พัง**เพราะคุณ**)

Ich **möchte** Englisch lernen. **Darum** gehe ich zu einer Sprachschule (Warum gehen Sie zu einer Sprachschule?)

ฉัน**อยาก/ต้องการจะ** เรียนภาษาอังกฤษ **เพราะฉะนั้น**ฉันก้อไปโรงเรียนภาษา (ทำไมคุณไปที่โรงเรียนสอนภาษา)

1. **<u>Wegen</u>** einer **Erkältung** konnte ich gestern nicht kommen.

<u>เป็นเพราะว่า</u> **อาการหวัด (ฉันเป็นหวัด)**ฉันเลยมาโรงเรียนไม่ได้เมื่อวาน.

2. Es hat sehr stark geregnet, **darum** konnten wir nicht Tennis spielen.
ฝนตกหนักมาก**, เพราะฉะนั้น**เราเลยเล่นเทนนิสกันไม่ได้

3. Leni schreibt sich Wortschatzkarten. **Darum** kann sie sich die neuen Wörter so gut merken.
Leni เขียน**บัตรคำ. เพราะเหตุนี้**เธอสามารถจำคำศัพท์ใหม่ๆได้ดี

4. Wegen eines Unfalls führen gestern keine Straßenbahnen. **เพราะว่า มีอุบัติเหตุ เมื่อวาน รถราง (**Tram, Bahn) **เลยวิ่งไม่ได้.**

ตัวเชื่อมเหล่านี้ไม่ต้องมีเครื่องหมาย, หลังคำเชื่อมเหล่านี้ในการเชื่อมประโยคประโยค

und wie sowie sowohl ... als/wie auch weder ... noch

nicht ... noch beziehungsweise **ตามลำดับ** respektive **ตามลำดับ**

oder entweder ... oder

ตัวเชื่อมเหล่านี้ต้องมีเครื่องหมาย , หลังคำเชื่อมเหล่านี้ในการเชื่อมประโยคประโยค

aber doch jedoch sondern einerseits ... andererse

Trennbare und untrennbare Verben คำกริยาแบบแยก และไม่แยก

คำกริยาที่แยกกัน ใช้บ่อยในภาษาเยอรมัน คือ

1. **trennbare Verben** คำกริยาแยกกัน ดูที่คำกริยาที่มีคำหน้าดังต่อไปนี้:

ab-, an-, auf-, aus-, bei-, ein-, los-, mit-, nach-, her-, hin-, vor-, weg-, zu-, zurück-

Beispiel ตัวอย่างเช่น: abholen: Ich **hole** dich am Montag **ab.** ฉันไปรับคุณในวันจันทร์

anrufen: Ich **rufe** dich später **an.** ฉันจะโทรหาคุณในภายหลัง

aufräumen: Ich **räume** meine Wohnung **auf**.

ฉันทำความสะอาดอพาร์ทเมนต์ของฉัน

stattfinden: Die Party **findet** in unserer Schule **statt.**

งานเลี้ยงจัดขึ้นที่ในโรงเรียนของเรา

ab- abfahren ขับรถออกไป, ab- abholen รับ ไปรับ, an- anrufen โทรศัพท์/โทร, auf- aufmachen เปิด/เพื่อเปิด, aufräumen ทำความสะอาด / จัดให้เป็นระเบียบ, ankommen มาถึง, aus- ausgeben ใช้จ่าย, ein- einkaufen ช้อปปิ้ง, hin- hinsetzen นั่งลง, mit- mitmachen เข้าร่วม,

mit-mitnehmen นำติดตัวไปด้วย/ นำไปด้วย,mit-mitbringen นำมาพร้อม/ นำมาด้วย, statt-stattfinden จัดที่/ เกิดขึ้นที่, teil- teilnahmen เข้าร่วม, übersetzen แปล, vor- vorbereiten เตรียม/ จัดเตรียม/ เตรียมความพร้อม

2. **untrennbare Verben** คำกริยาไม่แยกแยกกัน ดูที่คำกริยาที่มีคำหน้าดังต่อไปนี้:

be-, emp-, ent-, er-, ge-, miss-, ver-, zer-

Beispiel ตัวอย่างเช่น: Ich **besuche** dich am Samstag. ฉันไปเยี่ยมคุณในวันเสาร์

Der Bus **entfernt** sich langsam von der Bushaltestelle.

รถบัสเคลื่อนที่ช้าๆจากป้ายรถเมล์, be-besuchen เยี่ยม/ เยี่ยมชม, be-besichtigen เยือน/ เยี่ยมชม, er- erzählen to tell (a story), ge- gehören เป็นของ/ เป็นเจ้าของ, ver- vergessen ลืม, verkaufen ขาย

3. เป็นกริยาได้ทั้งแบบแยก **trennbare Verben** และไม่แยก **untrennbare Verben**

durchfahren ขับรถผ่าน
Getrennt: Der Zug **fährt langsam durch** die Stadt durch.
(รถไฟ**วิ่งช้าๆ ผ่าน**เมือง)
Untrennbar: Er **durchfährt** eine schwere Zeit in seinem Leben.
(เขา**กำลังเผชิญกับ**ช่วงเวลาที่ยากลำบากในชีวิตของเขา
übergehen ผ่านไป
Getrennt: Sie **geht** auf ein anderes Thema **über.** (เธอ(พูด)**ผ่านไปที่**หัวข้ออื่น)
Untrennbar: Ihr Vorschlag wird oft **übergangen**. (ข้อเสนอแนะของหล่อนมัก**ถูกมองข้าม**)
umfahren
Getrennt: Der Fahrer **fährt** die Baustelle **um.** (พนักงานขับรถ**ขับรถไปรอบๆ** พื้นที่ก่อสร้าง)
Untrennbar: Er **umfuhr** das Hindernis geschickt. (เขา**หลบเลี่ยง**สิ่งกีดขวางได้อย่างชำนาญ)

Konjunktiv I und II

Konjunktiv เราใช้ Konjunktiv ในภาษาเยอรมันสำหรับสถานการณ์ที่ไม่เป็นจริง แต่เป็นไปได้เท่านั้น **(เป็นไปได้แต่ไม่ได้เกิดขึ้นจริง)** ตัวอย่างเช่นเมื่อเราจินตนาการหรือต้องการบางสิ่งเราจะพบ Konjunktiv ในประโยคหลักของประโยคที่มีเงื่อนไขไม่จริง หรือเมื่อเราพูดประโยคซ้ำใน der indirekten Rede

Konjunktiv นั้นมีสองรูปแบบที่แตกต่างกัน: Konjunktiv I และ Konjunktiv II

Konjunktiv I

เราพบ **Konjunktiv I** ส่วนใหญ่เมื่อการพูดเป็น **indirekte Rede** (คำพูดทางอ้อม) มักถูกใช้ในการพูดโดยอ้อมและอธิบายหรือคำสั่ง มักจะเห็น **Konjunktiv I** ในสูตร (บอกสูตร สูตรอาหาร) หรือคำแนะนำการใช้งานหรือในรายงานในข้อความในหนังสือพิมพ์ หรือในระหว่างการสัมภาษณ์ทางโทรทัศน์ ในแบบฟอร์มนี้ซึ่งเป็นการพูดถึงบุคคลที่สาม แต่ **Konjunktiv I** ยังสามารถใช้ในวลี (กลุ่มคำ)บางส่วน

Beispiel: ตัวอย่าง

1. Mein Mann sagt, ich sei **unordentlich.** (สามีของฉันพูดว่า ฉันเป็คน**ไม่เป็นระเบียบเรียบร้อย**)

2. Meine Eltern sagen, meine Schwester sei **ordentlich**.
(พ่อแม่ของฉันพูดว่า พี่สาวของฉันเป็นคน**เป็นระเบียบเรียบร้อย**)

3. Man verwende 2 **Esslöffel** Fischsauce, einen Esslöffel Zucker und 3 Esslöffel **Zitronensaft**, um Som Tam zuzubereiten.

(เราใช้น้ำปลา 2 **ช้อนโต๊ะ** น้ำตาล 1 ช้อนโต๊ะ และน้ำมะนาว 3 ช้อนโต๊ะ ในการทำส้มตำ)

Konjunktiv II

เราใช้ **Konjunktiv II** เมื่อเราพูดถึงบางสิ่งที่ไม่สามารถทำได้ หรือเป็นไปไม่ได้ ในปัจจุบัน **(การอธิบาย ความคาดหวัง ความใฝ่ฝัน และความปรารถนา)**นอกจากนี้เรายังใช้ **Konjunktiv II** ในการพูด **indirekte Rede** (คำพูดทางอ้อม) **หรือประโยคคำถาม / ข้อความเมื่อต้องการพูดให้สุภาพขึ้น**

Beispiel: ตัวอย่าง

1. Es wäre schönen, wenn ich in Ihrem Team arbeiten dürfte.
(มันคงจะดี, ถ้าฉันจะได้รับอนุญาตให้ทำงานในทีมของคุณ)

2. Es wäre schön, wenn du mehr Zeit für uns hättest
(มันคงจะดี, ถ้าคุณจะมีเวลาให้กับพวกเรามากกว่านี้)

3. Es wäre besser, wenn ich gut Deutsch sprechen könnte.
(มันคงจะดีกว่านี้, ถ้าฉันสามารถพูดภาษาเยอรมันได้ดี)

Wünsche/Träume (ความปรารถนา/ความใฝ่ฝัน)

1. Ich **<u>wünschte</u>,** ich **<u>hätte</u>** mehr Freizeit.

(ฉันปราถนาว่า, ฉันอยากมีเวลาว่างมากกว่านี้)

(***แต่ในความเป็นจริงคือ มีเวลาว่างน้อย เป็นแค่ ปรารถนาไม่ได้เกิดขึ้นจริงความ***)

2. Ich hätte gerne meinen eigenen **Buchladen.** (ฉันต้องการมี**ร้านหนังสือ**เป็นของตัวเอง)

Irreale Bedingungen mit, wenn (เงื่อนไขที่ไม่จริง ใช้กับ wenn)

1. **Wenn** du die C1-Prüfung hättest, könntest du mit deinem Studium an einer Universität anfangen.

(**หาก/ถ้า/เมื่อ** คุณผ่านการสอบ C1 มาแล้วคุณสามารถเรียนในมหาวิทยาลัยได้)

Höfliche Bitten und Fragen (คำขอและคำถาม แบบสุภาพ)

Könnten Sie mir bitte einen **Termin** geben? (คุณช่วยทำ**ตารางนัดหมาย**ให้ฉันได้ไหม)

Könntest du mir bitte **helfen**? (คุณกรุณา**ช่วย**ฉันได้ไหม)

Könnten Sie mir bitte helfen, dieses **Problem** zu lösen? (คุณกรุณาช่วยฉัน, ในการแก้ไข**ปัญหา**นี้ได้ไหม)

Könnten Sie mir bitte **so schnell wie möglich** antworten?

(คุณช่วยตอบฉัน**โดยเร็วที่สุดเท่าที่จะเร็วได้** ได้ไหม)

Vorschläge/Empfehlungen (mit Modalverben)

ข้อเสนอแนะ / คำแนะนำ (ใช้กับ คำกริยาช่วย)

Sie **sollten** viel warmes Wasser trinken. (คุณ**ควรจะ**ดื่มน้ำอุ่นมาก ๆ)

Du solltest viel **warmes Wasser** trinken. (คุณ/ เธอ(คนสนิท) ควรดื่ม**น้ำอุ่น**มาก ๆ)

Konjunktiv II in der indirekten Rede

Konjunktiv II ถูกใช้ใช้ในคำพูดทางอ้อม **(Indirekte Rede)** เพื่อแสดงความสงสัย ความสุภาพ ความปรารถนา หรือสถานการณ์สมมติ

การสร้างประโยค:

Konjunktiv II มาจากกริยาในรูปอดีตกาล มักใช้ **อุมเลาต์ ..** ของสระ **a, o** และ **u** (ä, ö, ü) และเติมลงท้ายด้วย -e, -est, -e, -en, -et, -en

Beispiel: "gehen" จะเปลี่ยนเป็น"ginge"

ข้อยกเว้น: กริยาช่วย (**Modalverben**) และกริยาที่ไม่ใช่แบบปกติ(**unregelmäßige Verben**)บางประเภทมีการผันรูปแบบพิเศษ

Beispiele:

1. **Direkte Rede**: „Ich **bin** müde." (ฉันเหนื่อย)
   Indirekte Rede: Er sag**te**, er **wäre** müde. (เขากล่าวว่า/บอกว่าเขาเหนื่อย)

2. **Direkte Rede:** „Ich **habe** das Buch gelesen." (ฉันได้อ่านหนังสือเล่มนั้นแล้ว)
   Indirekte Rede: Sie behaupte**te**, sie **hätte** das Buch gelesen.

   (เธอกล่าวว่า/บอกว่าเธอได้อ่านหนังสือเล่มนั้น)

3. **Direkte Rede:** „**Ich werde** morgen kommen." (ฉันจะมาพรุ่งนี้)
   Indirekte Rede: Er **versprach**, er **würde** morgen kommen (เขาสัญญาว่าจะมาพรุ่งนี้)

4. **Direkte Rede**: „Ich **kann** das Problem lösen." (ฉันสามารถแก้ปัญหาได้)
   Indirekte Rede: Sie sag**te**, sie **könnte** das Problem lösen.

   (เธอพูดว่าเธอสามารถแก้ปัญหาได้)

5. **Direkte Rede:** „Ich **habe** die E-Mail geschrieben." (ฉันเขียนอีเมล)
   Indirekte Rede: Sie erzähl**te**, sie **habe** die E-Mail geschrieben.

   (เธอบอกว่าเธอเป็นคนเขียนอีเมล)

6. **Direkte Rede:** „Ich **hätte** gern mehr Urlaub." (ฉันอยากพักร้อนมากกว่านี้)
   Indirekte Rede: Er sagte, er **hätte** gern mehr Urlaub. (เขากล่าวว่าเขาต้องการพักร้อนมากกว่านี้)

7. **Direkte Rede:** „Ich **war** gestern krank." (ฉันป่วยเมื่อวาน)
   Indirekte Rede: Sie erklärte, sie **sei** gestern krank gewesen. (เธออธิบายว่าเธอป่วยเมื่อวานนี้)

Imperativ

Imperativ คือคำสั่งทางวาจา **Imperativ** จะใช้ในการแสดงคำขอ, คำร้อง, ขอคำสั่ง, คำแนะนำ หรือ บ่งบอก/ บอกให้ทำ เพื่อเน้น **Imperativ** จะมีเครื่องหมายอัศเจรีย์ **(!)** ตามท้าย มักจะตามมา

Beispiel ตัวอย่าง:

"Du bist so laut" "คุณเสียงดังมาก" เป็นเพียงคำพูด

Imperativ **"Sei nicht so laut!"** **"อย่าทำเสียงดังเลย!"** คือการร้องขอหรือคำสั่ง คำกริยา **sein** เมื่ออยู่ในรูป Imperativ จะเปลี่ยนรูปเป็น **sei.**

ใช้กับ คนหนึ่ง หรือ หลายคน พูดโดยตรง **เท่านั้น** ไม่ใช้กับบุคคลที่สาม **(er เขา ,sie หล่อน es มัน)**

Imperativ ใช้กับ** กับ **Du** (คุณ), **Ihr** (พวกเธอ)หรือแบบฟอร์มสุภาพ **Sie** (คุณ, พวกคุณ) **เท่านั้น**

โดยปกติถ้า Imperativ ใช้กับ Sie คือแบบสุภาพ คำกริยาจะเป็นรูปเดิม คือ ไม่มีการเปลี่ยนรูป

Beispiel ตัวอย่าง:

Gehen Sie nach Hause! พวกคุณกลับบ้านไปซะ

****** แต่ถ้ากริยา sein จะเติม e เข้าไป เพิ่ม หนึ่งตัว******

Beispiel ตัวอย่าง:

Seien Sie nicht so laut! พวกคุณอย่าทำเสียงดังเลย!

การเปลี่ยนรูป คำกริยา ในประโยค Imperativ

***โดยปกติแล้ว ถ้าใช้กับ Du ตัว en ในคำกริยาจะถูกตัดออกไป

Beispiel ตัวอย่าง:

Geh nach Hause! กลับบ้านไปซะ

แต่จริงๆแล้วถ้าจะให้ถูกต้องตามหลัก ไวยกรณ์ ต้องตัด ออกแค่ ตัว **n**

Beispiel ตัวอย่าง:

Gehe nach Hause! กลับบ้านไปซะ

***ถ้าคำกริยา ลงท้าย ตัว **d** และ **t** (ก่อน **en**) เราจะตัด **e** ออกไม่ได้

Warte auf mich! รอฉันด้วยนะ

Bitte warte auf mich! โปรดรอฉันด้วยนะ

*****ถ้าคำกริยาลงท้ายด้วยตัวอักษรพร้อม "m" หรือ "n" ที่ตามมา จะต้องเติมตัว"e" ต่อท้ายเสมอ เช่นเดียวกับใน "Atme!"**

อย่างไรก็ตามกฎนี้ใช้ไม่ได้ถ้าพยัญชนะก่อน "m" หรือ "n" คือ m, n, l, r หรือ h เช่น

Schwimm! จงว่ายน้ำ, Lern! จงเรียน

แต่ก็มีข้อยกเว้นที่นี่เช่นกันถ้าตัวอักษรที่อยู่ตรงหน้า "m" หรือ "n" ไม่ได้เป็นเพียงแค่ "h" แต่เป็น "ch" จะต้องเติมตัว"e" ต่อท้าย เช่น Zeichne! จงวาดภาพ

อย่างไรก็ตามแล้ว โดยหลักการแล้ว ในการใช้ประโยค คำสั่งเราควรจะเพิ่ม คำว่า bitte , bitte mal เพื่อความสุภาพ เสมอ

"Seien Sie bitte nicht so laut" พวกคุณได้โปรด/กรุณาอย่าทำเสียงดังเลย!

https://praxistipps.focus.de/was-ist-der-imperativ-einfach-erklaert_96289

(Accessed on 06.05.2020)

Beispiel ตัวอย่าง: ประโยค Imperativ

1. Mach die Tür zu! ปิดประตูซะ (แข็งๆ, สั่งแบบห้วนๆ)
2. Mach bitte die Tür zu! โปรดปิดประตู (ดูเป็นมิตร และสุภาพกว่า)
3. Machen Sie bitte die Tür zu! คุณโปรดปิดประตู

(ถ้าประโยคคำสั่งมีคำว่า bitte, bitte mal ก็สามารถใช้จุด . แทนเครื่องหมาย !)

4. Füllen Sie bitte das Formular aus. คุณ/ พวกคุณกรุณากรอกข้อมูลลงในแบบฟอร์มด้วยค่ะ
5. Füllt (ihr) bitte das Formular aus. พวกเธอกรุณากรอกข้อมูลลงในแบบฟอร์มด้วยค่ะ
6. Fülle (du) bitte das Formula aus. นี่เธอ (คนสนิท) กรุณากรอกข้อมูลลงในแบบฟอร์มด้วยค่ะ

Präpositionen mit Genitiv

Präpositionen mit คำบุพบท ที่ใช้กับ (**Genitiv** การแสดงความเป็นเจ้าของ จะไม่ค่อยใช้บ่อยเหมือนกับ กับ Dativ กรรมรอง oder Akkusativ กรรมตรง แต่จะได้บ่อยกว่า โดยเฉพาะในภาษาที่เป็นทางการและภาษาเขียน คำบุพบทเหล่านี้แสดงถึงความสัมพันธ์ เช่น ที่มา สาเหตุ สภาวะ หรือการครอบครอง และต้องมีคำนามหรือสรรพนามที่ตามมาในรูปกรรมกริยา

Präpositionen mit คำบุพบท ที่ใช้กับ **Genitiv** สร้างจากการรวม คำ**บุพบท Präposition** กับ **คำนาม Nomen** หรือ**สรรพนาม Pronomen** ในกรณีที่ใช้กับ **Genitiv** ในภาษาเยอรมัน ในกรณีในกรณีที่ใช้กับ **Genitiv** จะดูได้จากคำลงท้ายของ **Artikel (คำนำหน้านาม)** และ **Nomen (คำนาม)** เช่น des Mannes, der Frau, eines Kindes

Beispielpräpositionen mit Genitiv und Beispielsätzen:

Während ระหว่าง/ในระหว่าง (während der Reise: ระหว่างการเดินทาง)

Beispiel: Während der Reise lernte sie viele neue Orte kennen.

(**ระหว่าง/ในระหว่าง การเดินทาง**เธอได้รู้จักสถานที่ใหม่ๆ มากมาย)

Wegen (wegen des Wetters)

เนื่องมาจาก/เพราะว่า/ด้วยเหตุว่า/อันเนื่องมาจาก/เหตุจาก (เพราะสภาพอากาศ)

Beispiel: Wegen des schlechten Wetters wurde **das Konzert abgesagt**.

(**เนื่องจากสภาพอากาศ ที่เลวร้าย/แย่มากๆ** คอนเสิร์ตจึง ถูกยกเลิก)

Trotz (trotz **der Schwierigkeiten**)

แม้ว่า/ถึงแม้ว่า (แม้จะลำบากก็ตาม/จะมีความยากลำบากก็ตาม)

Beispiel: Trotz der **Schwierigkeiten gab sie nicht auf.**

(**แม้ว่า/ถึงแม้ว่า** จะมีความยากลำบากก็ตามแต่เธอก็ไม่ยอมแพ้

Innerhalb: ภายใน (innerhalb eines Monats: ภายในหนึ่งเดือน))

Beispiel: Innerhalb eines Monats hat sie das Projekt abgeschlossen.

(**ภายในหนึ่งเดือน** เธอทำโครงการเสร็จ)

Außerhalbภายนอก/นอก (außerhalb der Stadt: นอกเมือง)

Beispiel: Außerhalb der Stadt ist die Luft **deutlich** sauberer.

(**นอก**เมืองอากาศสะอาดกว่ามาก**อย่างเห็นได้ชัด**)

Beispiele in komplexeren Sätzen: ตัวอย่างในประโยคที่ซับซ้อน:

Beispiel: Wegen des starken Regens, der den ganzen Tag andauerte, konnte das Konzert **nicht wie geplant** stattfinden.

(**เนื่องจากฝนตกหนัก**, ตลอดทั้งวัน การแสดงคอนเสิร์ตจึงไม่เป็นไปตามแผนที่วางไว้)

Beispiel: Trotz der **zahlreichen Hindernisse, die** sich ihm in den Weg stellten, **verfolgte** er seine Träume **unbeirrt** weiter.

(**ถึงแม้ว่า**จะมี**อุปสรรคมากมาย**ขวางทาง แต่เขาก็ยังเดินตาม/ติดตาม/ตามความฝันต่อไปอย่างไม่หวั่นไหว)

Beispiel: Innerhalb der **nächsten Wochen**, in **denen** wir intensiv arbeiten werden, soll das Projekt **fertiggestellt werden.**

(**ภายใน**ไม่กี่สัปดาห์ข้างหน้า ซึ่งพวกเรา(ในเวลานั้น)จะตั้งทำงานกันอย่างเข้มแข็ง/จริงจัง โครงการก็ควรจะแล้วเสร็จ/ถูกทำให้เสร็จ)

Cr. "co-created with AI assistance." Microsoft Copilot

Präpositionen mit bestimmten Fällen

(คำบุพบทที่มีกรณีเฉพาะ)

คำบุพบทระดับสูงเหล่านี้มักใช้ในบริบทที่ต้องการการสื่อสารที่เป็นทางการ แม่นยำ หรือมีรายละเอียด

คำว่า "gemäß" (ออกเสียงว่า: เก เมส) ในภาษาเยอรมัน เป็นคำบุพบท (Präposition)

มีความหมายว่า **อ้างถึง, ตาม หรือ สอดคล้องกับ**

โดยทั่วไป จะเจอใน ภาษากฎหมายและภาษาที่เป็นทางการ เช่น กฎ ระเบียบ คำสั่ง หรือแนวทางปฏิบัติ ต่างๆ

คำนาม หรือ คำสรรพนาม ที่ตามหลังคำว่า gemäß จะเป็นรูป Dativ เสมอ

(gemäß สามารถ อยู่ก่อนและหลังคำนามก็ได้)

1. **Gemäß dem Vertrag** müssen wir **pünktlich** liefern.

   (**ตาม/ อ้างถึง สัญญาแล้ว** เราจะต้อง ส่งของ **ตรงต่อเวลา**)

   หรือ Dem Vertrag gemäß müssen wir pünktlich liefern.

   (ตามสัญญาแล้ว เราจะต้อง ส่งของ ตรงต่อเวลา)

Beispiel: ตัวอย่าง

1. **Gemäß den Regeln** darf hier nicht geraucht werden.

   (**ตามระเบียบแล้ว** ที่นี่ไม่อนุญาตให้มีการสูบบุหรี่)

2. Gemäß ihrer **Aussage** war er nicht am Unfall beteiligt.

   ((ตาม**คำให้การ**ของเธอ เขาไม่ได้เกี่ยวข้องกับอุบัติเหตุครั้งนี้)

3. **Dem Plan gemäß** müssen wir heute mit dem Deutschlernen beginnen.

   (**ตามแผนแล้ว** พวกเราจะต้องเริ่มเรียนภาษาเยอรมันวันนี้)

Synonyms (คำที่เขียนต่างกัน แต่ความหมายเหมือนกัน หรือใกล้เคียงกัน) ของคำว่า "gemäß"

1. entsprechend (ตาม, ตามนั้น, ตามความเหมาะสม) เป็นคำพ้องความหมาย (Synonym) อย่างเป็นทางการของ "gemäß" มักใช้ในภาษาเขียน

ตัวอย่างประโยค

Entsprechend der **Vorschrift** müssen Motorradfahrer einen **Helm** tragen.
(ตาม**ระเบียบที่กำหนด** คนขับรถมอเตอร์ไซด์ จะต้องสวม**หมวกกันน็อค/หมวกนิรภัย**)

2. Laut (ตามที่, อ้างถึง) มักใช้ได้ ทั้งสองบริบท ทั้งเป็นทางการ และไม่เป็นทางการ ก็ได้

ตัวอย่างประโยค

Laut dem **Mietvertrag** darf man keine **Haustiere** halten.
(ตาม/หรืออ้างถึง **สัญญาการเช่า** ไม่อนุญาตให้มี**สัตว์เลี้ยงในบ้าน**)

3. Nach (ตาม, อ้างถึง, จาก, อ้างอิงจาก, ชี้นำโดย, แนะนำโดย)
ใช้เพื่อแสดงการอ้างอิงหรือความสอดคล้อง มักใช้ในบริบทในชีวิตประจำวัน

ตัวอย่างประโยค

Nach den **Anweisungen** des Arztes soll er sich **ausruhen**.
(ตาม/จาก**คำแนะนำ**ของแพทย์ เขาควร**พักผ่อน**)

4. Bezüglich (อ้างถึง, เกี่ยวกับ, ในแง่ของ)

ใช้เมื่อต้องการอ้างอิงถึง, อ้างถึง หรือเกี่ยวข้องกับ มักจะใช้เขียนแบบเป็นทางการ

ตัวอย่างประโยค:

Bezüglich Ihrer Frage kann ich Ihnen keine **genaue Antwort** geben.
(**เกี่ยวกับ**คำถามของคุณ ฉันไม่สามารถให้**คำตอบที่ชัดเจน**แก่คุณได้)

5. คำว่า hinsichtlich (อ้างถึง, เกี่ยวกับ, ในแง่ของ)

การใช้ ในกรณี คล้ายกันกับคำว่า bezüglich แต่จะเป็นทางการมากกว่า เล็กน้อย)

ตัวอย่างประโยค:

Hinsichtlich der **neuen Regelungen** gibt es noch Fragen.

(อ้างถึงส่วนของเรื่อง**กฏระเบียบใหม่** ยังคงมีข้อสงสัย/คำถาม ที่จะต้องให้ตอบอยู่)

6. Nach Maßgabe von (อยู่ภายใต้, ถ้าหาก, อ้างถึง)

ใช้สำหรับประโยค ที่เป็นทางการมากๆ โดยทั่วไปใช้ในบริบททางกฎหมายหรือการบริหาร

ตัวอย่างประโยค

Nach Maßgabe von **Paragraph 3** gelten diese Regeln für alle.

(ตาม**วรรค 3** กฎระเบียบเหล่านี้นำมาใช้กับทุกคน)

7. Angesichts (เมื่อคำนึงถึง, โดยคำนึงถึง)

มักใช้เพื่อแสดงถึงการปฏิบัติตามสถานการณ์หรือบริบท

ตัวอย่างประโยค

Angesichts **der aktuellen Lage** sollten wir **vorsichtig** sein.

(เมื่อคำนึงถึง**สถานการณ์ปัจจุบัน** พวกเราควร**ระมัดระวัง**)

8. Daran orientiert (อ้างอิงจาก, ชี้นำโดย, แนะนำโดย)
ใช้เมื่อเป็นการการชี้นำให้เป็นมาตรฐาน, คำสั่ง, หรือตัวอย่าง(ให้ปฏิบัติ)

ตัวอย่างประโยค

Daran orientiert, was der Lehrer erklärt hat, soll die Aufgabe **gelöst** werden._

(อ้างอิงจากการที่คุณครูอธิบาย งานที่มอบหมายให้ทำควรจะ**ได้รับการแก้ไข**)

9. Nach Vorschrift (อ้าวถึงกฎ/ระเบียบ)

โดยทั่วไป ใช้กับ กฎระเบียบ, คำสั่ง/คำแนะนำ, หรือมาตรฐาน

ตัวอย่างประโยค

Die Arbeit wurde nach **Vorschrift** ausgeführt.

(การดำเนินการ/งาน ได้ถูกดำเนินการอย่างถูกต้อง**ตามกฎหมาย**)

Synonyms คำพ้องความหมายแต่ละคำเหล่านี้ มีความแตกต่างกันเล็กน้อยทั้งในด้านรูปแบบและบริบท ดังนั้นการเลือกใช้จึงขึ้นอยู่กับสถานการณ์

TeKaMoLo (Temporal, Kausal Modal und Lokal)

ในไวยากรณ์ภาษาเยอรมัน**"TeKaMoLo"** เป็นคำช่วยจำที่**ย่อ**มาจาก **Temporal (เวลา), Kausal (สาเหตุ), Modal (ลักษณะ/การกระทำ และ Lokal (สถานที่)**. ซึ่งเป็นกฎที่ช่วยกำหนดลำดับที่ของ/จัดเรียงลำดับ ของข้อมูลประเภทต่างๆ (คำวิเศษณ์หรือวลี) ควรปรากฏในประโยค โดยทั่วไป ลำดับจะเป็นดังนี้:

1. **เวลา (Wann?) เมื่อไหร่?**
2. **สาเหตุ (Warum?) ทำไม?**
3. **ลักษณะ (Wie?) อย่างไร?**
4. **สถานที่ (Wo?) ที่ไหน?**

Beispiel: ตัวอย่าง

1. Wir gehen **morgen wegen des schönen Wetters mit dem Auto nach Dortmund.** ***(พรุ่งนี้****พวกเราจะไปเบอร์ลินโดยรถยนต์****เพราะว่าอากาศดี)***
2. Ich bin **gestern** wegen meiner Krankheit allein zu Hause geblieben.

   *(**เมื่อวาน**ฉันอยู่บ้านคนเดียวเพราะป่วย)*
3. Timm wird **nächste Woche** aus **Neugier** mit dem Fahrrad in den Park fahren.

   *(ทิมจะขี่จักรยานไปสวนสาธารณะใน**สัปดาห์หน้า**เพราะว่าด้วยความอยากรู้อยากเห็น)*
4. Anna trinkt **jeden Morgen aus Genuss** gemütlich im Café einen Mokka.

   (แอนนาชอบ/เพื่อความสุขดื่มมอคค่าในร้านกาแฟทุกเช้า)
5. Die Kinder spielen jeden Tag aus **Langeweile** laut auf dem **Spielplatz.** (เด็กๆ

   เล่นเสียงดังใน**สนามเด็กเล่น**ทุกวันเพราะ**ความเบื่อหน่าย**)
6. Wir **feiern** diesen Abend wegen einer **Beförderung** zusammen im Sushi-Restaurant.

   (คืนนี้พวกเราจะ**ฉลองการเลื่อนขั้น/เลื่อนตำแหน่ง** ด้วยกันที่ร้านซูชิ)
7. Sie lernt **am Wochenende** aus Interesse **fleißig** im Büro Thai.

   (ด้วยความสนใจ เธอจึงเรียนภาษาไทย**อย่างขยันขันแข็ง**ที่ออฟฟิศในช่วง**วันหยุดสุดสัปดาห์**)
8. Sie fliegt heute **wegen** des **Verkehrs** mit dem Flugzeug nach Frankfurt.

   (วันนี้เธอจะบินไปแฟรงค์เฟิร์ต **เนื่องจากการจราจร**)
9. Ich habe gestern aus **Versehen** vorsichtig auf dem Boden die Glas-Vase **zerbrochen**.

   (เมื่อวานนี้ฉันทำแจกันแก้วบนพื้น**แตก**โดยไม่ได้ตั้งใจ)
10. Meine Tochter **spielt Klarvier** jeden Abend aus Leidenschaft laut im **Wohnzimmer** im zweiten Stock. (ลูกสาวของฉันชอบ**เล่นเปียโน**เสียงดังทุกคืนใน**ห้องนั่งเล่น**ชั้นสอง)
11. Pooh schwimmt morgen aus **Gesundheitsgründen** entspannt im See.

    (พรุ่งนี้พูห์จะว่ายน้ำในทะเลสาบเพราะ**เหตุผลด้านสุขภาพ/เพื่อสุขภาพ**)

Indirekte Rede in komplexen Satzstrukturen

(**Indirekte Rede** คือเอาคำพูด ของคนอื่นมาสรุปใจความ ในโครงสร้างประโยคที่ซับซ้อน)

Anwendung in **Fachtexten** und **Literatur**.

(**การนำไปประยุกต์ใช้** ในการเขียน**หนังสือ/ข้อความทางเทคนิค/ศัพท์ทางเทคนิค หรือเฉพาะทาง** และวรรณกรรม)

Indirekte Rede เป็นรูปแบบหนึ่งของการรายงานหรือการเล่าเรื่องที่รวมคำพูดหรือความคิดของบุคคลอื่นไว้ในประโยคของตัวเอง ในตำราและหนังสือเฉพาะทาง **Indirekte Rede** มักจะซับซ้อนกว่าเพราะถูกรวมเข้ากับโครงสร้างประโยคที่ซับซ้อน **Indirekte Rede** เป็นคำพูดของบุคคลที่จะไม่ถูกถ่ายทอดออกมาเป็นคำต่อคำ แต่จะถ่ายทอดออกมาเป็นความหมาย(ในภาพรวม) มักใช้ประโยคแสดงสมมุติ โดยเฉพาะในภาษาเขียน ในโครงสร้างประโยคที่ซับซ้อน ประโยคที่แสดงสมมุติ อาจทำให้เกิดประโยคที่ยาวและซับซ้อน ซึ่งต้องอาศัยความเชี่ยวชาญด้านไวยากรณ์เป็นพิเศษ

Beispielsätze:

Fachtext: ข้อความทางเทคนิค/ศัพท์ทางเทคนิค หรือเฉพาะทาง

Direkt: Unsere Studie zeigt, dass der neue Wirkstoff die Tumorzellen hemmt, **erklärte die Wissenschaftlerin.**

Indirekt: Die Wissenschaftlerin erklärte, dass ihre Studie zeigte, dass der neue Wirkstoff die Tumorzellen hemme.

Literarischer Text: ข้อความ(ทาง)วรรณกรรม

Direkt:

Ich habe lange darüber **nachgedacht**, **sagte sie**, und bin zu dem Schluss gekommen, dass ich eine Veränderung benötige.

(ฉันคิดเรื่องนี้มาเป็นเวลานาน เธอพูดว่า และได้ข้อสรุปว่าฉันจำเป็นจะต้องมีการเปลี่ยนแปลง)

Indirekt:

Sie sagte, **sie habe** lange darüber nachgedacht und sei zu dem Schluss gekommen, dass **sie** eine Veränderung benötige.

(เธอพูดว่าเธอคิดเรื่องนี้มาเป็นเวลานานและตัดสินใจว่าเธอจำเป็นต้องเปลี่ยนแปลง)

Komplexe Satzstruktur: โครงสร้างประโยคที่ซับซ้อน

Direkt:

Wenn wir die aktuellen Daten **analysieren**, **werden wir** feststellen, dass die Ergebnisse **unsere** Hypothese stützen, **betonte der Forscher.**

(หากพวกเราวิเคราะห์ข้อมูลปัจจุบันพวกเราจะพบว่าผลลัพธ์สนับสนุนสมมติฐานของเรา, **เน้นย้ำโดยนักวิจัย**)

Indirekt:

Der Forscher betonte, wenn sie die aktuellen Daten **analysierten**, **würden sie** feststellen, dass die Ergebnisse **ihre** Hypothese stützten.

(**นักวิจัยได้เน้นย้ำว่า**, หากวิเคราะห์ข้อมูลปัจจุบันจะพบว่าผลลัพธ์สนับสนุนสมมติฐานของพวกเขา)

Die deutschen Redewendungen (สำนวนภาษาเยอรมัน)

Den Nagel auf den Kopf treffen
(การพูดหรือทำสิ่งหนึ่งสิ่งใดที่ถูกต้องที่สุดหรือระบุสาระสำคัญของสถานการณ์หรือปัญหาได้อย่างสมบูรณ์แบบ)

-Mit deinem **Vorschlag** hast du **den Nagel auf den Kopf getroffen**.

(ด้วย**คำแนะนำ**ของคุณ **คุณก็พูดถูกต้องที่สุด**)

Über den eigenen Schatten springen (ความหมายโดยนัยก็คือ การเอาชนะข้อจำกัด ความกลัว หรือความลังเลของตนเอง และทำบางสิ่งบางอย่างที่รู้สึกยากหรืออยู่นอกเหนือเขตความสะดวกสบายของตนเอง)

- Ich musste über **meinen eigenen Schatten springen**, um die Präsentation zu halten.

(ฉันจะต้อง**ก้าวออกจากเขตความสะดวกสบาย/การเอาชนะข้อจำกัด ของตัวเอง** เพื่อที่จะนำเสนองาน)

Viele Köche verderben den Brei (แม่ครัว/พ่อครัวหลายคนทำให้ซุปเสีย/มากหมอมากความ)

- Wir brauchen **klare Zuständigkeiten**, denn viele Köche verderben den Brei.

((พวกเราต้องมี**หน้าที่/ความรับผิดชอบที่ชัดเจน**เพราะแม่ครัว/พ่อครัวหลายคนทำให้ซุปเสีย)

Einen Frosch im Hals haben (เป็นสำนวนที่ใช้บรรยายถึงความยากลำบากในการพูดชั่วคราว มักเกิดจากคอแห้ง เสียงแหบ หรือมีอะไรบางอย่างติดคอ)

- **Entschuldigung, <u>ich habe einen Frosch im Hals.</u>**

(**ขอโทษนะ**, ฉันมีกบอยู่ในคอ แปลว่า **<u>พูดจาลำบาก/มีอะไรติดคอ)</u>**

Die Ohren spitzen (ตั้งใจฟังอย่างตั้งใจ/ฟังอย่างตั้งใจ)

- **<u>Spitz die Ohren</u>**, jetzt kommt **die wichtige Information**!

(<u>ตั้งใจฟังอย่างตั้งใจให้ดีนะ</u>, ตอนนี้มาถึง**ข้อมูลสำคัญ**แล้ว**)**

Aus einer Mücke einen Elefanten machen (ความหมายโดยนัยคือการขยายความเรื่องเล็กๆ น้อยๆ หรือไม่สำคัญให้เกินจริง จนทำให้ดูใหญ่โตหรือสำคัญกว่าความเป็นจริง สำนวนนี้มักใช้เพื่อเตือนใจ ไม่ให้แสดงปฏิกิริยาเกินเหตุกับปัญหาเล็กๆ น้อยๆ)

- **Reg dich nicht so auf<u>, du machst aus einer Mücke einen Elefanten!</u>**

(อย่าผิดหวัง/เสียใจ มากเกินไป<u> คุณกำลังทำเรื่องเล็กให้เป็นเรื่องใหญ่)</u>

Wissenschaftssprachliche Strukturen

Wissenschaftssprachliche Strukturen ซึ่งเป็นโครงสร้างทางภาษาศาสตร์ที่ใช้กันทั่วไปในการเขียนงานวิชาการและงานวิทยาศาสตร์ในภาษาเยอรมัน โครงสร้างเหล่านี้มีลักษณะเฉพาะคือความแม่นยำ เป็นทางการ และซับซ้อน **ใช้ในการสื่อสารทางวิชาการและทางวิทยาศาสตร์**

คำศัพท์ที่เป็นทางการ โครงสร้างเหล่านี้มีจุดมุ่งหมายเพื่อถ่ายทอดข้อมูลและข้อโต้แย้งโดยละเอียด และช่วยถ่ายทอดแนวคิดที่ซับซ้อนได้อย่างมีประสิทธิภาพในบริบททางวิทยาศาสตร์ หรือทางวิชาการ

คุณลักษณะสำคัญของ Wissenschaftssprachliche Strukturen คือ

1. **Komplexe Satzstrukturen** (ประโยคเชิงซ้อน) การใช้ประโยคย่อยและโครงสร้างที่เป็น passiv ช่วยเน้นย้ำกระบวนการและผลลัพธ์มากกว่าเน้นที่ประธาน

2. **Formales Vokabular** (มีการใช้คำศัพท์ที่เป็นทางการ) หลีกเลี่ยงภาษาพูดทั่วไปและเน้นที่คำศัพท์ที่เกี่ยวข้องกับสาขานั้นๆ แทนที่คำศัพท์ทั่วไปด้วยคำศัพท์ทางเทคนิค หรือคำศัพท์แบบวิชาการ (เช่น "macht funktional" → "wird umgewandelt") **Fachvokabular คำศัพท์เฉพาะ** มีการใช้คำศัพท์เฉพาะ การรวมคำศัพท์ทางเทคนิค คำนามนามธรรม และคำที่มีต้นกำเนิดจากภาษาละติน

3. **Nominalisierung** (การสร้างคำนาม) โดยการแปลงคำกริยา Verben และคำคุณศัพท์ Adjektiven ให้เป็นคำนาม Substantive/Nomen (เช่น "Entwicklung" แทนที่จะเป็น "entwickeln") ความแม่นยำ: มีการใช้การเลือกคำที่มีความหมายชัดเจนและเฉพาะเจาะจง ความเป็นกลาง: เขียนอย่างเป็นกลางโดยไม่ใช้ความคิดเห็นส่วนตัว

4. **Präzision**(ความแม่นยำ) การเลือกใช้คำที่มีความหมายชัดเจนและเฉพาะเจาะจง

5. **Objektivität** (ความเป็นกลาง) การเขียนที่เป็นกลางโดยไม่ถือเอาความคิดเห็นส่วนตัวเป็นที่ตั้ง

Beispiele: ตัวอย่าง การเขียนประโยคทั่วไปเป็นประโยคทางวิชาการ/ทางวิทยาศาสตร์

แบบทั่วไป/ภาษาพูด:

Sonnenlicht macht **Solarzellen** funktional.
(**แสงแดด**ทำให้เซลล์แสงอาทิตย์ทำงานได้.)

ภาษาทางวิชาการ/ทางวิทยาศาสตร์

Sonnenenergie wird durch **Photovoltaikzellen** in elektrischen Strom **umgewandelt**.

(**พลังงานแสงอาทิตย์**ถูกแปลงเป็นกระแสไฟฟ้าโดยเซลล์แสงอาทิตย์)

แบบทั่วไป/ภาษาพูด:

In der Studie haben wir **verschiedene Ideen geprüft.**

(**ในการศึกษา/การสำรวจนี้** เราได้ทดสอบ/ตรวจสอบหลายๆแนวคิดที่แตกต่างกัน)

ภาษาทางวิชาการ/ทางวิทยาศาสตร์

Im Rahmen der Studie wurden **mehrere Hypothesen überprüft.**

(ในส่วนของการศึกษา/การสำรวจ นี้ มีการทดสอบ/ตรวจสอบสมมติฐานหลายๆข้อ)

แบบทั่วไป/ภาษาพูด:

Man kann **sehen**, dass **die Ergebnisse besser sein könnten.**

(เราจะ**เห็น**ว่าผลลัพธ์ อาจจะ/สามารถจะ ดีขึ้นได้)

ภาษาทางวิชาการ/ทางวิทยาศาสตร์

Die Untersuchung der Ergebnisse zeigt, dass **eine Verbesserung möglich ist.**

(**การวิเคราะห์ผลลัพธ์แสดงให้เห็น**ว่าเป็นไปได้ว่าจะปรับปรุงให้ดีขึ้น/ดีขึ้นได้)

แบบทั่วไป/ภาษาพูด:

Man **braucht** einen **guten Plan**, wenn man **neue Technik benutzen** will.

(คนเราจำเป็นต้องมี**แผนที่ดี**หากเราต้องการใช้เทคโนโลยีใหม่ๆ)

ภาษาทางวิชาการ/ทางวิทยาศาสตร์

Die Implementierung neuer Technologien erfordert eine **detaillierte Planung**.

(การนำเทคโนโลยีใหม่ๆไปใช้จำเป็นต้องมี**การวางแผนอย่างละเอียด**)

แบบทั่วไป/ภาษาพูด:

Wir haben **untersucht**, wie **der Klimawandel** **die Natur** **beeinflusst**.

(พวกเราศึกษาว่า**การเปลี่ยนแปลงสภาพภูมิอากาศ**ส่ง**ผลกระทบ/มีผลกระทบ** ต่อธรรมชาติอย่างไร)

ภาษาทางวิชาการ/ทางวิทยาศาสตร์

Der Einfluss des Klimawandels auf **die Biodiversität wurde analysiert**.

(มีการวิเคราะห์/ถูกวิเคราะห์ **ผลกระทบของการเปลี่ยนแปลงสภาพภูมิอากาศ**ต่อความหลากหลายทางชีวภาพ)

แบบทั่วไป/ภาษาพูด:

Zusammenfassend kann man sagen, dass **die Ergebnisse passen.**

(โดยสรุปแล้วสามารถพูดได้ว่า/กล่าวได้ว่าผลลัพธ์ มีความสัมพันธ์กัน/เข้ากันได้/เหมาะสม)

ภาษาทางวิชาการ/ทางวิทยาศาสตร์

Zusammenfassend lässt sich feststellen, dass **die Forschungsergebnisse konsistent** sind.

(โดยสรุปสามารถระบุ/กล่าวได้ว่าผลการวิจัยมีความสอดคล้องกัน/เข้ากันได้/เหมาะสม)

แบบทั่วไป/ภาษาพูด:

Während die andere Studie **Zahlen angeschaut** hat, haben wir uns **Texte angeguckt**.

(**ในขณะที่**งานวิจัย/การศึกษา อื่นดูที่ตัวเลข พวกเราดูที่ข้อความ/เนื้อหา/ตัวบท)

ภาษาทางวิชาการ/ทางวิทยาศาสตร์

Während die vorherige Studie sich auf **quantitative Daten konzentrierte**, untersucht diese **qualitativen Aspekte.**

(**ในขณะที่**งานวิจัย/การศึกษาก่อนหน้านี้จะเน้นไปที่ข้อมูลเชิงปริมาณ แต่การศึกษานี้/ครั้งนี้จะพิจารณาแง่มุมในเชิงคุณภาพ)

27 April 2018: from page Deutsch Test B1 เตรียมตัวสอบ by Chanya

Thai: สุภาษิต/ คำพังเพย / คำคม

German: das Sprichwort / der Aphorismus / das Zitat

English: the proverb / the aphorism / the quote

1. มาสายดีกว่าไม่มาเลย. / Besser spät als nie. / Better late than never.

2.เงินไม่ใช่ทุกสิ่งทุกอย่าง / Geld allein macht nicht glücklich./ Money isn't everything.

3. ทุกการเริ่มต้น เป็นเรื่องยาก / Aller Anfang ist schwer. / All beginnings are hard.

4. ความล้มเหลวทำให้เราฉลาดขึ้น / Aus Schaden wird man klug. / Failure makes smart.

5. การกระทำอยู่เหนือคำพูด / Die Tat wirkt mächtiger als das Wort. /Actions speak louder than words.

6. เข้าเมืองตาหลิ่วให้หลิ่วตาตาม/ Andere Länder, andere Sitten./ When in Rome, do as the Romans do.

7. พูดไปสองไพเบี้ย นิ่งเสียตำลึงทอง / Reden ist Silber, Schweigen ist Gold. /

Speech is silver, silence is golden.

8.ลูกไม้ย่อมหล่นไม่ไกลต้น / Der Apfel fällt nicht weit vom Stamm. /

The apple doesn't fall far from the tree.

9. ไม่มีคำว่าสายเกินไปที่จะเรียนรู้ (ไม่มีใครแก่เกินเรียน)

Man lernt nie aus. (Man ist nie zu alt zu lernen)

It is never too late to learn. (No one is too old to learn)

10. ปลาตัวเดียวเน่า เหม็นหมดทั้งข้อง

Ein räudiges Schaf steckt die ganze Herde an.

One rotten apple spoils the whole barrel.

11.ปิยะวาจาและความเมตตาชนะทุกสิ่ง

Mit Freundlichkeit und gutem Zureden kann man einen Elefanten an einem Haar führen.

By a sweet tougue and kindness you can drag an elephant with a hair.

ความพยายามอยู่ที่ไหน ความสำเร็จอยู่ที่นั่น/ Wo ein Wille ist, ist auch ein Weg/
Where there is a will, there's a way

Handbuch zur Prüfungsvorbereitung telc Deutsch B2

(Deutsch -Thai Version) (Schreiben und Sprechen)

คู่มือเตรียมตัวสอบ telc Deutsch B2 พร้อม สรุปไวยากรณ์ภาษาเยอรมันแบบย่อ

ซึ่งเกี่ยวข้องกับระดับ B2–C1 บางส่วน

(ฉบับภาษาเยอรมัน-ไทย) (การเขียน และการพูด)

In diesem Handbuch finden sich gezielte Beispiele für das Schreiben und das Sprechen, die den Anforderungen der Prüfung entsprechen.

(หนังสือคู่มือเตรียมสอบนี้ ประกอบด้วยตัวอย่าง การเขียน และการพูดที่ตรงตามข้อกำหนดของการสอบ)

Ursprünglich war das Buch in der deutschen Sprache geschrieben, danach wurde es ins Thailändische übersetzt.
(เดิมหนังสือเล่มนี้เขียนเป็นภาษาเยอรมันและต่อมาได้แปลเป็นภาษาไทย)

Ich bin Microsoft Copilot sehr dankbar für die Hilfe bei der Entwicklung kreativer Ideen.
(ฉันรู้สึกขอบคุณ Microsoft Copilot อย่างมากสำหรับความช่วยเหลือในการพัฒนาแนวคิดสร้างสรรค์)

Außerdem bin ich https://www.qrcode-monkey.com/de/ dankbar für die Generierung des QR-Codes, wodurch mein Buch effektiver und vollständiger wird. (นอกจากนี้ ฉันยังรู้สึกขอบคุณเว็บไซต์ https://www.qrcode-monkey.com/de/ สำหรับการสร้างรหัส QR ซึ่งทำให้หนังสือของฉันมีประสิทธิภาพและสมบูรณ์ยิ่งขึ้น)

Ich bin aufrichtig dankbar für Ihre Unterstützung und Ermutigung, und ich hoffe, dass dieses Buch nützlich und hilfreich für Sie sein wird, um Ihr Ziel zu erreichen. Ich drücke Ihnen die Daumen.

(ขอบคุณอย่างจริงใจสำหรับการสนับสนุนและกำลังใจของ และฉันหวังว่าหนังสือเล่มนี้จะมีประโยชน์และช่วยให้คุณบรรลุเป้าหมายของคุณได้ เป็นกำลังใจให้นะคะ)

Für die Prüfung wünsche ich Ihnen viel Erfolg! ขอให้โชคดีในการสอบนะคะ

„Wo ein Wille ist, ist auch ein Weg ความพยายามอยู่ที่ไหน ความสำเร็จอยู่ที่นั่น "

ขอให้ประสบความสำเร็จในการสอบและสอบผ่าน
B2 สมดั่งใจปรารถนาค่ะ

C&R Danwongsa
Sprachlehrerin

Bitte besuchen sie unsere Webseite!
กรุณาเยี่ยมชมเว็บไซต์ของเรา

Printed in Poland
by Amazon Fulfillment
Poland Sp. z o.o., Wrocław

54357580R00129